Autres ouvrages invitant au voyage
aux éditions North Star

Pêcheur d'Islande
Jérusalem
Aziyadé
Madame Chrysanthème

... Et d'autres à venir

Retrouvez l'ensemble de nos parutions sur notre site
http://north-stared.wix.com/editions

Isabelle Eberhardt
(1877-1904)

———

NOTES DE ROUTE
* * *
AU PAYS DES SABLES

———

ANNOTATIONS DE
VICTOR BARRUCAND

PARIS

——

Photo : Jeune fille bèrbère –
Mireille Morin-Barde

TABLE

Au Pays des Sables (p317)

Il est bien difficile d'évoquer le nom d'Isabelle Eberhardt sans également évoquer d'autres femmes aventurières ayant connu un destin tout autant remarquable : Alexandra David-Néel, Ella Maillart...

Ces femmes issues de familles aisées ont tout quitté pour l'aventure et le grand saut dans l'inconnu à une époque où la pression sociale et l'absence de modèle nous semblent aujourd'hui un obstacle infranchissable. Avant même de découvrir leurs récits, elles nous fascinent déjà et forcent l'admiration.

Mais Isabelle Eberhardt va au-delà de l'aventure, elle tourne le dos à sa propre culture, fuit l'occident et embrasse l'Orient avec passion. Une passion absolue.

Elle est née à Genève d'une mère issue de la noblesse russe et d'origine allemande. A vingt ans elle rejoint l'Algérie et emménage à Bône (aujourd'hui Annābah). Isabelle fréquente les quartier arabes et se passionne pour la culture musulmane. Elle vit pendant un temps en nomade entre Batna, bni Mzab et Oued Souf. Convertie à l'islam, elle échappe de peu en 1901 à une tentative d'assassinat de la part d'un fanatique. Cette même année, elle épouse Slimane Ehnni, un musulman de nationalité française, sous-officier de spahi, sans doute impliqué dans des activités d'espionnage.

Isabelle Ebehardt devient journaliste pour le journal *El Akhbar* dirigé par Victor Barrucand ; elle est notamment envoyée à *Aïn Sefra* comme reporter de guerre pour témoigner de troubles à la frontière marocaine. En novembre 1903, à *Beni Ounif*, elle fait la connaissance du général Lyautey qui apprécie sa connaissance de l'Afrique et son sens de la liberté ; il dira d'Isabelle :

> « Elle était ce qui m'attire le plus au monde : une réfractaire. Trouver quelqu'un qui est vraiment soi, qui est hors de tout préjugé, de toute inféodation, de tout cliché et qui passe à travers la vie, aussi libérée de tout que l'oiseau dans l'espace, quel régal ! »

Le 21 octobre 1904, à *Aïn Sefra*, l'oued se transforme en torrent furieux et la ville basse, où elle résidait seulement depuis la veille, est en partie submergée. Son compagnon est retrouvé vivant, mais Isabelle périt dans la maison effondrée. Elle repose dans le petit cimetière musulman *Sidi Boudjemaâ* à *Aïn Sefra*.

Ses récits ont été publiés après sa mort et présentent la réalité quotidienne de la société algérienne au temps de la colonisation française. Ses carnets de voyage et ses journaliers rassemblent ses impressions de voyage nomade dans le Sahara.

Notes de route

« Note de route » contient les écrits d'Isabelle Eberhardt parus après sa mort, en 1908, dans un livre dont le contenu a été réuni par l'un de ses amis, Victor Barrucand.

La vesrion présentée et celle la plus fidèle des manuscrits originaux. À de rares exceptions près, l'orthographe d'Isabelle Eberhardt pour les noms arabes a été conservée.

SAHEL TUNISIEN

Éléments biographiques :

En 1889, Isabelle Eberhardt séjourne en Tunisie. Elle a 22 ans. Sa mère est décédée à Annaba-Bône en Algérie il y a deux ans, et son tuteur, Alexandre Trophimowsky, avec lequel elle était retourné à Genève est, lui aussi, décédé en mai. Son projet de mariage de l'année passée avec Rechid Ahmed, le diplomate turc, a tourné court.

S A H E L   T U N I S I E N

Je venais de traverser l'une de ces crises morales qui laissent les âmes abattues, comme repliées sur elles-mêmes, inaptes pour longtemps à percevoir les impressions agréables, – sensibles seulement à la douleur[1]…

Et cependant, de tous les voyages que je fis, celui du Sahel tunisien fut peut-être le plus calme.

À peine installée dans le train de Sousse, j'éprouvai une sensation singulière d'apaisement subit… Et ce fut avec la grande joie des départs que je quittai Tunis.

Le train s'en va, lentement, paresseusement, s'arrêtant à tout bout de champ, en de jolies stations très verdoyantes. Maxula-Rhadés d'abord, tout près encore, avec ses maisonnettes blanches sur la grève battue par les vagues qui arrivent du large, tandis que vers le Nord-Est brille le miroir immobile du lac. Puis le lieu de villégiature aristocratique des musulmans riches : Hammam-el-Lif.

Plus loin, le chemin de fer s'engage dans la campagne, s'éloignant de la côte.

Ici, je retrouve avec joie les aspects familiers du pays bédouin ; collines rougeâtres, champs que les

---

[1] D'un cahier commencé sous ce titre : *Un Automne dans le Sahel tunisien – septembre-octobre 1899 (note de V. B.)*

moissonneurs arabes laissent tout dorés de chaumes, pâturages gris avec les troupeaux et les bergers nomades… Çà et là une immobile et bizarre silhouette de chameau… Parfois, sur un petit pont de fer, le train franchit quelque oued inconnu, desséché par l'été et envahi par les lauriers-roses étoilés de fleurs.

Mais après Bir-bou-Rekba, la voie se rapproche de nouveau de la mer que nous apercevons, calme et violette, très haut sous le ciel implacable de midi. Des deux côtés, ce sont, des prairies très vertes et de petits bois d'oliviers, dépouillés de leur suaire de poussière estivale par les premières pluies d'automne.

La côte basse se découpe en larges anses gracieuses, en caps dentelés d'un vert tendre, sur l'azur lilacé, immobile, du golfe de Hammamet. Çà et là, un petit village de pêcheurs posé sur un cap ou au fond d'une anse, tout laiteux de chaux immaculée, se reflète dans l'eau profonde.

Aspects calmes d'un pays sans âge et sans caractère excessif. Il serait difficile de savoir sur quel point du globe on se trouve si, à chaque passage à niveau l'on n'apercevait, immobiles sur leurs chevaux maigres et hérissés, les Bédouins roulés dans les plis lourds du « sefséri » qui, en Tunisie, remplace, pour le peuple, le burnous des Algériens… Figures sèches et bronzées, souvent imberbes, au type très accusé de race berbère… Regards indifférents, sombres pour la plupart.

Depuis Bou-Ficha, nous entrons dans les oliveraies immenses qui couvrent le Sahel tunisien. Dans la nuit chaude et silencieuse, après Menzel-Dar-bel-Ouar, de la campagne endormie commence à monter vers nous une odeur aromatique, mais lourde et écœurante : nous approchons des huileries nombreuses de Sousse.

J'allais là-bas, sans y connaître personne, sans but et

sans hâte, sans itinéraire fixe surtout... Mon âme était calme et ouverte à toutes les sensations aimées de l'arrivée en pays nouveau.

... Sousse, une ville arabe, tortueuse et charmante, étagée sur une colline haute, enclose encore d'une muraille sarrasine, crénelée et d'une blancheur neigeuse. Sur le versant de la colline, eu dehors des remparts, des cimetières immenses, entourés de haies de figuiers de Barbarie, brûlés et jaunis par le soleil. Plus haut encore, les toits rouges et les bâtiments longs et bas du camp des tirailleurs.

Sousse est jolie. Jadis, elle s'appelait El-Djohra, « la perle ». Maintenant on l'appelle Souça, « le ver à soie ».

De Sousse à Monastir, la route descend vers la mer, qu'elle borde de jardins et de masures italiennes. Puis elle s'engage dans une campagne déserte et morne, faite de champs infertiles coupés de petites sebkha salées, toutes blanches.

... Pour la première fois, cette région désolée m'est apparue, sous un ciel bas et chargé de nuages... et elle s'étendait, livide, sinistre, à la tombée d'une nuit d'automne...

Mais bientôt les jardins recommencent, et nous passons entre des forêts d'oliviers abritant les abreuvoirs où les petites Bédouines mènent tous les soirs leurs troupeaux et leurs chevaux indociles.

Monastir reste cependant une ville unique, d'un charme et d'une tristesse particulière.

Un peu en retrait sur la mer, comme toutes ces cités

arabes des côtes basses, bâtie sur un terrain salé et salpêtré, avec ses maisons grisâtres, à un étage, et ses rues sans pavé, Monastir ressemble aux mélancoliques oasis sahariennes, et serait à sa place sur le bord de quelque chott de l'Oued Rir'étrange…

Mais la côte y est bordée de brisants, et l'on entend sans cesse gronder la mer, autour du promontoire élevé de la Kahlia, qui sépare la vieille ville du petit port moderne… Ce murmure éternel, cette plainte profonde et douce, il me semble l'entendre encore, après des années, tellement sa musique me charma alors, durant mes courses solitaires et nocturnes et mes longues rêveries sur la grève.

Les Monastiriens ne ressemblent déjà plus aux citadins de Tunis et de Sousse, qui sont gracieux, polis, et affables, mais qui n'ont plus rien de la majesté âpre de la vraie race arabe, née pour le rêve, et pour la guerre.

Comme Sousse, Monastir occupe le fond d'une grande baie aux contours arrondis et gracieux, ouverte à l'Orient.

De Monastir à Kasr-Hellel, la route suit de nouveau la côte, à travers des champs moissonnés et des oliveraies.

Là, le matin, quand le soleil émerge de la haute mer pourpre, à l'heure où tout s'irise et se dore, on voit un peuple de pêcheurs descendre tout habillés dans l'eau peu profonde, et s'en aller au loin, vers le milieu de la baie, avec des paniers, des corbeilles, des filets et des engins de pêche très primitifs.

L'horizon vague, souvent très calme, se peuple le soir d'une infinité de petites voiles latines, roses ou pourprées, dans le reflet du couchant : ce sont les barques et les tartanes de pêche qui remontent de très loin parfois, de Sfax ou de Zarzis.

Kasr-Hellel… Une bourgade linceulée de chaux blanche, entre la mer bleue et les bois d'oliviers obscurs. Au-dessus des terrasses plates et des petits dômes, un minaret blanc se dresse et, tout à côté, un grand dattier solitaire, unique, s'incline mélancoliquement… Tous les soirs, les maisons blanches de Kasr-Hellel s'empourprent, et semblent en feu, tandis que le palmier et le minaret apparaissent, auréolés d'or rouge, très haut dans le ciel embrasé.

Derrière un cap arrondi se groupe le petit village de pécheurs Seyada, en face des îles Kouriatine, dont le phare brille à l'horizon la nuit, avec le feu rouge et immobile de Monastir et celui, tournant, de Sousse, très loin, à peine visible, et seulement aux heures de grand calme marin.

Seyada est perdue au milieu des oliviers, coupés de haies de cactus, hérissés de dards, impénétrables, sauf pour les chacals et les rôdeurs bédouins.

Les filles de Seyada sont réputées dans tout le Sahel pour leur beauté, et les jeunes hommes de Moknine aiment à dire de leurs aimables voisines : « Celui qui, une fois, respire l'air salé de la mer à Seyada et le parfum capiteux de ses filles, en oublie le sol natal. »

Moknine est assez loin de la mer, dans une vallée fertile. C'est une petite ville commerçante et coquette, tout arabe. Là encore, je retrouve des coins de chaux blanches, des murailles en ruines, des rochers sablonneux et des silences lourds, qui me rappellent les oasis aimées de la patrie saharienne.

Dans ces villes de l'intérieur tunisien, les gens de la campagne et du peuple ne portent pas le burnous majestueux dont se drape l'Algérien le plus pauvre, toge loqueteuse mais patricienne.

Les pauvres et les Bédouins se roulent dans le sefséri blanc ou noir, longue pièce de laine dont ils rejettent d'ordinaire un pan sur leur petit turban, et ce drapé leur donne, au clair de lune, dans les rues solitaires et sur les places publiques, un aspect fantastique de revenants roulés encore dans le « kéfenn » de la tombe… Les femmes, Bédouines ou citadines pauvres, ici comme ailleurs, revêtent les mêmes voiles, bleu sombre ou rouge, le même édifice compliqué et lourd de cheveux noirs, de tresses de laine, de bijoux et de mouchoirs de soie, la même ceinture lâche, nouée très bas, presque sur les hanches.

À Moknine, j'ai passé quelques-unes de mes heures vagues, délicieuses et orientales : heures de rêve, dans un décor ancien, aux sons des instruments et des chants de jadis…

Toutes ces bourgades du Sahel sont adorablement jolies, blanches comme des perles dans l'écrin de velours sombre des oliviers… Tout plaît en elles, jusqu'à leurs noms sonores ; Ouardénine (les deux roses), Souïssa (petite Sousse), Menzel-bir-Taïeb (le village du bon puits), Oued-Saya, Djemmal, Sidi-el-Hani, El-Djemm, Beni-Hassène…

La beauté de ce pays est unique sur l'âpre et splendide terre d'Afrique : tout y est doux et lumineux, et même la mélancolie des horizons n'y est ni menaçante ni désolée, comme partout ; ailleurs. L'air du Sahel est vivifiant et pur, son ciel, d'une limpidité incomparable…

Au delà de Moknine, les terrains s'élèvent, et commence un pays sauvage et étrange, où les forêts d'oliviers sont coupées parfois par de grands plateaux désolés. C'est le pays d'Amira.

Les habitants, cultivateurs ou bergers, sont craints dans tout le pays, car ils ont une réputation de pillards et de batailleurs.

J'étais venu là avec le jeune Khalifa de Monastir, Si Larbi Chabet, pour récolter les arriérés de la medjba, l'impôt de capitation que payent les indigènes de la campagne en Tunisie.

Si Larbi ne se douta jamais que j'étais une femme. Il m'appelait son frère Mahmoud, et je partageai sa vie errante et ses travaux pendant deux mois.

Partout, dans les sombres tribus indociles et pauvres, l'accueil nous fut hostile. Seuls, les burnous rouges des spahis et les burnous bleus des deïra en imposaient à ces hordes faméliques... Le bon cœur de Si Larbi se serrait, et nous avions honte de ce que nous faisions – lui par devoir, et moi par curiosité – comme d'une mauvaise action.

J'eus cependant là-bas des heures charmantes... Certains noms des ce pays évoquent en moi d'innombrables souvenirs.

Au sortir de Moknine, séparée des oliveraies par des haie de hendi (figuiers de Barbarie), la route s'en va poudreuse et droite, et les oliviers semblent l'accompagner indéfiniment, onduleux comme des vagues, et argentés à leur sommet, comme elles.

... Une petite mosquée fruste, d'un jaune terreux, rappelant les constructions en toub du Sud, quelques maisons de la même teinte d'ocre, quelques décombres, quelques tombeaux disséminés au hasard : c'est le premier hameau d'Amira, Sid'Enn'eidja.

Devant la mosquée, une petite cour envahie d'herbes folles et au fond, une sorte de réduit voûté, à côté duquel un figuier étale ses larges feuilles veloutées. Et là se trouve le puits, profond et glacé.

Sur une natte, nous nous installons. Si Larbi, pour aller plus vite, me prie de l'aider : je ferai fonction de greffier.

Les spahis et les deïra introduisent le cheikh, grand vieillard à profil d'aigle, aux yeux fauves, et tous les anciens de la tribu, accompagnés de leurs fils grands et maigres sous leurs sefséri en loques. Quel étrange ramassis de visages brûlés par le soleil et le vent, de têtes énergiques jusqu'à la sauvagerie, au regard sombre et fermé !

Le cheikh fournit de longues explications embrouillées sur un ton pleurard. À chaque instant, autour de lui, des cris éclatent, formidables, avec la véhémence soudaine de cette race violente, qui passe du silence et du rêve au tumulte. Tous affirment leur misère.

Je les appelle, un à un, d'après une liste.

– Mohammed ben Mohammed ben Dou'!

– An'am ! (Présent.)

– Combien dois-tu ?

– Quarante francs.

– Pourquoi ne payes-tu pas ?

– Je suis *rouge-mu* Sidi. (Idiotisme tunisien pour dire fakir, pauvre.)

– Tu n'as ni maison, ni jardin, ni rien ?

– D'un geste de résignation noble, le Bédouin lève la main.

– Elhal-hal Allah ! (La chance appartient à Dieu.)

– Va-t’en à gauche.

Et l’homme, le plus souvent, s’éloigne, résigné, et va s’asseoir, la tête courbée ; à mesure, les spahis les enchaînent : demain, l’un des cavaliers rouges les mènera à Moknine, et de là à la prison de Monastir, où ils travailleront comme des forçats, jusqu’à ce qu’ils aient payé…

Ceux qui avouent posséder quelque chose, une pauvre chaumière, un hameau, quelques moutons, sont laissés en liberté, mais le Khalifa fait saisir par les deïra ce pauvre bien, pour le vendre… Et nos cœurs saignent douloureusement quand des femmes en larmes amènent la dernière chèvre, la dernière brebis à qui elles prodiguent des caresses d’adieux.

Puis traînant avec nous une troupe morne et résignée d’hommes enchaînés, marchant à pied entre nos chevaux, nous allons plus loin…

Chrahel, que les lettrés appellent Ichrahil.

Quelques maisons disséminées entre les oliviers plus luxuriants que partout ailleurs… Nous dressons notre tente de nomades en poil de chèvre, basse et longue.

Les spahis et les deïra s’agitent sous leurs costumes éclatants, allument le feu, s’en vont réquisitionner la diffa, le souper de bienvenue offert de bien mauvais cœur, hélas !

Si Larbi, le spahi Ahmed et moi, nous allons errer un instant dans le village, au crépuscule.

Nous trouvons une jeune femme, seule, qui cueille des figues de Barbarie. Ahmed s’avance et lui dit :

– Donne-nous des figues, chatte ! Enlève les épines, que nous ne nous piquions pas, ô beauté ! La Bédouine est très belle et très grave. – Elle fixe sûr nous le regard hostile et fermé de ses grands yeux noirs.

– La malédiction de Dieu soit sur vous ! Vous venez pour nous prendre notre bien !

Et elle vide violemment à nos pieds son couffin de figues, et s'en va.

Le cavalier rouge, avec un sourire félin, étend la main pour la saisir, mais nous l'en empêchons.

– Assez d'arrêter de pauvres vieux, sans toucher encore aux femmes ! dit le Khalifa.

– Oh ! Sidi, je ne voulais pas lui faire du mal !

Et pourtant ces hommes revêtus de couleurs éclatantes sortent de ce même peuple dont ils connaissent la misère pour l'avoir partagée. Mais le spahi n'est plus un Bédouin, et, sincèrement, il se croit très supérieur à ses frères des tribus, parce qu'il est soldat.

Nous passons encore un quart d'heure à causer avec un inénarrable petit négrillon trouvé sur une route, et qui nous fait rire aux éclats par l'impromptu de ses réparties et son intelligence simiesque.

Puis après souper, mollement étendus sur nos tapis, nous écoutons chanter le chœur des jeunes hommes de Chrahel.

Le peuple du Sahel est éminemment musicien, et les bergers de ces régions composent encore de nos jours des chants parfaitement rythmés, d'une égale beauté de paroles et de mélopée.

– Ô mère, mère, mon amie ! Depuis qu'on t'a portée au cimetière, rien ne me sourit plus en ce monde… Le chagrin habite mon cœur, et les larmes coulent de mes yeux changés en ruisseaux amers.

J'écoute encore :

– J'ai couvert ma tête de mon burnous et j'ai pleuré à cause de Djénetta. Je lui disais : Ne viens pas avec moi, car il se peut que je meure auprès de toi. Et ce jour-là, si tu pleures, les gens diront : « Un tel fut l'amant d'une telle », ou encore : « Celui qu'elle aimait est parti. Il lui jurait un amour éternel, mais il l'oublia dans l'année ». Et la honte serait sur toi…

Il est tout près de minuit quand nous rentrons sous nos tentes.

Nous étions arrivés la veille à Zouazra, territoire de la tribu de ce nom, et l'on avait dressé notre vaste tente en poil de chèvre près du gourbi du cheikh Si Amor.

Zouazra est située au milieu d'un vert plateau, entouré de ces jardins d'oliviers qui donnent au Sahel tunisien son aspect opulent.

Vers notre gauche, à une soixantaine de mètres, commençaient les oliviers. En face, à droite, s'étendait la plaine africaine qui, dès qu'elle n'est point cultivée, reprend son caractère de tristesse infinie…

La nuit avait été mauvaise. Le vent avait soufflé en tempête, secouant furieusement notre tente. Il avait plu ; les chevaux, épouvantés, avaient henni et s'étaient débattus, essayant de libérer leurs chevilles de la longue corde tendue à ras de terre.

Les chiens, inquiets, avaient erré dans le douar, avec des gémissements plaintifs. Les gardiens que nous avions postés autour de notre campement affirmaient avoir vu rôder des ombres suspectes à la lisière des jardins…

Roulés dans nos « ihram » épais nous avions souffert du froid et de l'humidité. À l'aube, nous nous étions levés transis et de fort méchante humeur.

Ahmed, le domestique de Si Elaraby, avait ordonné aux gens de la tribu de faire un grand feu devant nos tentes. Le bois, humide, s'allumait mal, et le vent nous apportait des bouffées d'âcre fumée.

Je m'éloignai un peu de la tente et allai errer du côté de la plaine.

Les nuages s'étaient dissipés et le jour se levait, paisible et limpide. À l'horizon occidental, les ramures puissantes des oliviers se dessinaient en noir sur le fond rosé du ciel clair. Vers l'Ouest, les étoiles pâlissaient dans l'ombre encore profonde. La grande paix automnale de ce pays évoqua en moi des souvenirs tristes et doux, des impressions pareilles, ressenties jadis, dans la même saison, à Bône, sur un tout autre point de cette côte barbaresque qui est ma patrie d'élection et que j'aime avec toutes ses tristesses et sous tous ses aspects.

Je retournai vers la tente.

Le soleil s'était levé, triomphant et radieux.

Au milieu du douar, les femmes s'agitaient autour d'un grand feu, préparant notre premier déjeuner.

Le Khalifa, malade, s'était couché devant notre tente et fumait, se laissant paresseusement réchauffer par le soleil.

Les trois cavaliers du Makhzen, le domestique et les muletiers s'étaient mis à jouer aux cartes.

J'éprouvais la sensation délicieuse de liberté, de paix et de bien-être qui, chez moi, accompagne toujours le réveil au milieu des spectacles familiers de la vie nomade.

Tandis que nous attendions, non sans impatience, le déjeuner, nous vîmes subitement arriver un cavalier bédouin, monté sur un cheval blanc sans selle et sans bride. L'homme, son ihram au vent, cramponné à la longue crinière de l'animal emporté, lui talonnait les flancs de ses pieds nus et poussait des cris lugubres, une sorte de lamentation monotone et continue. Quand il fut plus près, nous comprimes qu'il criait :

– Mon frère est mort ! Mon frère est mort ! Au lieu de nous expliquer ce qu'il voulait, il se laissa tomber à bas de son cheval et se roula à terre, se tordant les mains et continuant à nous crier que son frère était mort…

A MIRA

Pendant la nuit, un vent de tempête a chassé des tourbillons de pluie, détrempant le vaste plateau argileux où nous campons, les champs dénudés et les profondes oliveraies coupées çà et là de haies de figuiers de Barbarie.

Nos pauvres tentes nomades, mouillées et alourdies, semblent autant de grandes bêtes peureuses, aplaties sur la terre rouge.

L'aube terne et triste d'automne se lève sur cette campagne d'Afrique toute changée, comme déformée par les buées froides qui flottent à l'horizon.

Transis et maussades autour d'un grand feu pâle qui fume beaucoup, nous attendons en silence le café qui nous rendra un peu de force et de chaleur.

C'est une de ces heures grises, lentes, où l'âme semble se replier sur elle-même et sentir, avec une intensité douloureuse et morne, l'inutilité finale de l'effort humain.

… Depuis deux mois, par un hasard de ma vie errante, je campe dans les sombres tribus indociles de ces terres hautes d'Amira qui dominent les prairies fertiles et les bois ombreux du Sahel souriant.

Ayant promis à un journal des impressions de voyage dans ce pays, je me suis jointe à une petite caravane chargée par les autorités tunisiennes de faire des enquêtes sommaires et de récolter les impôts arabes, toujours arriérés.

Il y a là le petit Khalifa du caïd de Monastir, Maure de Tunis, mince et fluet, très effacé, assez juste, point cruel et pas trop avide surtout ; deux vieux notaires arabes, s'immobilisant dans les idées et les attitudes de jadis, très doux, très bienveillants et souriants. Puis le brigadier de spahis Ahmed, un Oranais, singulier mélange de grâce juvénile, de violence souvent sauvage, d'insouciance et de réflexion beaucoup plus profonde que ne le comporte sa situation sociale... Enfin des Bédouins en burnous rouges ou bleus, qui sont des spahis et des deïra du Makhzen.

... Depuis deux mois, j'assiste en spectateur à ce que font ces gens que je ne connais que depuis que j'erre avec eux, vivant de leur vie, et qui ignorent tout de moi... Pour eux, je suis Si Mahmoud Saadi, le petit Turc évadé d'un collège de France...

Et mon cahier de notes est resté si peu chargé, malgré quelques remords, quelques velléités d'écrire... Une fois encore la vie bédouine, facile, libre et berceuse, m'a prise pour me griser et m'assoupir. Écrire... pourquoi ?

Tandis que je songe, presque avec ennui, à toutes ces choses de ma vie présente, on vient tout à coup nous chercher pour aller là-bas, au fond de la plaine, apaiser une tribu qui, pour venger la mort de l'un des siens, veut aller en massacrer une autre...

Il faut tout abandonner, laisser le campement à là garde d'un deïra qui s'occupera du transport pour ce soir et partir avec l'envoyé du cheikh...

Une course échevelée à travers des halliers, dans la terre molle et glissante. Nous sautons des fossés, des haies de figuiers de Barbarie, sur des chevaux énervés par le vent et la pluie et qui ne veulent plus obéir.

Mais voici le douar des Hadjedj ; une centaine de gourbis et de tentes basses sur une colline arrondie, dans un site d'une nudité effrayante : pas un arbre, pas une herbe...

Une animation insolite règne dans le douar et, de très loin, nous entendons des clameurs furieuses.

Entre les tentes, des hommes en haïks noirs, ou terreux, que le vent agite, se démènent, discutant par groupes, en des attitudes violentes, tandis que d'autres, accroupis, fourbissent et arment de vieux fusils à pierre, aiguisant des sabres à poignées en bois, des poignards et des faucilles. Au milieu du douar, les femmes, enveloppées de voiles bleus ou rouges, se lamentent autour d'un haïk noir, tout gluant de sang, qui recouvre un cadavre...

Les hommes poussent de grands cris de menace et de mort, et comme au temps des migrations ancestrales, ils se disposent à aller massacrer et piller la tribu de Zerrath-Zarzour, campée vers l'Ouest, au delà d'un ravin large de près d'un kilomètre et profond comme un abîme.

Le jeune cheikh Aly, superbe d'énergie et d'émotion, s'avance à notre rencontre, un fusil à la main, et nous explique ce qui se passe :

– Ce matin, un garçon des Zerrath-Zarzour, nommé Aly ben Hafidh, est venu ici, chez nous, avec son frère Mohammed, pour vendre deux brebis à mon khodja, que voici. Ils ont rencontré un des nôtres, Hamza ben Barek, avec la famille duquel ils sont mal depuis longtemps. Ils étaient tous trois là-haut, sur cette petite éminence en dehors du douar. Ils se sont pris de querelle, et Aly ben Hafidh a frappé Hamza à coups de matraque, lui brisant le crâne... Voilà le cadavre. Toute la tribu et quatre bergers de la tribu de Melloul ont vu le crime. Mais Aly et son frère se sont enfuis dans le ravin. À présent les nôtres, pour se venger, veulent aller massacrer ceux des Zerrath-Zarzour.

Tandis que le cheikh nous parle, les hommes se sont rapprochés et un grand silence règne sur le douar, troublé seulement par les lamentations des femmes. Debout, le regard menaçant et ferme, les armes à la main, les nomades écoutent... À peine le cheikh a-t-il fini sa dernière phrase, que la sauvage clameur éclate de nouveau.

Les gestes et les cris sont d'une violence inouïe et les faces anguleuses des maigres Hadjedj deviennent effrayantes. Le cheikh Aly s'élance de nouveau vers eux, pour des exhortations et des menaces... J'entends un grand vieillard, à profil d'oiseau de proie ; qui lui répond presque avec dédain :

– Tu es jeune, tu ne sais pas ! C'est le prix du sang... Et brusquement les nomades se dispersent, courant, essayant de gagner le ravin.

Mais les spahis et les deïra partent alors dans toutes les directions avec, eux aussi, de grands cris ; ils sont, heureux, les nomades habillés en soldats, de galoper, de crier, de poursuivre, avec l'illusion de la guerre, ces hommes armés qui, à chaque instant, peuvent se retourner contre eux et devenir menaçants par le nombre... À cette chasse à l'homme, ils se grisent, et leurs figurent rayonnent d'une joie d'enfants turbulents et libres.

La scène tumultueuse, sous le ciel bas et gris, dans le vent furieux, est sauvage et superbe.

… Enfin la tribu est contenue, rabattue sur le douar, gardée à vue. Deux ou trois des plus forcenés sont pris et enchaînés. Il faut, maintenant, commencer l'enquête, et deux spahis partent à la recherche de l'assassin.

Il est tout jeune, cet Aly ben Hafidh qu'on nous amène, haletant, les vêtements en lambeaux, le visage couvert de sueur et de boue, les mains attachées derrière le dos. Il est pâle, mais le regard en dessous de ses longs yeux roux est farouche et fermé. Son frère, grand Bédouin maigre, au sombre visage de détrousseur, a l'allure d'un fauve pris au piège, prêt à bondir… Pourtant ce n'est pas lui qui a tué : c'est Aly, le petit nomade aux yeux dorés, au visage imberbe.

Par monosyllabes Aly ben Hafidh répond aux questions d'usage sur son identité.

– Pourquoi as-tu tué Hamza ben Barek ? demande le Khalifa.

Alors l'accusé semble se ramasser sur lui-même pour une défense désespérée. Il courbe la tête et regarde le sol :

– Entre lui et moi, le Prophète de Dieu est témoin !

Désormais, comme en rêve, contre tout bon sens, contre toute évidence, il répète sa phrase, sa pauvre phrase de dénégation enfantine, apeurée à la fois et obstinée.

Il a commis son crime sur le sommet nu de la colline ; une cinquantaine de personnes l'ont vu. Avec son frère il s'est enfui et caché dans le ravin. Ses déclarations contredisent celles de son frère, interrogé eu son absence… Qu'importe ! À toutes les objurgations, à toutes les menaces, à toutes les prières, il répond, d'une voix atone, les yeux obstinément fixés à terre :

– Entre lui et moi, le Prophète de Dieu est témoin !

Pendant trois jours nous restons aux Hadjedj. Trois jours de discussions, de cris, de menaces, d'alertes continuelles… Enfin, quand l'ordre et la paix semblent rétablis, nous reprenons le chemin de Moknine, la capitale d'Amira.

Le beau temps est revenu. Il fait presque chaud, et une mince herbe drue sort partout de l'argile rouge fécondée par les pluies.

C'est encore le matin, l'heure limpide où la campagne s'étale, tout azurée, sous le ciel rose infiniment pur et pâle, comme agrandi.

Notre petite caravane s'avance lentement, malgré les ardeurs des chevaux joyeux ; nous traînons avec nous, une troupe silencieuse et morne de vingt-cinq ou trente prisonniers, arrêtés par-ci par-là, dans les tribus. Résignés, sans un geste ni un mot de révolte, ils marchent, enchaînés deux à deux par le poignet et la cheville. Ils semblent indifférents.

Aly, le seul assassin, a les bras liés derrière le dos, les pieds entravés, et marche séparément entre les chevaux des spahis. Il garde son attitude impénétrable et, quand les Bédouins de sa tribu parviennent à lui lancer, de loin, quelques paroles d'adieu, il répond d'une voix ferme, comme si c'était vrai :

– Entre lui et moi, le Prophète de Dieu est témoin !

Les Hadjedj, apaisés maintenant, le regardent passer en silence, sans haine presque, car il est entre les mains de la justice des hommes que les nomades, comme tous les hommes simples, redoutent instinctivement et n'aiment pas, car elle est étrangère à leurs mœurs et à leurs idées. Aly, pour eux, n'est plus l'ennemi qu'on a le droit de tuer, comme prix du sang : il est prisonnier, c'est-à-dire un objet de pitié, presque une victime de ce fantôme redouté et haï : l'Autorité. La haine et la vengeance des Hadjedj se reporteraient plutôt, maintenant, sur la tribu de Zerrath-Zarzour tout entière que sur Aly, s'ils avaient le pouvoir de lui nuire.

Tout a coup, d'un ravin masqué par des figuiers de Barbarie, un groupe de femmes émerge et s'élance vers nous, avec des gémissements et des plaintes. La plus vieille, conduite par une petite fille très belle, aux yeux noirs et ardents, est aveugle. Ses cheveux blancs retombent sur son front de momie. Elle pleure.

Toujours guidée par la petite fille, la vieille se suspend à l'étrier du Khalifa et l'implore.

— Sidi, Sidi, pour le repos de l'âme de ta mère, aie pitié de mon fils unique, de mon Aly ! aie pitié, Sidi !

Notre convoi s'est arrêté et tous nos hommes sont graves. Nos cœurs se serrent affreusement devant la douleur de la vieille mère aveugle et en haillons, que nous sommes impuissants à consoler.

Le Khalifa, presque prêt à pleurer, balbutie des promesses qu'il ne pourra tenir et la mère d'Aly se répand en bénédictions. Puis elle va tomber sur la poitrine de son fils ; et se lamente comme sur le cadavre d'un mort.

Très pâle, le petit Bédouin tremble de tous ses membres.

— Ton père est couché dans le gourbi, dit la vieille, et

il est malade, bien malade. Sans doute son heure est venue. Il te fait dire d'avouer, si tu as tué, pour que Dieu ait pitié de nous et de toi et pour que l'Ouzara[1] ne soit point impitoyable…

Alors, tout à coup, convulsivement, Aly se met à pleurer et son visage jeune devient tout à fait enfantin. Très bas il murmure :

– Pardonnez-moi, musulmans ! J'ai tué une créature !

Parmi les cavaliers et les Bédouins qui se sont rapprochés, ce mot court joyeusement :

– Il a avoué ! Il a avoué !

C'est comme une détente et, tout de suite, Aly devient pour tous ces gens un objet de pitié plus profonde, presque de sollicitude. Le brigadier Ahmed, très dur pourtant, se penche lui-même vers Aly et lui détache les mains.

– Embrasse la vieille, dit-il.

Alors ce sont des adieux entrecoupés de sanglots, de cris et de gémissements de femmes… Puis le groupe éploré s'éloigne, mais longtemps encore on entend la vieille mère qui se déchire le visage avec des hurlements lugubres.

Le brigadier laisse les gens des Zerrath-Zarzour s'approcher d'Aly, lui dire adieu, lui donner quelques pièces de cuivre pour sa nourriture en prison… Parmi ceux qui viennent faire l'aumône au prisonnier, je

---

[1] Tribunal de l'Ouzara, cour criminelle musulmane à Tunis. Le crime de meurtre volontaire entraîne la peine de mort par pendaison. (note de l'auteure)

reconnais deux ou trois vieillards de Hadjedj, de ceux-là mêmes qui, la veille voulaient massacrer Aly et les siens.

– Tiens, nous te donnons cela dans le sentier de Dieu ! disent-ils. Puis ils s'éloignent, graves, presque solennels.

Bientôt le brigadier doit écarter tout le monde, car la foule des Ouled-Zerrath-Zarzour se fait compacte et cela pourrait devenir dangereux... Alors nous reprenons le chemin de Moknine à travers les bois d'oliviers où les gouttes de rosée nous font frissonner...

CAHIERS

Vers les horizons bleus[1]

Éléments biographiques :

Revenue à Marseille, chez son frère, en fin 1889, Isabelle Eberhardt voyage en Sardaigne, puis Paris, Genève. En août 1900, elle retourne en Algérie et s'installe à El Oued où elle rencontre Slimène Ehnni, un sous-officier. Leur relation déplait et celui-ci est muté, en janvier 1901. Le 29 janvier, Isabelle Eberhardt est victime d'un attentat par un homme se réclamant de l'inspiration d'Allah. Hospitalisée, puis surveillée par les autorités, elle s'embarque en mai pour Marseille. Son arrêté d'expulsion d'Algérie est prononcé en juin. En octobre, elle épouse Slimène Ehnni à Marseille.

---

[1] Titre donné à ces cahiers par Isabelle Eberhardt : ne se trouve pas dans l'édition de « Notes de route » (note des éd. Bourlapapey)

Vers les horizons bleus :

Paris, 25 février 1900.

Il y a là, devant moi, sur le mur, un plan de Bône que Khoudja m'a envoyé à Cagliari, et sur ce plan un point que j'ai noté, un point qui éveille en moi un souvenir poignant.

Cimetière indigène[1]. Ces deux mots si simples piqués sur cette vulgaire carte routière m'ont déjà donné à plusieurs reprises ce frisson intérieur qui, pour moi, est l'une des conditions essentielles de l'hygiène morale. Et je vois, en ces instants bénis, se dresser devant moi le fantôme aimé de cette Anèba (Bône) qui me fit rêver pendant deux années, là-bas, sur la terre de l'exil...

Ainsi la grande âme que j'ai sentie plusieurs fois surgir en moi est bien en une mystérieuse incubation. Et si je veux, je puis faire qu'elle apparaisse un jour en une floraison superbe.

Louange à la souffrance du cœur ! louange à la mort, fécondatrice des âmes endeuillées ! louange au tombeau silencieux qui est non seulement la porte de l'éternité pour ceux qui s'en vont, mais encore celle du salut pour les âmes élues qui savent se pencher sur ses profondeurs mystérieuses ! louange à la tristesse et à la mélancolie, ces divines inspiratrices !

Loin de moi le désespoir lâche et la coupable

---

[1] La mère d'Isabelle Eberhardt repose au cimetière musulman de Bône. (note de V. B.)

indifférence ! loin de moi l'oubli !

Par quelle aberration les silhouettes consolatrices des deux collines funéraires d'Anèba et de Vernier[1] ont-elles pu, parfois, s'effacer de mon souvenir, devenir presque inexistantes ? Pourquoi ?

Non, loin de moi, les tâtonnements de mon adolescence maladive ! Loin de moi cet esprit jouisseur et vulgaire qui n'est pas de moi, qui me vient du désordre et qui est ma perte.

L'horizon ainsi compris, si un jour se dissipent les nuages de Genève, sera resplendissant comme ceux de jadis, là-bas, aux premiers réveils de mon intelligence, quand j'admirais les couchants mélancoliques derrière la haute silhouette du Jura morose, et quand je cherchais à deviner le grand mystère de mon avenir.

Venez à moi, souvenirs, je ne vous chasserai pas. Venez, éveillez en moi la flamme sacrée qui doit un jour consumer toutes les impuretés de mon âme et la faire surgir forte et belle, prête pour l'éternité. Rêves incohérents et singuliers, rêves qu'on ne saurait traduire, vous êtes toute ma raison d'être en ce monde…

29 mars, 6 h. 1/2 soir.

Certes, mon âme traverse une période d'attente ; les sensations douloureuses de l'heure présente ne dureront

---

[1] Le tuteur d'Isabelle Eberhardt, Alexandre Trophimowsky, repose au cimetière de Vernier, près Genève. (note de V. B.)

pas ; la réalité sombre de ma vie parisienne actuelle aura un réveil !

Dans un mois peut-être je m'en irai là-bas, dans le grand désert vague, chercher des impressions nouvelles, chercher les matériaux qui serviront à l'œuvre que je voudrais édifier.

Mais toute mon éducation morale est à refaire. Je devrais m'inspirer des grandes idées évocatrices du passé, et de la foi islamique, qui est la paix de l'âme.

Certes, au bout de tout il y a le silence et il y a le tombeau. Mais tout ce que j'ambitionne servira à adoucir les péripéties de ce drame inexplicable qui a nom la vie, et qu'il faut bien jouer.

2 mai, 10 heures matin.

Depuis des jours et des semaines le soleil luit et le ciel est bleu. Paris s'est paré de couleurs radieuses. Tout brille et tout semble en fête. Et moi aussi je suis sortie des limbes où j'errais depuis mon retour de Cagliari. Mon âme est en progrès. Peu à peu, lentement encore, elle se détache de cette brume terrestre qui semblait devoir la noyer. Elle monte doucement mais sûrement vers les sphères de l'idéal qu'elle atteindra un jour.

Le même jour, minuit.

Je viens de rentrer ici, dans cette chambre où je vais dormir pour la dernière fois. C'est mon dernier soir de Paris. Ah ! ce Paris que j'ai commencé à aimer profondément, où j'ai tant souffert et tant espéré, Dieu seul sait si jamais je le reverrai, et si j'y reviens, quand cela sera et ce que j'y rapporterai, et ce que j'y retrouverai ! Toujours je sens peser sur moi le sceau du grand inconnu…

Marseille, 7 mai 1900.

Je suis arrivée ici et n'y ai point retrouvé l'atmosphère mauvaise et menaçante qui avait si douloureusement pesé sur mon âme, durant mon dernier séjour à Marseille, au retour de Cagliari.

… Ressenti à Mâcon ; je crois, une sensation intense de jadis, des dernières années de la Villa Neuve, au printemps. Le train stationnait à l'entrée de la gare où régnait un grand silence. En face de moi, à droite de la voie, il y avait des bosquets de lilas à peine fleuris ; le rossignol égrenait son dernier chant de la nuit. Ce fut tout. Un éclair, un rêve fugitif, un rien, et cependant de telles sensations peuvent remuer un être jusqu'au fond du mystère latent qu'il porte en lui.

… Dans quelques jours, je serai à Bône ; j'y reverrai la tombe de celle qui, il y a trois longues années déjà, débarqua avec moi sur cette côte barbaresque. Toutes les choses d'Afrique me semblaient alors chimériques.

Puisse l'ombre que je pleure m'inspirer la force, la patience et l'énergie nécessaires pour venir à bout de la lourde tâche que la vie ancienne m'a léguée !

… En ces jours anniversaires d'avril 1898 et de mai 1899, mon souvenir attristé retourne aussi vers les deux tombeaux qui sont restés là-bas sur la terre d'exil, seuls vestiges durables des souffrances, des misères et des espérances de jadis, puisque la pauvre chère demeure[1] sera vendue dans peu de jours à des étrangers, à des indifférents profanateurs… Mon souvenir se reporte vers ces deux tombeaux que, sans doute, je ne reverrai jamais, et que les herbes folles ont dû envahir cette année avec le retour du printemps enivré de vie éternelle et d'indestructible fécondité…

… Sous quel ciel et dans quelle terre reposerai-je, au jour fixé par mon destin ? Mystère… Et cependant je voudrais que ma dépouille fût mise dans la terre rouge de ce cimetière de la blanche Anèba, où Elle dort… ou bien, alors, n'importe où dans le sable brûlé du désert, loin des banalités profanatrices de l'Occident envahisseur…

Préoccupations puérilement tristes, et bien enfantines, bien naïves ; en face du grand charme de la mort !

Eloued, septembre 1900.

Je me souviens de mon départ de Marseille, en juillet. C'était le soir. Les rayons du jour baissaient sous les branchages épais des grands platanes du boulevard silencieux…

Debout à la fenêtre, sous la cage du canari bruyant, dont la chanson s'éteignait doucement à l'approche du soir, je regardais sans voir.

Tout était fini, emballé, ficelé. Il n'y avait plus que mon lit de camp, dressé pour la dernière nuit, dans le

---

[1] La *Villa Neuve* à Meyrin, près Genève. (note de V. B.)

salon.

Je n'y croyais en somme pas trop à ce départ pour le Sud-Algérien... Tant de circonstances imprévues étaient déjà venues le retarder !... Tant de fois je m'étais déjà demandé, avec anxiété, si ce projet qui m'était devenu cher n'était point destiné a rester un simple rêvera jamais irréalisable !...

Naguère encore je me posais cette question avec angoisse... Et voilà, maintenant que tout était prêt, que rien ne pouvait plus me retenir, voilà qu'une grande tristesse envahissait mon cœur, y descendait peu à peu, lentement, comme descendait le tiède crépuscule d'été.

Je n'étais pourtant qu'une étrangère de passage dans cette ville, dans cette maison de mon frère où, depuis des mois, je ne faisais que de brusques et fugitives apparitions, emportée aussitôt au loin par les hasards de ma vie errante...

Mon sommeil fut troublé, cette nuit-la, par d'étranges visions, vagues et menaçantes...

Au réveil, plus rien, c'était passé, et je me levai avec cette sorte d'entrain nerveux qui, chez moi, est particulier aux jours de grands départs...

Chose étrange... les derniers mois de ma vie en Europe, plus tourmentés et plus sombres, semblaient déjà s'être reculés pour moi dans un lointain vague... Les silhouettes aimées de là-bas se rapprochaient...

Je m'embarque à bord de *l'Eugène-Péreire*, songeant à un voyage que je fis déjà l'an dernier sur ce navire... mais en des circonstances bien différentes... À l'angoisse d'alors, – je me débattais en pleines ténèbres –

a succédé une grande paix mélancolique, un assoupissement de toutes les sensations douloureuses...

Sur le quai, au milieu du bruit et de la cohue, une seule silhouette attire mes regards : sous ses corrects vêtements noirs, mon frère, définitivement voué à la vie calme et sédentaire, est, une fois de plus, venu m'accompagner. Je pars pour l'inconnu. Il reste.

Et, séparés déjà par les bastingages, nous nous regardons, songeant à l'étrangeté de nos destinées, et aussi, hélas ! à l'inanité de tous les vouloirs humains, de tous les beaux rêves azurés que nous fîmes jadis ensemble sur la terre d'exil où nous ouvrîmes tous deux nos regards à la réalité amère de l'être...

Au dernier coup de cloche répond le sourd rauquement, guttural à la fois et déchirant, de la sirène...

Le quai semble s'éloigner lentement. Puis un grand remous se fait dans l'eau glauque, et nous filons de plus en plus vite.

Bientôt, parmi l'encombrement du quai, la chère silhouette n'apparaît plus que comme un point noir, et s'efface bientôt, quand le navire a viré de bord, pour prendre, par la passe sud, là route d'Afrique. Une fois de plus je suis seule et je suis en route...

Accoudée au bastingage de la passerelle d'arrière, je contemple le décor magique de Marseille.

Au premier plan, le port de la Joliette, où semblent sommeiller les silhouettes puissantes des transatlantiques rouges et noirs, les innombrables pontons et les barques, parmi les navires des autres compagnies.

Les hautes maisons moroses et noires des quais, symétriques comme les casernes et de morne aspect.

Puis la ville, en amphithéâtre, coupée, vers le milieu, par la déchirure du port vieux et de la Cannebière.

D'abord Marseille m'apparaît en une gamme délicate de grisailles aux nuances variées : grisailles du ciel vaguement enfumé, grisailles bleuâtres des montagnes lointaines, gris roses des toits et jaunes des maisons, gris des rochers d'Endoume, gris crayeux, flamboyant, de la colline ardue de Notre-Dame-de-la-Garde, puis, tout en bas, grisailles lilacées et argentées des forts. Sur tous ces tons gris, les plantes coriaces et desséchées des rochers jettent des taches d'un brun verdâtre. Seuls, les platanes des avenues et la coupole dorée de la cathédrale se détachent, en touches vivantes et nettes, sur cette transparence grise… et tout en haut, comme planant au-dessus des fumées et des nuages, resplendit la Vierge d'or…

Peu à peu, nous tournons vers la gauche, et Marseille prend une teinte uniformément dorée, inouïe… Marseille, la cité des départs, des adieux et des nostalgies, est incomparable aujourd'hui, noyée en un océan de lumière, auréolée d'or en fusion…

Une heure plus tard, nous doublons les derniers rochers crayeux, d'un blanc livide, que battent éternellement les flots venant de la haute mer… puis c'est fini, tout s'effondre à l'horizon, tout disparaît.

Mais je reste accoudée sur la passerelle, à rêver, en une mélancolie résignée, à l'insondable mystère des lendemains ignorés et des aboutissements inconnus des choses sans durée réelle, qui environnent et régissent nos destinées encore plus éphémères, plus furtives…

Puis, comme certaines âmes ne s'attachent au sol que par l'exil, et que la nostalgie est, pour elles, l'aube d'un amour vivace pour les lieux quittés, d'un amour d'autant plus profond que moindre est l'espoir du retour, je sens que je commencé à aimer cette ville, ses ports surtout, et que sa silhouette telle qu'elle m'est apparue aujourd'hui surgira toujours parmi des visions chères qui hantent mes rêveries d'errante et de solitaire…

… La brise est tombée, et un grand silence s'est fait sur la mer, tandis qu'à l'horizon occidental, tout là-bas, dans l'imprécis marin, s'accomplit le naufrage chimérique du soleil aux soirs d'été, en des vapeurs d'un gris violacé…

La mer est devenue violette, d'une teinte assombrie et sévère… Après quelques instants d'une lueur diffuse, comme imprécise et hésitante, la nuit tombe, très vite, profonde et douce ! Je descends, pour l'inévitable corvée de la table d'hôte. Toute une tablée correcte, sur les divans et les fauteuils tournants du salon à peine balancé. Pas une tête sympathique, pas un regard d'énergie, d'intelligence vraie ou de passion… La grise banalité d'un milieu de fonctionnaires et de mondaines, occupés à un papotage vide de sens… Je me sens seule et étrangère parmi ces gens qui ignorent tout de moi, et dont j'ignore tout et qui, évidemment, sentent et pensent autrement que moi. D'ailleurs mon fez musulman me retranche encore plus de leur société… ils me regardent tous comme une bête curieuse…

Dès que je le puis, je remonte sur le pont et je vais sur l'avant. La brise, qui s'est levée et qui fraîchit, a chassé tous les autres passagers ; je peux m'étendre sur un banc…

Toujours, en ces heures fraîches et silencieuses des nuits d'été sur mer, j'éprouve une singulière impression de bien-être et de calme. Je reste étendue sur le pont vaguement oscillant, à contempler les deux fanaux du navire et, tout en haut, l'écroulement infini des étoiles. Je me sens seule, libre, détachée de tout au monde et je suis heureuse.

Je m'endors paisiblement.

Vers deux heures et demie du matin, le roulis devient, plus sensible et me réveille. Je me soulève et, vers ma droite, dans l'obscurité, je vois poindre des lumières : ce sont les phares des Baléares, et voici le feu tournant de Majorque... Nous passons au large des îles et la mer est agitée.

J'éprouve, à contempler ces feux, indicateurs de terres qui me seront probablement toujours inconnues, une singulière impression de mystère vague... Puis, très doucement, je me rendors...

Eloued, février 1901.

Après les premiers jours de fièvre et d'angoisse vague, sans cause, succédant aux nuits, affreuses, aux nuits torturantes, sans sommeil, je commence à renaître à la vie, très vite[1].

Faible encore, je puis me lever et sortir, m'asseoir pendant quelques heures sous le portique bas qui longe l'hôpital vers le midi. Et là, au soleil déjà chaud, j'éprouve une bonne sensation de renouveau. Elle est

---

[1] On sait qu'Isabelle Eberhardt, dans ses incursions sahariennes, fut blessée d'un coup de sabre à la tête et au bras par un fanatique, qui déclara plus tard, devant le conseil de guerre : « J'ai frappé sous une impulsion divine. » Transportée sur un brancard à l'hôpital militaire d'Eloued, elle y resta prés d'un mois. Très affaiblie tout d'abord par « l'énorme perte de sang qu'elle avait subie », elle ne tarda cependant pas à se rétablir. (note de V. B.)

grise et triste pourtant, cette vaste cour de la kasbah où, avec toutes les constructions militaires, se trouve l'hôpital.

Jamais dans ce paysage de pierre et de sable rien ne reverdira. Tout y est immuable, et seule la lumière plus ardente et plus dorée du soleil nous dit que le printemps revient.

Plus de siroco, plus de nuages gris et lourds. L'air est pur et léger, la brise est presque tiède, déjà.

Je me suis accoutumée à cette vie monotone, dans ce cadre invariable, et aux figures qui, toujours les mêmes, vont et viennent autour de moi.

À l'aube, tout près, sous le portique de la caserne des tirailleurs, le réveil sonne, rauque d'abord, comme une voix endormie, puis clair et impérieux.

Aussitôt la grande porte grince et s'ouvre. Le va-et-vient commence.

Chez nous, ce sont les infirmiers en babouches arabes qui se lèvent.

Après un instant, on frappe à ma porte, seulement poussée ; le règlement, appendu là, au mur, interdit de s'enfermer pour la nuit. C'est Goutorbe, grand garçon blond et silencieux, qui apporte le quart de café, avec toujours la même question :

– Eh bien, Madame, ça va-t-il aujourd'hui ?

Je me lève bien péniblement encore, et contrairement aux conseils du bon docteur, qui crie beaucoup et qui tempête, mais qui finit toujours par me laisser faire.

Ma tête tourne un peu, mes jambes sont molles ; mais cette sorte d'ivresse est douce, et mon esprit semble se sublimer, devenir plus apte à recevoir les impressions joyeuses de ces heures de convalescence.

Ce matin, je suis allée m'accouder au mur d'enceinte et, par les créneaux, j'ai regardé Eloued…

Aucune parole ne saurait rendre l'amère tristesse de cette impression ; il m'a semblé que je regardais un paysage quelconque, par exemple celui d'une ville inconnue, n'importe laquelle, vue du pont d'un navire pendant une courte escale. Le lien profond qui m'attachait à ce ksar, à ce Souf dont j'eusse voulu faire ma patrie, ce lien presque douloureux m'a semblé rompu pour jamais. Je ne suis plus qu'une étrangère ici…

Vraisemblablement je partirai avec le convoi du 25, et ce sera fini… fini peut-être pour toujours…

Et, pour fuir cette morne tristesse, je me suis éloignée de ce créneau, pour ne plus voir que le « quartier » et sa vie spéciale, toujours la même.

Nous avons ici, pour le moment un tirailleur, grand kabyle maigre, au profil osseux, aux yeux caves et enflammés. Le docteur dit que cet Omar est fou… Les Arabes disent qu'il est devenu marabout.

Toute la journée, il erre dans la cour, la tête baissée, son chapelet à la main. Il ne parle à personne et ne répond pas aux questions.

Quand, au hasard de nos promenades, Omar me rencontre, sans un mot, il prend ma main et nous marchons ainsi, lentement, dans le sable lourd… De temps en temps le tirailleur me parle, quand nous sommes loin des importuns. Ses idées sont sans suite, mais il ne divague pas trop. Il est très doux et je me suis habituée à lui.

— Si Mahmoud, il faut prier ; il faut, quand tu seras

parti, t'en aller dans une zaouïa et prier...

Marseille, 12 mai 1901.

Quitté Batna le lundi 6 mai, à 4 heures du matin.

Matinée calme, clair de lune, grand silence dans les rues. Descendu jusqu'à la porte de Sétif avec Slimane, Labbadi et Khelifa... Courte station sur un banc de l'avenue de la gare, avec Slimane. Retourné une dernière fois pour voir la chère silhouette rouge déjà presque indistincte dans l'ombre[1].

La campagne, de Batna jusqu'à El-Guerrah, est triste et pauvre... Au delà richesse inouïe de coloris et de teintes : coquelicots jetés en taches de sang dans le vert sombre des champs en herbe, glaïeuls rouges, anémones, bleuets, puis taches d'or des colzas... semblables à mon champ, là-bas, sur la route de Lambesc, au 4e kilomètre où je venais, les clairs matins d'avril, avec mon pauvre Souf fidèle... Où est Batna, la ville d'amertume et d'exil que je regrette aujourd'hui, parce que le pauvre ami au bon cœur aimant et fidèle y est resté ? où est Souf ? où est Khelifa ? où sont toutes ces pauvres choses rapportées d'Eloued, souvenirs pieux de notre maison de là-bas ?...

... Arrivée à Bône à 3 heures. Impression intense des jours de jadis chez Khoudja, dans l'étroite cour bleue où tant de fois aussi maman est venue s'asseoir.

---

[1] Ces notes, retrouvées sur une feuille volante, portent en indication : «Notes à recopier dans le cahier commencé à l'hôpital d'Eloued. » (note de V. B.)

Rappels de jadis pendant tout le séjour, sauf le dernier jour. Impression de rêve laissée par cette ville dont je n'ai rien revu, sauf cette demeure arabe et la silhouette du départ.

… Interrompu ces tristes notes par un brusque reflux de tout le désespoir que me cause la séparation d'avec Ouiha… Comment vivre sans lui, Dieu sait combien de temps, exilée, sans logis, moi qui avais pris l'habitude d'avoir un chez moi, si modeste qu'il fût !

Journées d'ennui et d'oppression à Bône, me débattant contre l'angoisse d'avoir laissé Slimane, et contre un sentiment persistant de l'irréalité de ce qui m'entourait. Départ en hâte fébrile sur le *Berry*, sous le nom de Pierre Mouchet. Passé à Bône les journées du 7, du 8 et du 9. Embarquée le 9 à 3 heures. Partie vers 6 heures. Regardé la silhouette jadis si familière, maintenant à jamais étrangère, et le quai, et les remparts, et l'Edough, et Saint-Augustin, et la verte colline sacrée aux sombres cyprès funéraires.

Ce dernier retour à Bône ressemblait à un rêve, tant il fut furtif et court, agité et tourmenté surtout.

… Premier instant, assise près du treuil, sous ma misérable défroque de matelot, sur mon baluchon ; tristesse profonde, déchirement de quitter la sainte terre d'Afrique, de m'éloigner d'Ouiha et d'être si pauvre, si seule et si abandonnée sur terre.

Songé aux décors de jadis, costumes de matelot arborés par goût, aux jours de prospérité…

Commencé à sommeiller sur une pensée apaisée déjà, par habitude de souffrir… « Eden-Purée » ont écrit des soldats sur la porte du bordj de Kef-Eddor… On peut trouver plaisir à blaguer sa misère. Violent orage, pluie, erré avec mon baluchon mouillé sur le pont, enfin, trouvé un refuge sous la passerelle d'avant avec les Napolitains et le vieux du Japon à la kachebia noire. Nuit assez bonne. Dormi jusqu'au vendredi, vers 4 heures du soir. La tempête commence. Restée couchée dans l'eau, près du vieux Napolitain hideusement malade. Accès de mal de mer. Transporté mes pénates derrière le treuil de l'ancre, sur un tas de cordages. Nuit épouvantable. Embarqué d'énormes paquets de mer par l'avant, giclant sur moi. Demi-délire toute la nuit, craintes sérieuses d'un malheur. La grande voix d'épouvante, la voix furieuse du vent et de la mer, a hurlé toute la nuit, terrible. Des raisonnements désespérément lucides de cette nuit, un frisson m'est resté :

C'est la voix de la Mort, et c'est elle qui rage contre la petite chose secouée et torturée, ballottée comme une plume sur l'immensité mauvaise.

Étonnante attention à faire des phrases, à chercher des mots, comme pour écrire, en ces heures d'angoisse et de souffrance physique : mal de mer, crampes à l'estomac et au côté, froid glacial, fatigue, mal des reins à force de me raidir sur les cordages mouillés et durs…

Arrivée par une après-midi claire. Débarqué au môle, monté sagement en tramway, et, de la Magdeleine, à pied, avec mes baluchons, péniblement, essoufflée, à bout de forces.

Épouvante de ne pas trouver de nouvelles de Slimane. Eu, la nuit, brusque réveil tellement angoissé que j'ai failli réveiller Augustin[1]. Matinée sans un seul instant de repos jusqu'à l'arrivée de la dépêche d'Ouiha : il vit et ne m'oublie pas. Cela me rend courage pour subir cette nouvelle épreuve, la plus cruelle de toutes : la séparation.

Ici, je suis heureuse – non pas pour moi – de trouver sinon l'aisance large, au moins la sécurité d'un certain bien-être...

... Les impressions de mon séjour en novembre 1899 sont revenues vivaces. Tout à l'heure j'entendais sonner les lourdes cloches à renversement de Marseille : souvenir des journées ensoleillées où nous arrivions, Popowa et moi, dans cette ville que j'aime d'un drôle d'amour, et que je n'aime pas à habiter... Course au château d'If, course à Saint-Victor, un matin de noces... Claires journées d'automne provençales, si lointaines déjà !

Mais qui me rendra mon « bled » éternellement ensoleillé, et nos blanches zaouïas, et les calmes maisons voûtées, et les horizons infinis des sables, et « Rouïha kahla », et les bons domestiques fidèles, et Souf, mon humble et fidèle compagnon, et Belissa la malicieuse, et mes lapins, mes poules, mes pigeons et tout l'humble trantran de notre paisible existence de là-bas ? Qui rendra au pauvre exilé son toit et à l'orphelin sa famille ?...

---

[1] Augustin de Moërder, frère d'Isabelle Eberhardt. (note de V. B.)

Marseille, 16 mai 1901.

Sensations du soir, en Ramadhane, à Eloued. Je contemplais, accoudée au parapet en ruines de ma terrasse fruste, l'horizon onduleux du vaste océan desséché et figé qui, des plaines pierreuses d'El M'guébra, s'étend jusqu'aux solitudes sans eau de Sinaoun et de Rhamadès ; et, sous le ciel crépusculaire, tantôt ensanglanté, ou violacé, ou rose, tantôt sombre et noyé de lueurs sulfureuses, les grandes dunes monotones semblaient se rapprocher, se resserrer sur la ville grise aux innombrables coupoles, sur le quartier paisible des Ouled-Ahmed et sur la demeure close et silencieuse de Salah ben Feliba, comme pour nous saisir et, très mystérieusement, nous garder à jamais... Ô terre fanatique et ardente du Souf ! Pourquoi ne nous as-tu pas gardés, nous qui t'avons tant aimée, qui t'aimons encore et que hante sans cesse ton nostalgique et troublant souvenir ?

Dans le quartier sud-est d'Eloued, au fond d'une impasse donnant sur la rue des Ouled-Ahmed, qui aboutit au cimetière du même nom, il était une vaste maison à terrasse, la seule de la ville aux coupoles. Une vieille porte chancelante, aux planches disjointes, et toujours fermée, en défendait l'entrée. Cette maison, déjà ancienne, bâtie, comme toutes les demeures du Souf, en pierres calcaires, à grand renfort de plâtre gris jaunâtre, possédait une vaste cour intérieure, où réapparaissait le sable pâle du désert environnant.

Là, dans cette demeure, ayant appartenu jadis à Salah ben Feliba, frère de l'ancien caïd des Messaaba, actuellement passée entre les mains d'un vieux Chaambi, habitant près d'Elakbab, se sont écoulés les jours d'abord les plus tranquilles, ensuite les plus étrangement, les plus mélancoliquement troublés de mon orageuse existence.

Ce furent d'abord les heures de quiétude de Chaabane et de Ramadhane : journées passées aux humbles travaux du logis ou en courses aux grandes zaouïa saintes, sur mon pauvre Souf fidèle, nuits d'amour et de sécurité absolue, dans les bras l'un de l'autre – selon l'expression si juste de Slimane – aubes enchantées, calmes et roses, après les nuits de prière de Ramadhane, crépuscules ardents ou pâles, durant lesquels, du haut de ma terrasse, je regardais le soleil disparaître derrière les crêtes élevées des énormes dunes de la route d'Oued-Allenda et de Taïbet-Gueblia, où j'étais allée me perdre un matin...

J'attendais que la grise coupole du marché d'abord, puis l'éblouissant minaret blanc de Sidi Salem, se fussent décolorés ; que sur sa face occidentale se fût éteint le rayonnement rose du couchant... Alors, de très loin, de la mosquée des Ouled-Khelifa, puis de celle d'Azèzba, commençait à monter la plainte traînante et sauvage du mouedhen : « Dieu est le plus grand ! » disait-il, et de toutes les poitrines oppressées s'échappait un soupir de soulagement... Immédiatement la place du marché se vidait et devenait silencieuse et déserte.

En bas, dans la chambre grande ouverte, assis en face l'un de l'autre, leurs cigarettes à la main, avec, entre eux, la caisse de bois nous servant de table, Slimane et Abdelkader attendaient en silence cet instant... Et moi, souvent, je m'amusais à les décourager, leur criant que Sidi Salem était encore tout rouge. Slimane se répandait en imprécations contre le mouedhen – mozabite, disait-il – des Ouled-Ahmed, qui prolongeait le jeûne outre mesure. Abdelkader me « chinait », selon son habitude, m'appelant « Si Mahfoud ». Khelifa et Aly attendaient leurs pipes à la main, l'une de kif et l'autre d'ar'ar, et Tahar versait la soupe dans le plat, pour ne pas avoir à attendre…

Et moi, mélancoliquement, je prolongeais mon jeûne, fascinée par le spectacle unique d'Eloued, pourpre d'abord, puis rose, puis violacé, puis, enfin, après l'extinction rapide de l'incendie occidental, d'un gris uniforme…

D'autres fois, en dehors du jeûne, sortant à l'heure du couchant pour aller attendre « l'homme en veste rouge », je m'asseyais sur la borne qui est près de la porte du spahi Laffati, tout au fond du vaste rectangle qui sépare, le quartier et le bureau arabe de la ville, en face du grand vide du désert, commençant par la dune basse des fours à chaux et continuant par les dunes coniques de la route d'Allenda. Là-bas, dans l'incomparable flamboiement de l'horizon, des silhouettes grisâtres apparaissaient, sur la dune des fours à chaux, et se déformaient, se profilant sur le ciel pourpre, devenaient géantes…

Puis, de la porte éternellement gardée, devant laquelle déambulait le petit tirailleur bleu, baïonnette au canon, sortait l'ombre toute rouge que jamais je ne vis apparaître sans un certain élan, sans un frisson de mon cœur, doux à la fois, un peu voluptueux et étrangement triste… Pourquoi ? Je ne saurai jamais.

Là, sur cette pierre, j'étais assise, un soir déjà obscur, quand surgit soudain de l'ombre, tout près, l'étrange petite Hania, la fille de Dahmane, avec son rire perlé et équivoque – son rire à lui – et la tristesse sensuelle de ses yeux. Enveloppée de ses haillons bleus et rouge sombre de Soufia, elle portait du bois à la maison d'Ahmed ben Salem...

... C'est aussi de cette tranquille demeure de Salah ben Feliba qu'après la nuit du vingt-huit janvier, qui fut la dernière que j'étais destinée à passer sous mon toit, je partis, mélancolique, me sachant déjà exilée, mais bien calme, pour la sinistre Behima[1], dont la silhouette fatale est restée gravée dans ma mémoire telle qu'elle m'apparut du haut des dernières dunes. Au bout d'une immense plaine désolée, semée de tombes, semblable à celle de Tarzout, des murailles grises, et, dominant tout, un immense palmier solitaire... Le tout se profilait sur l'horizon gris fuligineux de cette après-midi d'hiver où le chehili (siroco) violent faisait fureur, emplissait les dunes de vapeurs et remuait sur leurs flancs les grands suaires de sable mouvant...

* * *

... Impressions de malaise, dans le Souf, à l'automne. – Loin des jardins en entonnoirs profonds, loin des « sehan » de la route de Debila. Rien, sur cette terre, ne saurait accuser la fuite du temps et les changements de saison. Automne, hiver, printemps, été, tout se confond et passe uniformément sur les solitudes mortes des dunes, éternellement pareilles, à travers le silence lourd des siècles.

Là, jamais une voix humaine ne vient troubler de sa

---

[1] Behima, village du Souf où Isabelle Eberhardt fut blessée. (note de V. B.)

plainte ou de son chant – encore très semblable à une plainte – le silence, sauf la grande voix marine du chehili bruissant, roulant les minces vagues grises, ou celle, à peine perceptible, du « bahri » frais inutilement, car, rien ne saurait rendre la vie aux solitudes sans eau.

Le ciel, moins incandescent, plus transparent, plus azuré, la lumière plus blanche du soleil, les ombres moins durement noires, et, dans l'air, une légèreté spéciale : voilà les seuls signes à quoi l'on peut reconnaître que l'automne est arrivé, que les mornes journées d'accablement sont finies, et que la vie renaîtra bientôt dans les jardins.

L'alfa coriace repousse dans le dédale des dunes, sauf sur cette route lugubre d'Allenda et sur celle de Bar-es-Sof, et des cœdum grêles s'étiolent... De fleurs, nulle part... Dans les jardins, le bahri revenu secoue la poussière des palmiers qui retrouvent leur vert éclatant, les carottes, les felfel (poivrons), les nana (menthes) et autres herbes éphémères déploient un luxe de vert inouï, tandis que tombent les dernières feuilles roussies des grenadiers, des figuiers et des rares pieds de vigne, et que concombres, melons et pastèques reparaissent... Les oiseaux aussi font leur apparition, hirondelles rapides venues pour l'hivernage. Les soirées, plus vite obscures, sont mélancoliques, les couchers de soleil s'accomplissent en de plus tendres horizons et les matins – l'heure bénie au désert, l'heure où l'on se sent léger, léger et heureux de vivre – sont plus frais et plus tardifs...

Mais l'aspect figé du Souf reste toujours irrévocablement le même. Seuls, quelques détails et la lumière ont changé. Mais l'horizon houleux, la couleur indéfinissable des sables, le silence et la solitude, tout cela ne changera jamais... Impression de vague malaise et de plus grande tristesse à songer qu'ailleurs la nature prête à s'endormir se pare de dernières splendeurs, alors qu'ici elle semble se recueillir seulement...

* * *

... Que dire, que chanter sur les couchers de soleil au désert ? Où prendre des mots suffisants pour en fixer la splendeur, pour en exprimer le charme, la mélancolie et le mystère ? Dans mes « journaliers » d'alors, j'ai noté – bien imparfaitement – plusieurs de ces instants sublimes...

Combien de fois, pendant les attentes du Ramadhane surtout, mes yeux émerveillés ont contemplé ce spectacle sans nom ! combien de fois, tandis que l'astre tyrannique disparaissait derrière les dunes, mon cœur ne s'est-il pas serré voluptueusement, délicieusement, tristement...

Il me souvient du soir où j'étais allée, sur mon Souf nu, et fougueux, chercher la selle du deïra Abdelkader Belahlali, dans les Messaaba, à l'ouest de la ville, sur le bord, de la route d'exil, dans la direction de Touggourt et de Biskra, et où j'assistais, émerveillée, à d'inusitées splendeurs d'apothéose...

Une autre fois, revenant de ma longue course à la recherche de Sidi Elhussine, sur la route de Bar-es-Sof, je m'étais arrêtée, prise d'une religieuse admiration, sur la crête de la dune dominant les Ouled-Touati... Que de détails me sont visibles ! le village paisible, la construction en ruines ou inachevée, élevée d'un étage, avec une singulière galerie ogivale au premier, solitaire sur cette route qui mène à tout le grand inconnu, à tout le troublant et attirant mystère du Sahara et du Soudan lointain. Et comme je m'attardais devant les basses maisons couvertes d'une série de petites coupoles, les zériba en djerid desséché !... Quelques silhouettes : des chameaux couchés, avec leur air résigné et rêveur, le dos surmonté du bât conique en lattes de bois ; un grand dromadaire gris, debout, immobile, une patte relevée et attachée, selon la coutume ; de rares femmes en haillons bleus, presque noirs, de forme hellénique, rentrant au logis courbées sous le poids des lourdes « guerba » ou des jarres semblables aux amphores dans lesquelles, des milliers d'années avant elles, les femmes de la race prédestinée de Sem puisaient l'eau des fontaines chananéennes… Tout cela dans les lueurs roses, irisées, nacrées, au ras du sol blanc de l'immense plaine des Ouled-Touati…

Un soir, après une courte promenade et une station dans l'ombre des palmiers bas du Chott de Debila, subitement Souf s'était révolté, refusant de se laisser monter et m'obligeant à le mener jusqu'à l'abattoir d'Eloued pour m'élancer sur lui d'une voûte basse.

J'étais rentrée seule, obliquant depuis le village Kadry et miraculeux de Doueï Rouha vers la droite, et j'avais pris les sentiers périlleux dominant vertigineusement les jardins, serpentant, étroits, sur des crêtes aiguës.

À l'heure où l'eddhen du mogh'reb venait de se taire et où les croyants commençaient à prier en groupes neigeux, je passai devant la petite mosquée des Ouled-Kelifa ou des Messaaba R'arby (je ne sus jamais au juste leur position respective, et elles sont voisines). Autour de moi tout rayonnait de pourpre et d'or, et mon cœur aveugle d'être éphémère, plongé dans les ténèbres, était tranquille…

Et tant d'autres soirs passèrent jusqu'à celui déjà angoissé où, en hâte, au grand trot allongé du cheval de Dahmane, je traversai les Ouled-Ahmed, les Ouled-Touati, El-Beyada et Elakbab, me rendant chez Sidi

Eliman pour lui demander secours… Je vois encore la grande zaouïa délabrée, la plus vieille du Souf, se dresser sur sa colline basse, avec ses deux koubba symétriques, le tout éclairé obliquement de lueurs lilacées, encore à peine roses. Soirée d'un calme étrange, enchanté, entre les angoisses de ces jours d'avant l'exil…

Et encore, ce mogh'reb antérieur, où, le cœur étreint d'une inquiétude touchant à l'épouvante, j'attendais Slimane, sur la dune qui domine, à l'Ouest, les lugubres cimetières chrétiens et israélites et, à l'Est, la paisible nécropole des Ouled-Ahmed… Les misbah des nuits saintes et fatidiques de vendredi s'allumaient, flammes jaunes et falotes dans l'embrasement immense de l'heure ; et le fidèle Aly errait, ne sachant que faire des burnous de Slimane, entre les tombes…

* * *

… Le dernier coucher de soleil au désert fut aussi notre dernier adieu au Sahara… Seuls, nous allions entrer sous les ombrages des palmeraies de la Vieille Biskra, quand je priai Slimane de s'arrêter et de tourner bride. Derrière nous, l'immensité du Sahara s'étendait encore, déjà assombrie. Le disque du soleil, rouge et sans rayons, descendait vers la ligne presque noire du désert, au milieu d'un océan de pourpre. « C'est notre patrie, » dis-je, et j'ajoutai : « In châ Allah ! nous y reviendrons bientôt pour ne plus la quitter. » « Amin ! » dit-il, oppressé comme moi et triste de quitter cette terre, la seule où nous eussions voulu mourir…

Depuis lors, je n'ai plus revu la féerie du mogh'reb au Désert. — La reverrai-je jamais ?…

* * *

… Ciels d'hiver, gris ou noirs, au-dessus des dunes livides où coulent les sables morts et qui ne participent plus que de la vie capricieuse des vents !

Matins brumeux, senteurs salines des sables humides, paix des choses et renaissance des êtres… Je m'y attardais aux jours d'internement et de captivité quand, du haut de la terrasse du docteur, je regardais d'un œil amical mon fidèle Souf que j'allais quitter, et qui déjà n'était plus pour moi qu'une bête étrangère à ma vie.

À droite, par delà la cour où Souf, côte à côte avec le cheval du docteur, mangeait son orge du soir, le mur hérissé de verre brisé du poulailler, le nouveau puits que des prisonniers étaient en train de forer, les travaux gardés par un deïra, le grand bâtiment rectiligne et gris de l'école, « le collège », comme on dit là-bas, puis les dunes…

En face, la vaste cour du quartier… Les subsistants, les tirailleurs, la chambre du brigadier français, la place où tant de fois j'attendis la rentrée de Slimane, que je voyais venir quand il quittait la maison du caïd des Messaaba ; puis les voûtes des écuries avec les chevaux aux robes variées devant lesquels erraient quelques burnous rouges… Je savais que, parmi ces silhouettes familières, jamais plus ne repasserait celle que, par habitude, mes yeux devaient chercher longtemps… Le mur du bureau arabe, les locaux disciplinaires, avec la cellule sinistre où je savais Abdallah ben Mohammed[1], le poste de police où nous avions fumé le kif avec les braves turcos un soir de détresse, Slimane et moi ; la porte avec le banc où se tenaient assis les hommes de garde… puis mon hôpital, le long bâtiment à toit en pente légère, avec,

---

[1] Abdallah ben Mohamed, le fanatique qui avait frappé Isabelle Eberhardt d'un coup de sabre. (note de V. B.)

en face, la « Salle des macchabées », la buanderie et la salle de bains... tout au milieu de la cour déclive, le bâtiment écrasé et large de l'intendance, puis l'abreuvoir et le lavoir. Là, des gazelles captives erraient, gracieuses, se jetant en arrêt devant les agaceries des soldats...

* * *

... Et voici encore des silhouettes connues : le lieutenant Lemaître qui crie devant les locaux disciplinaires, avec des mots arabes de contrebande ; le lieutenant Guillot, sanglé dans son corset, passant le long de l'hôpital pour rentrer chez lui ; le sergent Othman, brute épaisse assommant le malheureux petit chien sloughi du détachement ; le cabot français, à tête de garçon boucher marseillais, côte à côte avec le pesant Isoard ; puis le tirailleur fou, longue silhouette bleue, sous sa pèlerine, errant silencieux, son chapelet de Sidi Ammar à la main ; enfin les spahis, montés sans selle au retour de l'abreuvoir, et leur défilé connu que n'accompagnera plus jamais le marabout Slimane, comme ils disaient...

Les voilà tous, le brigadier Saïd, un peu voûté, homme de foi et de devoir, comme courbé sous le joug, pas bien lourd à Eloued, de la discipline ; le vieil embêteur et demandeur Slami, affairé, jouant le brigadier ; le traître Embarek, avec sa beauté blonde et son air fou ; le caoued imbécile Saïd Zemouli, invoquant sans doute, en ce moment comme en tout autre, sa Bent Elhadid ; l'ivrogne Mansour, avec son air blagueur ; Ben Chaabane, fureteur et servile ; Zardy, tranquille et doux ; Aly Chaambi, à l'air équivoque de belle fille aux yeux passés au khôl ; le vieux froussard Nasr ben Ayéchi ; l'abruti Hannochi courbé, les bras ballants ; le grand Saouli ; l'arrogant Sadock, marié chez Ben Dif Allah ;

l'assassin Tahar ben Meurad, à l'air doux et bon enfant ;
Amor, le tailleur, beau garçon au teint blanc ; le lourd
Saoudi des Ouled Darradj ; l'ignoble valet Slimane Bou-
Khlif, au nez de pochard et aux yeux de voleur, et
l'antinaturel Laffati, à la barbe de nabab hindou, à l'air
insolent, époux bénévole de Chaamba ; et enfin, seul
comme toujours, faisant, bande à part, la forte tête du
détachement, l'ivrogne et l'homme à filles Dahmane ben
Borni, à l'air farouche et renfermé de bandit... Les voilà
bien tous.

Voilà aussi Khelifa, lent sous ses vastes burnous et
ses gandoura superposées innombrables, sa pipe et son
chiffon rempli de kif dans la tabourcha de son burnous,
menant par la bride Souf qui courbe la tête, secouant sa
courte crinière et sautillant gaiement, sachant bien
qu'après l'eau, c'est le régal d'orge.

Tout cela défile devant moi, sous le ciel qui se
rembrunit, à mesure que s'approche le soir et que
s'éclaire l'Occident d'une lueur sulfureuse. Et alors une
tristesse immense plane sur la terre de Cham, tandis que
descend la nuit d'hiver, et que les voix blanches des
mouedhen clament l'appel vers Dieu, pour protéger les
créatures contre le mal qu'Il créa, contre le maléfice de la
nuit qui tombe, contre celles qui soufflent sur des nœuds
de corde (qui font des sortilèges), contre l'hypocrisie du
traître flatteur, contre les hommes perfides.

... Hiver sinistre de là-bas, car il enlève à ce pays sa
gloire et sa splendeur : la lumière triomphante et profuse
de son soleil.

* * *

... Oh ! le doux assoupissement des sens et de la
conscience, dans la monotonie de la vie aux pays du

soleil ! Oh ! la douce sensation de se laisser-vivre, de ne plus penser, de ne plus agir, de ne plus s'astreindre à rien, de ne plus regretter, de ne plus désirer, sauf la durée indéfinie de ce qui est ! Oh ! la bienheureuse annihilation du moi, dans cette vie contemplative du désert !… Parfois cependant il est encore de ces heures troublées où l'esprit et la conscience, je ne sais pourquoi, se réveillent de leur longue somnolence et nous torturent.

Combien de fois n'ai-je pas senti mon cœur se serrer en songeant à ma vocation d'écrire et de penser, à mon ancien amour de l'étude et des livres, à mes curiosités intellectuelles de jadis… Heures de remords, d'angoisse et de deuil. Mais ces sentiments n'ont presque jamais d'action sur la volonté qui reste inerte et n'agit point… Puis la paix et le silence ambiants nous reprennent et, de nouveau, recommence pour nous la vie contemplative, la plus douce, mais aussi la plus stérile de toutes. « Tu enfanteras dans la douleur, » fut-il dit à la première femme, et pareille obligation pesa sans doute sur les destins du premier Prométhée de la pensée, du premier Héraclès de l'art. Une voix secrète a dû lui dire : Quand ton esprit ne sera pas à la torture, quand ton cœur ne souffrira pas, quand ta conscience ne te fera pas subir d'interrogatoires sévères, tu ne créeras pas…

Inerte reste ma main et silencieuses mes lèvres. Pourtant je comprends bien la fatalité universelle ; c'est la brûlure délicieuse et torturante d'aimer qui fait chanter l'oiseau au printemps, et les immortels chefs-d'œuvre de la pensée sont issus de la souffrance humaine…

* * *

… Avant d'arriver à M'guébra, cheminant à côté de Souf, je vis, vers ma droite, au Nord, s'accumuler à l'horizon de lourdes nuées d'un gris bleu d'acier, de formes étranges.

– Tiens, dis-je au tirailleur, ne dirait-on pas des montagnes ?… Mais est-ce qu'il y a des montagnes dans le désert, sauf les dunes de sable !

Plus loin, entre M'guébra et Chegga, nous vîmes le vent dissiper ces nuées et l'Aurès nous apparut tout à coup bleuâtre et sinueux se profilant sur un ciel pâle. Je ne m'étais pas trompée… Mais, moi aussi, j'avais perdu la notion des montagnes, perdu aussi celle de la terre, dans l'immensité des dunes de sable blanc, fin et léger comme de la poussière…

Éprouvé une sensation étrange en retrouvant de la vraie terre…

À Batna, impression vague mais délicieuse d'abord, de revoir des grands arbres, de la verdure, des champs et des prairies… puis, bientôt, insondable tristesse et nostalgie intense du sable et des palmeraies.

* * *

Jamais l'ombre épaisse et pesante des forêts n'égalera la splendeur fine et la grâce déliée des ombres ténues des palmes courbées en dômes sur le sable blanc ! Jamais les rayons de la lune ne se joueront aussi magiquement entre les trouées grossières des chênes ou des hêtres qu'ils se jouent entre ceux, graciles, semblables à de fines colonnes torses, des dattiers élancés et svelte ! Jamais le murmure des feuilles molles n'égalera celui, métallique et musical des djerid argentés ! Jamais l'eau des ruisseaux abondants ne grisera une poitrine oppressée comme celle des puits frais, la nuit, après la torride journée ! Jamais aucun jardin d'ailleurs n'égalera en grâce et en splendeur les « rhitan » profonds du Souf où s'assemblent les palmiers choisis, de grandeurs diverses, depuis les palmiers nains, depuis les jeunes sujets aux immenses feuilles arquées, jusqu'aux géants vénérables, souvent inclinés au-dessus de la verte famille environnante… Jamais les plus riches vergers ne donneront une idée de ces jardins en août, quand les lourds régimes se colorent, selon les espèces, les uns en jaune de toutes les nuances, les autres en rose vif, en carmin, en pourpre velouté, sous le réseau – poussiéreux au-dessus, d'un vert ardent et argenté en dessous – des djerid (palmes) flexibles…

* * *

… Les jardins du Souf sont de vastes entonnoirs creusés de main d'homme entre les dunes et de profondeur, variable selon le degré de profondeur de la couche d'eau souterraine. Il en est sur la route de Debila, sur celle de Zgoum, sur celle de Guemar et de Touggourt, aux environs de Teksebat et de Kouïnine, qui sont à fleur de terre. D'autres, vers le Sud surtout, sont de véritables abîmes où l'on n'accède que par de petits sentiers serpentins. Il en est aussi de très profonds au nord-ouest de la ville, près de Sidi Abdallah et de Gara.

L'architecture de ces jardins encavés est assez curieuse. D'un côté, ils offrent une pente accessible, et là se trouvent les puits à armature en troncs de palmiers, à bascule et contrepoids, avec, d'un bout, une grosse pierre attachée par une corde et, de l'autre, une « oumara » en cuir, sorte de panier plat suspendu au bout d'une corde. Autour des puits on voit des cultures potagères, les jeunes palmiers et les espèces basses. Les plus hautes se trouvent vers les murailles presque perpendiculaires opposées aux puits et dont la crête est hérissée de djerid pour empêcher l'ensablement.

… Pays à nul autre semblable : en été, la nuit,

l'oreille du voyageur y est frappée par une voix immense, plaintive et douce, qui s'élève des entonnoirs innombrables : ce sont les ouvriers Souafa qui désensablent les jardins, remontant patiemment le sable lourd dans des couffins, sur leurs épaules… Chaque nuit, ce travail de fourmis est fait, et, le lendemain, le vent éternel du Souf vient anéantir le labeur nocturne. Dans le grand silence des nuits tièdes, ce chant plaintif, en notes (mineures, porte avec lui un étrange frisson de tristesse, presque une anxiété…

… Là-bas, très loin, au delà de la mer bleue, au delà du Tell fertile, de l'Aurès morose et des grands chotts qui doivent se dessécher, il y a la terre brûlée, la terre ardente et resplendissante du Souf, où brûle la flamme dévorante de la Foi, où, à chaque pas, s'élève une mosquée, une koubba ou un maraboutique et miraculeux tombeau, où le seul bruit religieux est l'eddhen musulman, cinq fois répété, où l'on prie et où l'on croit… Il y a la maison aimée de Salah ben Feliba et tout le décor familier, immuable dans ce pays sublimement fanatique. Il y a des hommes en burnous rouges qui, à la brume, rentrent dans les demeures grises à coupoles, ou qui s'assemblent – sur des nattes dans le café de Belkassem Bebachi. Il y a les zaouïa saintes et leurs chefs vénérés…

* * *

Tout y est, mais nous n'y sommes plus, dans notre pays aride, où seule la Foi mystique fleurit, pour l'admirer et pour l'aimer…

Plus près, – mais combien loin de moi, hélas ! pourtant – il y a, dans une vallée triste, à l'ombre des grands monts Chaouïa, une petite cité toute française, banale, où l'on ne voit que casernes, hôpital, prison et autres édifices administratifs et militaires, où l'on ne rencontre que spahis, zouaves, tringlots et artilleurs[1]. Dans cette ville, dans le faubourg du camp, il est une vieille maison à un étage, et, devant, dans la fourmilière des chambres habitées par des spahis et leurs femmes, tout près de l'escalier où l'on n'entend que cliquetis de sabres et d'éperons, il est deux misérables pièces donnant sur les toits voisins et le rempart de la ville…

Dans cette maison se sont écoulés presque deux mois de ma vie, deux mois qui me semblèrent plus de deux années…

Et dans cette ville il y a un être que je chéris…

Et cependant ils me semblent bien irréels, ces décors africains ; ils me semblent n'avoir été que de vaines rêveries, des visions fugitives, et la personnalité elle-même de Slimane ne me semble pas toujours bien réelle non plus…

Quant aux autres pays de la terre où s'est écoulé mon passé orageux et troublé, ceux-là, ils me semblent n'avoir jamais existé en dehors de mon imagination !… Du pont du *Berry*, regardant la colline sacrée du cimetière de Bône, malgré un violent effort de ma volonté, je ne parvenais point à me donner la sensation réelle et poignante que maman était bien là, endormie dans la tombe depuis quatre années… Et il me semblait que jamais je n'avais habité Bône, et que cette ville m'était tout aussi étrangère et indifférente que n'importe quelle autre !

… Souvent, depuis que j'ai quitté Slimane, j'ai ressenti un désir torturant de franchir la distance qui nous sépare, le besoin absolu, intime, de l'avoir près de moi, lui et rien que lui, et l'irrémédiable désespoir d'être

---

[1] Batna (note de V. B.)

exilée, de ne pouvoir courir à lui ; une soif âpre douloureuse d'entendre sa voix, de voir son regard se poser sur le mien, de sentir sa présence, d'éprouver encore cette sensation d'absolue sécurité qui nous est commune.

Combien durera l'exil ?…

* * *

… Que serait, sur la scène d'un théâtre ou dans un salon, le chant triste et sauvage, le grand chant libre du chamelier déambulant dans le désert à la suite de ses chameaux lents ?

À Stah-el-Hamraïa, dans la grande salle fruste du bordj, à demi couchée sur un tellis, j'écoutai, le soir, le deïra Lakdar, l'un des Khallassa et Brahim chanter les chants libres et sauvages du Sahara, pour la foule attentive massée autour d'eux.

Tapant à contretemps sur une vieille caisse en fer-blanc, Lakdar, ivre comme toujours, chantait avec passion… Et ce chant était empreint de toute la grande poésie mélancolique de la vie errante au désert.

Je me souviens aussi de ceux que j'écoutais, assise avec les chameliers dans le coin de la cour du bordj de Bir-bou-Chahma, près du feu où cuisait le souper, en plein air. La nuit était obscure, et les voix sonnaient étrangement dans cette cour du bordj, le plus isolé et le plus triste de tous, sur cette route déserte.

Là, avec une volupté intime, je songeais à l'étrangeté charmeuse de ma situation et au bonheur d'être vagabond et errant, l'un de ceux que j'ai le plus vivement ressentis.

… Hélas ! aucun foyer, pas même celui qui est bien

à moi, mon humble foyer de pauvre, ne saurait me remplacer mon Sahara, mon horizon vague et onduleux, mes doux levers d'aurore sur l'infini grisâtre et mes couchers de soleil ensanglantant les petites villes croulantes aux noms étranges, mon pauvre Souf, inoubliable, l'humble compagnon de mes courses solitaires dans le cher pays dont je lui donnai le nom, ma défroque saharienne, ma liberté et mes rêves !

* * *

Fait cette remarque au sujet de *Netoichka Neswanova* que Dostoïevski, le peintre par excellence de la douleur, le romancier des âmes morbides, aimait et savait, mieux que personne, peindre les âmes enfantines, celles surtout des enfants malheureux, en son perpétuel apitoiement sur la souffrance. De tous les personnages de ses romans, il n'en est pas un qui ne soit vivant, vrai, d'une émouvante et parfois effrayante vérité. Chez lui, pas un de ces personnages pâles, de convention, qui pullulent chez d'autres auteurs réputés des « maîtres ».

* * *

… Rien ne saurait égaler en splendeur et en mystère les nuits de lune dans le désert de sable.

Le chaos des dunes, les tombeaux, les maisons et les jardins, toutes les choses s'estompent, se fondent. Le désert, d'un blanc neigeux, s'emplit de fantômes, de reflets tantôt roses, tantôt bleuâtres, de lueurs argentées… Aucun contour net et précis, aucune forme arrêtée et distincte : tout reluit, tout scintille à l'infini, mais tout est vague.

Les dunes semblent des vapeurs amoncelées à

l'horizon. Les pentes les plus proches disparaissent dans l'infinie clarté d'en haut. Les hommes vêtus de blanc marchent, tels des apparitions, à peine distincts, comme vaporeux.

… Remarqué souvent l'aspect fantastique que prenait au clair de la lune un petit pan de muraille resté debout au coin de la ruine située derrière le « quartier », au-dessus du jardin des tirailleurs. De loin, malgré moi, elle me semblait toujours une silhouette humaine dressée là, sur mon chemin, et il m'est arrivé de tressaillir en l'apercevant.

* * *

… Souvenir déjà lointain, vieux tantôt d'une année, d'une première nuit dans le jardin du Bir Azzély, au-dessous du cimetière chrétien.

Couchés sur le versant éclairé de la dune, dans l'entonnoir profond, nous regardions le mystère du jardin où, entre les troncs sveltes, sur le sable blanc, les rayons argentés de la lune se jouaient dans l'ombre des palmiers.

… Et l'autre jardin, celui du caïdat des Achèche, où nous avons pleuré enfantinement, pressentant bien, hélas ! en une subite et commune intuition, tous les malheurs qui devaient, des mois plus tard, nous accabler… Ô mystère insondé de ces presciences humaines, de ces pressentiments vagues, sans aucun fondement matériel et raisonnable, qui ne nous trompent cependant jamais !…

… Nuits de lune, limpides et mystiques, passées à courir les routes désertes du Souf !

… Celle-là encore, dans la grande cour délabrée de la zaouïa d'Elakbab, quand, attendant Sidi Mohammed

Eliman, j'étais accoudée contre la petite fenêtre de la mosquée, où, sous les voûtes grises, dans la lueur mystérieuse de quelques bougies, les Khouans récitaient le dikr, après la prière du mogh'reb...

Je me souviens aussi de la paix profonde, infinie, qui était descendue dans mon âme, ce soir-là, tandis que je traversais les villages maraboutiques d'Elbeyada et d'Elakbab, inondés des derniers rayons du couchant... Et cependant, en quelle angoisse, en quelles circonstances cruelles j'étais venue là ! Mais est-ce que toutes ces matérialités, toutes ces misères éphémères, touchent les âmes des initiés ? On peut, à certaines heures bénies, faire abstraction de toutes les circonstances douloureuses et, se livrer à d'autres impressions, celles que nous portons en nous et celles qui nous viennent de l'Inconnu, à travers le prisme sublime du vaste Univers !

* * *

... Combien misérables sont ceux qui, encrassés irrémédiablement dans les basses matérialités journalières, usent les heures brèves de la vie en de vaines et ineptes récriminations contre tous et contre tout, et qui restent aveugles devant l'ineffable beauté des choses et devant la splendeur triste de la douloureuse humanité.

Heureux celui pour qui tout ne va point bêtement et cruellement au hasard, à qui tous les trésors de la terre sont familiers, et pour qui tout ne finit pas sottement dans l'ombre du tombeau !

Il est des êtres disgraciés qui envisagent le monde sous les plus sombres couleurs et qui, de l'inépuisable Beauté, qui est l'essence même de l'Univers et de la Vie, ne voient rien.

C'est la plus déshéritée des déshérités de ce monde, une exilée sans foyer et sans patrie, une orpheline dénuée de tout, qui écrit ces lignes. Elles sont sincères et vraies[1].

Souvent, aux heures envolées de prospérité, j'ai trouvé la vie ennuyeuse et laide. Mais depuis que je ne possède plus que mon esprit toujours en éveil, depuis que la douleur a trempé mon âme, je sens, avec une sincérité absolue, l'ineffable mystère qui est répandu dans toutes les choses…

Le pâtre bédouin, illettré et inconscient, qui loue Dieu en face des horizons splendides du désert au lever du soleil, et qui le loue encore en face de la mort, est bien supérieur au pseudo-intellectuel qui accumule phrases sur phrases pour dénigrer un monde dont il ne comprend pas le sens, et pour insulter à la Douleur, cette belle, cette sublime et bienfaisante éducatrice des âmes…

Jadis, quand je ne « manquais de rien » matériellement, mais quand je manquais de tout intellectuellement et moralement, je m'assombrissais et me répandais sottement en imprécations contre la Vie que je ne connaissais pas. Ce n'est que maintenant, au sein du dénuement dont je suis fière, que je l'affirme belle et digne d'être vécue.

----

[1] Écrit en mai 1901, à Marseille. (note de V. B.)

RETOUR AU SUD

Éléments biographiques :

En 1902, Isabelle Eberhardt, devenue française par mariage, s'installe à Alger avec son mari où elle rencontre Victor Barrucand. Les notes qui suivent, datent d'un voyage qu'elle effectue en juin et juillet.

Fuyant la banalité d'Alger, son bruit et sa foule, j'ai voulu revoir le Sud, le pays du silence bienfaisant, revivre, ne fût-ce qu'un instant, la vie libre de là-bas, que je regrette depuis si longtemps, dans l'atmosphère hostile des grandes villes embourbées de « civilisation ».

Et très vite, presque furtivement, je suis allée jusqu'à Bou-Saada, assoupie sur les bords de son oued tranquille, enchâssée dans la verdure de ses jardins.

Ce fut une courte, une rapide succession de visions, comme des voiles brusquement soulevés et aussitôt retombant sur des coins de pays très dissemblables.

D'abord, sous un ciel noir embrumé par le siroco, la silhouette de Bordj-bou-Arreridj, avec sa vieille citadelle rougeâtre, petite ville, perdue dans l'immensité de la plaine dénudée déjà par les moissonneurs[1].

Dans une boutique envahie de mouches, sur un banc brûlant, un court repos d'à peine une heure. Le marchand est un Soufi de la tribu des Zegoum. Attristés tous deux — chacun à notre façon — nous parlons du pays qui resplendit là-bas, très loin, sous le prestigieux soleil.

Puis, tout de suite, il faut repartir dans une carriole branlante, couverte en planches, attelée de deux

---

[1] Notes de juillet 1902 (note de V. B.)

rossinantes faméliques et conduites par le nommé Bou-Guettar, cocher qui ressemble à un brigand.

La chaleur est accablante ; un essaim de mouches nous poursuit ; la voiture à des soubresauts épileptiques… cependant, cela vaut toujours, mieux que la « voiture de poste ».

J'ai pour compagnon de route et pour guide Si Abou Bekr, homme d'une quarantaine d'années, maigre et d'aspect souffreteux, avec un visage bronzé et ascétique, au regard renfermé et triste, presque sombre. Cet homme, fondé de pouvoir de la maraboute vénérée de Bou-Saada, et qui a la direction d'immenses richesses, porte des gandoura et des burnous très blancs, mais usés et d'une grande simplicité. Son genre de vie est celui d'un pauvre, mais il jouit d'une grande sérénité d'esprit.

Assis tous les deux à l'arrière de la voiture, les pieds ballants dans le vide, nous parlons très insouciamment des choses du Sud, touchant la foi et la jurisprudence de l'Islam.

Si Abou Bekr sait parfaitement qui je suis : il connaît mon histoire, et après avoir très attentivement examiné mon cas, il approuve mon genre de vie…

Cependant, je ne puis contenir ma joie à voir le ciel s'éclaircir et le paysage changer progressivement, à mesure que nous avançons vers le Sud… Le pays devient plus âpre et plus désert. Nous apercevons quelques rares hameaux en toub, perchés sur le flanc des collines arides. À mi-chemin, sur le bord de l'oued M'sila, il y a un relai, et le bordj carré, avec sa grande porte cochère, bâti au-dessus de la rivière qui coule murmurante, entre un dédale de lauriers-roses et de roseaux, donne à cette halte de Medjez un faux air de caravansérail saharien.

Mon teint me fait prendre pour un Kabyle, et un des

habitants de Medjez s'obstine à me parler dans cette langue, m'affirmant qu'il m'a vue à Tizi-Ouzou, où je ne suis jamais allée... Je le laisse dire, en attendant le départ, et quelques petits incidents de ce genre me font rire dans ma gaieté retrouvée.

Nous repartons, et nous essayons de dormir, moi juchée sur une caisse, et Si Abou Bekr roulé en boule au fond de la voiture... Sommeil vague, troublé à chaque instant, rêves informes, mélangés de bribes de réalité.

Enfin, avant l'aube, nous arrivons à M'sila. Nous suivons, à pied, une longue allée de mûriers, et nous arrivons à une grande placé sillonnée de petits ruisseaux où chantent les crapauds. Au fond, il y a des bâtisses en toub et, devant un grand café maure, des citadins dorment sur des nattes, fuyant la chaleur de leurs maisons.

Nous aussi, après avoir échangé des salam avec des gens que je ne connais pas et qui, dans mon demi-sommeil, me semblent des fantômes, nous nous étendons sur une natte propre.

... J'entends encore, comme de très loin, la voix impérieuse d'un homme qui est pourtant tout près, sur le seuil du café, et qui réveille les dormeurs : – « La prière vaut mieux que le sommeil ! » Des formes blanches se remuent, s'étirent, se lèvent. Des bidons en fer-blanc sonnent contre les margelles des fontaines. Puis tout sombre dans le néant d'un sommeil accablé...

M'SILA.

Midi. – Les murs en toub grisâtre coupent de leurs lignes droites, monotones, le ciel d'une pâleur incandescente.

Dans les ruelles pulvérulentes, près des murs lépreux, lézardés, sans âge, dans l'ombre courte et bleue, des hommes en burnous terreux dorment pêle-mêle avec les chèvres noires. Seules, les mouches pullulent sur les immondices desséchées, sur les visages en sueur, sur les loques fauves.

Tout dort et tout halète dans l'écrasante chaleur. Dans son lit de pierres blanches, l'oued coule avec un tout petit murmure clair et, au loin, les jardins de Boudjemline, d'un vert ardent, s'étalent voluptueusement.

Sur le pont en fer, le hideux pont gris, un vieux mendiant aveugle, accroupi, secoue lentement son bendir sonore et, dans l'immense sommeil alentour, ces coups sourds ponctuent la lamentation du vieux, pour qui il n'est plus d'heures : « Au nom de Sidi Abdelkader Djilani, maître de Bagdad et seigneur des hauts lieux, faites l'aumône, ô musulmans ! »

À l'infini, l'aveugle répète sa litanie que personne n'entend, à laquelle personne ne répond…

Dans un renfoncement de murailles frustes, sur une natte, deux hommes étendus semblent conférer mystérieusement…

Sans doute quelque grave question, la politique compliquée du Sud, ou même, il se pourrait, un complot… Mais non. Tout simplement l'un d'eux, mince taleb à barbe noire, encapuchonné de blanc, explique à son compagnon l'origine du rêve.

« L'âme, dit-il, est ce qui anime le corps. Le créateur l'enlève parfois, soit momentanément, comme dans le sommeil, soit, définitivement, comme dans la mort. L'âme est une substance lumineuse qui exhale des rayons dès qu'elle est délivrée des entraves de la chair. Alors, suivant que ces rayons tombent dans le monde visible, sur la terre, ou qu'ils se dirigent dans l'au-delà, le dormeur voit les villes, les pays, les arbres, les fleurs, les hommes, les prophètes et les armées qui peuplent la terre… Dans l'au-delà, il perçoit quelquefois des parcelles de l'inconnu d'après la mort… Puis les rayons s'éteignent et l'âme rentre dans son obscure prison charnelle… »

Et, dans l'accablement de M'Sila endormie, les deux sophistes continuent d'égrener tout doucement, avec leurs airs de mystère, leurs dogmes de jadis, au milieu de l'immuable décor de terre et de soleil…

Après le coucher du soleil. – Dans une salle caduque en vieille toub usée, enfumée, sous les solives noires du toit, cinq troncs d'arbres à peine équarris à la hache, portant encore les robustes nervures des maigres arbres du sud, se groupent en une famille étrange. Une pauvre lampe fumeuse éclaire trois hommes encapuchonnés qui tapent des « benadir » craquelés et se balancent en cadence, en psalmodiant lentement les litanies du grand saint de Bagdad, Sidi Abdelkader… Et la lueur rouge de la lampe promène doucement leurs ombres déformées sur les murs bruts où courent parfois de petits scorpions jaunes furtifs ou des tarentes grises.

Tout autour, sur des nattes, les corps drapés s'entassent, se contournent en des poses indolentes ; des profils d'aigle se tendent vers les chanteurs ; de longs yeux d'ombre noire ou d'or roux se ferment à demi…

Deux délicieuses petites filles bronzées, vêtues d'éclatantes robes vertes, avec des agrafes d'argent et des foulards de soie rouge brodés d'or sur leurs cheveux, noirs, écoutent, attentives, sérieuses, debout au milieu du café maure, Tebberr et Oum-Henni, Poudre-d'Or et Mère-de-la-Paix, les deux petites du cafetier.

… Dans une ruelle ombreuse, une porte s'ouvre sur une cour vaguement éclairée. Accroupies le long du mur, en robes claires, parées comme des idoles, ruisselantes de pièces d'or, elles gardent de longues immobilités de statues, l'œil vague dans la fumée des cigarettes… Parfois un burnous passe, se faufile, disparaît dans la cour, burnous blanc de M'sili, burnous bleu de deïra…

Alors l'une des idoles se lève avec un grand cliquetis de bijoux, et suit le visiteur dans l'ombre chaude des cellules pauvres.

Et M'Sila s'endort ainsi, maraboutique et prostituée, assoupie et ardente, dans la lourde chaleur de la nuit. Les « benadir », les vieilles cantilènes religieuses et les sonnailles des bracelets des Ouled-Naïl la bercent doucement.

M'sila est charmante comme un ksar saharien.

L'oued qui porte son nom la coupe en deux, coulant au fond d'un ravin large et profond, sur des galets. Un pont en fer relie les deux M'sila.

Nous sommes dans la nouvelle, de construction

récente, où les rués sont larges, où il n'y a pas de coins d'ombre et de mystère, et où tout – même la commodité – est sacrifié au goût du Roumi pour les lignes droites.

Sur l'autre rive, c'est la vieille ville, entassée, chaotique, avec toutes ses maisons en toub noirâtre et ses rues sans nom, sans alignement et sans pavés, délicieuses d'imprévu et toutes semblables pourtant.

Toute la journée le siroco souffle ; le vent brulant, dévorant, ne nous a plus quittés depuis la géhenne embrasée des Portes-de-Fer. Les lointains sont enflammés et déformés, et la poussière s'élève en tourbillons gris qui s'enfuient sur les routes. Les mouches bourdonnent furieusement et piquent, excitées par la chaleur.

Seule, la mosquée, située sur le bord de l'oued, et dont les fenêtres s'ouvrent sur l'eau, garde encore un peu de fraîcheur, et c'est là que nous nous réfugions pour toute la journée.

… Vers le soir, le vent change brusquement de direction et, pendant que Si Abou Bekr s'en va quérir des montures et faire quelques visites, je vais m'asseoir seule sur la berge élevée de l'oued.

Le ciel est presque tout à fait pur maintenant, et l'air s'est rafraîchi. Le soleil se couche dans une brume légère, vaguement jaunâtre encore, au-dessus de la grande plaine nue qui est l'entrée occidentale du Hodna.

En face de moi, se profilant en brun chaud sur le lilas translucide de l'horizon, se dresse la vieille M'sila, environnée de jardins très verts et très épais, tandis que derrière moi les maisons de la nouvelle ville se détachent, presque en or, sur les teintes rose doré du couchant.

Des femmes descendent dans le lit de l'oued, drapées d'étoffes bleues ou rouges, portant des peaux de bouc ou de lourdes amphores en terre poreuse… Marchant pieds nus dans le gravier le sable, elles ont des glissements d'apparitions et ajoutent une note spéciale à ce paysage d'un charme paisible, doucement mélancolique.

Là encore, à la griserie très réelle du lieu et de l'heure, vient s'ajouter, pour moi, celle du souvenir, des évocations d'ailleurs, de ces régions dont celles que je traverse maintenant semblent n'être que le pâle reflet. Les M'silla n'ont point la grâce étrange et l'attrait mystérieux des jeunes filles qui s'en vont à la brune chercher l'eau fraîche des puits, dans les jardins enchantés du Souf…

Ah ! si les crépuscules d'été en Afrique duraient indéfiniment, et si la despotique sottise des hommes épris de banalité ne venait pas troubler les rêves du poète !

Mais les chevaux sont là, devant la mosquée, et il faut partir. On me donne une belle jument blanche, sellée de filali rouge, et nous descendons dans le lit de l'oued. Il y a là des petits garçons nus et bronzés qui baignent des étalons, et leurs bêtes ardentes dilatent leurs naseaux et se cabrent, saluant d'un hennissement sonore ma jument qui frémit.

En face, dans le vert velouté des jardins où se dressent quelques têtes échevelées de dattiers, des koubba sont tapies, petites et de formes étranges, bâties en toub.

L'une d'elles ressemble à une pagode chinoise, avec ses toits superposés et sa pointe bizarre, et j'aime à y voir les vestiges d'un art autochtone, antérieur à l'Islam, très sauvage et très étrangement troublant.

Un taleb, monté sur une mule sage qui porte nos bagages, nous accompagne. Nous sortons de l'oued et nous jetons un dernier regard à M'sila ayant d'entrer dans la grande plaine.

Elle ressemble au désert, cette plaine du Hodna qui, dans la pénombre du soir, semble infinie... Les montagnes lointaines, d'un bleu irisé, s'estompent et se fondent dans la pâleur du ciel, et l'espace libre paraît n'avoir plus de bornes.

Les chevaux flairent cette immensité calme et libre... Ils voudraient s'y lancer, pour s'enivrer en une course vertigineuse.

La plaine est semée de petits buissons bas, d'un gris pâle, de la couleur pulvérulente du sol. Quelques petits ravins desséchés ; pas une ondulation, pas une colline. C'est grand, monotone, et berceur...

Doucement nous avançons au pas, et la nuit achève de tomber. Une tiédeur semblable à une caresse passe dans l'air irrespiré, vierge de toute souillure.

Je retrouve là cette impression de silence absolu que j'aimais tant, de paix immense que rien ne vient troubler, jamais.

... Il fait tout à fait nuit quand nous voyons se dresser devant nous une muraille noire : c'est le bordj de Si-el-Raab appartenant aux habous de la zaouïa des Rahmania de Bou-Saada, et ce sont des jardins touffus qui forment une masse confuse et noire, géante.

Après un souper sommaire, nous nous étendons sur une couverture, dans la cour, car il fait chaud, et les scorpions hantent les demeures en toub. Le jardin et le bordj, avec les chevaux et les mulets qui pâturent dans la campagne, sont confiés aux soins de quelques tolba (lettrés) qui vivent là en reclus, seuls dans la plaine, et qui emploient leurs loisirs à lire de vieux livres et à prier, comme des moines.

… C'est la seconde nuit que nous passons sans sommeil, et nos yeux se ferment… Mais le fléau des douars, les puces, s'abat sur nous… Les tolba habitués, dorment profondément. La fatigue finit par accabler mon compagnon, et il s'endort. Alors, restée seule, je me lève et vais m'étendre au dehors, sur la terre sèche et chaude.

J'attends là le lever de la lune – l'heure du départ – en rêvant dans les ténèbres, sous l'écroulement vertigineux des étoiles… J'écoute mon cœur renaître à la vie, et je ressens avec bonheur la vitalité de ma jeunesse, qu'à force de souffrir j'oublie souvent…

Enfin, quand le disque déformé et livide de la lune à son dernier quartier s'élève au-dessus de la plaine qui m'apparaît semée de masures en ruines et plantée de petits jardins épais comme des bosquets, je rentre pour réveiller Si Abou Bekr et les tolba qui dorment profondément, dans la fraîcheur matinale.

Nous repartons. Sur nos montures, nous sommeillons comme engourdis. De temps en temps, dans le silence profond, l'un des chevaux s'ébroue ou fait un faux pas. Alors les tolba essayent d'entonner une de ces lentes chansons du Sud qui aident à franchir les grands espaces monotones :

« A-ya-â-â-ya-â-â !… J'ai appelé et on ne m'a pas répondu… A-ya-â-ya-â-ya-â-â !… J'ai supplié, et on ne m'a pas fait l'aumône… »

Puis, la voix de rêve se tait de nouveau, et nous

continuons notre marche d'apparitions en silence.

Mais nous entrons dans une région où les chevaux avancent à contrecœur, effrayés : il y a là une infinité de buissons tout ronds, noirs en dessous et argentés au-dessus, qui ressemblent de loin à des hommes couchés ou à des fantômes. Alors nous sommes obligés de nous réveiller tout à fait, de peur de tomber.

… Le jour se lève. Une délicieuse fraîcheur nous vient des lointains bleuissants, et la longueur de la nuit fait place à ce renouveau de jeunesse et de gaieté qu'amène toujours cette première heure du jour, dans les régions vastes et désertes du Sud…

Nous passons devant une vingtaine de maisons en toub, endormies, où seuls les chiens féroces veillent, nous saluant de leurs aboiements rauques et gutturaux… C'est le village de Saïda : pas un arbre, pas un brin d'herbe.

Après, nous rentrons dans le maquis argenté d'où s'élève la plainte étrange, mélancolique, comme un appel sans écho, du « kérouan », l'oiseau du désert, vivant à terre et sortant de préférence la nuit pour chanter.

Il fait tout à fait jour quand nous arrivons à la baie occidentale du Hodna : une sebkha d'un jaune brun, s'étalant, unie, nivelée, sans une bosse, sans une herbe. Alors les tolba descendent de cheval pour prier le fedjr, la prière de l'aube.

Depuis près d'un an j'avais perdu l'habitude des duretés de la selle et des étriers arabes, et je me sens rompue, les jambes molles et douloureuses.

Si Ali, le taleb qui nous accompagnait, nous quitte pour retourner à M'sila. Si Abou Bekr monte sur la mule, et nous nous enfonçons dans la sebkha.

Le soleil se lève, rouge, enflammé déjà, Presque

aussitôt la chaleur commence,…

Baniou. – Un bordj militaire, d'un blanc grisâtre, sur la hauteur. Une allée de peupliers mène aux puits dont l'eau chaude est trouble et infecte. Alentour, quelques constructions en toub. En bas, c'est du sable, du vrai sable, un peu rougeâtre, il est vrai, mais fin et sec. Çà et là, des buissons de tamaris, dont les racines ensablées forment des buttes, comme celles de tous les arbres sahariens. C'est à l'ombre de l'un d'eux que nous nous reposons, pour boire avidement de la boue liquide et un affreux café plein de mouches.

Il fait de plus en plus chaud et nous repartons.

Deux heures se passent, et nous arrivons à Bir-Khali. Il y a là des maisons en toub, abandonnées pendant l'été, et un puits d'eau très pure et presque fraîche. Nous buvons avec rage… je ne sais quel autre terme employer.

Après, ce sont les heures lourdes du milieu du jour, dans la plaine nue et calcinée. Mais nous avons en face de nous les montagnes qui ferment l'horizon et, entre deux pics élevés, Bou-Saada sur sa colline basse. On voit distinctement la kasbah qui domine la ville et le noir des jardins.

Et l'éternelle illusion du Sud recommence : la ville nous paraît proche et, cependant, nous avançons toujours, sans que la distance semble diminuer. Et cette vision de ville ensorcelée qui fuit à l'horizon devient, à la longue, angoissante. La chaleur est torride. Nos lèvres se dessèchent et se fendillent. Le siroco nous brûle.

Un chamelier que nous dépassons nous abreuve, puis, très vite, l'homme et sa grande bête lente se déforment et se fondent avec les ondulations à peines perceptibles, dans le vague de la plaine.

BOU-SAADA

Bou-Saada, vision gracieuse qui m'est apparue, auréolée de soleil, dorée et sertie dans l'émeraude vivante de ses jardins !

L'oued Bou-Saada, par un grand circuit, coule au pied de la ville, sur des galets blancs. À gauche, débordant par-dessus les murs en toub jaune, les jardins touffus comme une forêt vierge et couronnés par l'empanachement royal des dattiers. À droite, émergeant d'une ceinture de figuiers, de lauriers-roses et de grenadiers, les hautes maisons de terre, disposées en un désordre agréable et très saharien.

Marchant dans l'eau, vers laquelle se penchent nos bêtes altérées, nous suivons le lit de l'oued, jusqu'à une fontaine très fraîche, qui jaillit d'un rocher, au pied de la ville : « Aïn-Bessem » – la fontaine souriante. Là, nous buvons encore.

... Bou-Saada, elle aussi, est divisée en deux villes, séparées par un ravin profond et réunies par un pont. Dans l'une, il y a des bâtiments européens, le bureau arabe, la justice de paix. Dans l'autre, le vieil amas de terre pétrie qui est la vraie Bou-Saada !

La ville double est enserrée entre de hautes collines rougeâtres, dominées par les montagnes, les étranges montagnes de cette chaîne du Sud, stratifiées et surmontées de terrasses inclinées, dont quelques-unes surplombantes.

Le peuple de Bou-Saada ressemble à ce peuple du Sahara, attaché profondément aux anciennes coutumes, aux usages d'autrefois… ce peuple qui, plus on s'éloigne des grandes villes cosmopolites et corrompues, semble remonter plus loin l'échelle des vieux siècles abolis.

Visages bronzés sous le turban blanc ou le voile attaché avec la cordelette en poil de chameau beige, visages mâles ou ascétiques, yeux fauves et caves, brillant d'une flamme sombre sous l'auvent de la guelmouna (capuchon du burnous), chapelets au cou, attitudes d'un autre âge, d'un autre monde presque.

Le costume féminin est plus difficile à porter : les mousselines drapées en tunique grecque, ceinturées très bas, la coiffure volumineuse, s'étendant en largeur, tout cela ne sied qu'aux femmes grandes et sveltes, très souples surtout. Et ce ne sont pas celles-là que l'on voit dans la rue, mais de pauvres vieilles momies usées, lamentables.

… Nous faisons préparer nos lits – des nattes et des tapis – sous les arcades d'une grande maison dépendant de la zaouïa, et située dans un coin retiré de la nouvelle ville, près de la justice de paix, dont elle est séparée par une fondrière profonde où il y a un très beau jardin, chaos de verdure puissante.

En face de nous, comme contraste, un jardin européen, plantation famélique de mimosas et de mûriers mal venus et grêles, le tout tristement enclos d'une ronce artificielle. – Comme ces jardins à alignements symétriques, sans imprévu et sans charme, semblent piteux à côté des splendides jardins arabes, plantés au hasard d'une fantaisie toute proche de la nature et riche comme elle !

Les disciplinaires moroses, les pauvres prisonniers loqueteux et leurs gardiens ne savent pas, comme le fellah ignorant et poète, marier la vigne claire au sombre feuillage des figuiers, jeter le rose clair des lauriers au milieu des palmiers puissants, et le rouge incarnadin des grenadiers dans l'ombre opaque des pommiers.

… Le temps passe, et, dès l'aube, nous repartons pour la zaouïa qui est là-bas, sur la route attirante de Djelfa et du désert.

Le chemin, après avoir longé l'oued Bou-Saada, s'engage entre les montagnes bleuissantes, dans la lumière claire de l'aube.

L'été a desséché les prés et le maquis. Tout reprend les teintes neutres, mais infiniment variées, de la terre. Rouge brique, terre de Sienne, ocre jaune, ocre verdâtre, teintes cendrées sans noms, à peine perceptibles, les nuances du mauve, la gamme prodigieuse des gris, des roses pâles, des blancs livides. Cette neutralité des teintes, leur manque de précision, donnent un grand charme à des jeux de lumière introuvables partout ailleurs, et qui sont le miracle de ces régions ardentes.

Nous nous rapprochons de nouveau de l'oued, dont les deux rives sont plantées de jardins, toujours du même vert, presque invraisemblable tant il est frais et savoureux.

Sur une sorte d'aire très unie, quelques maisons en toub : c'est encore une retraite des tolba, dépendant, comme leurs jardins, de la zaouïa d'El-Hamel.

El-Hamel, nom poétique qui signifie « l'Égaré », et qui sied très bien à ce lieu sauvage et grandiose, perdu, en effet, dans une vallée resserrée d'un côté et ouverte de l'autre, vers l'oued, sur un horizon vaste et azuré.

Et la zaouïa nous apparaît sur la hauteur : deux grands corps de bâtiment, l'un très blanc, d'aspect européen, et l'autre en toub très claire, avec de rares ouvertures étroites.

Au-dessous, une agglomération de maisons en terre, puis le village de la tribu des Chorfa, pittoresque amas de maisons d'aspect caduc, comme toutes ces constructions en toub.

Plus bas encore, une mer de verdure que surmontent, comme un dais splendide, les dattiers.

Tout cela se profile très nettement, très délicatement sur les teintes indéfinissables de la colline, dans l'air pur de la montagne. Ce lieu a un aspect particulier, bien à lui et qui ne tient ni du Sahara, ni du paysage ordinaire des Hauts-Plateaux.

… Je m'endors tout de suite, sur un tapis, dans une petite chambre en toub, très pauvre et très simple, qui est la demeure de Si Abou Bekr, tandis qu'un va-et-vient joyeux nous souhaite la bienvenue.

Au réveil, je retrouve là ces conversations calmes, secrètes et polies qui font passer les heures longues des jours sans cesse semblables, partout où, intacte, la grande insouciance islamique n'a pas été touchée par la dissolvante agitation européenne.

Ici, dans ce lieu égaré où le cadre est grandiose et simple, les bruits de nos luttes acharnées et inutiles viennent mourir dans le grand silence immuable, et les affaires courantes, sensiblement toujours les mêmes, ne sont que des incidents.

Pour vivre avec ces hommes renfermés et susceptibles, il faut avoir pénétré leurs idées, les avoir faites siennes, les avoir purifiées en les faisant remonter à leur source antique… Alors la vie est facile et très doucement berceuse dans ce monde des burnous et des turbans, fermé à jamais à l'observation du touriste, quelque attentive et intelligente qu'elle soit.

Peu parler, écouter beaucoup, ne pas se livrer : telles sont les règles à suivre pour plaire dans les milieux arabes du Sud, et pour y être à son aise…

Après avoir traversé plusieurs vestibules et des cours vastes et sombres, nous entrons dans une grande cour intérieure, enclose de très hauts et très vieux murs en toub brunâtre. Au milieu, pousse un jeune figuier, qui, dans peu d'années, ombragera ce lieu où règne un grand silence. Dans cette cour nous vîmes une sorte de lit, une grande dalle polie, posée sur quatre supports de pierre : c'est là que se tenait le marabout défunt, Sidi Mohammed Belkassem.

Dans un coin, près de la porte des appartements intérieurs, sur une sorte de perron en pierre, une femme portant le costume de Bou-Saada, blanc et très simple, est assise. Son visage bronzé par le soleil, car elle voyage beaucoup dans la région, est ridé. Elle approche de la cinquantaine. Dans les prunelles noires des yeux au regard très doux, la flamme de l'intelligence brûle, comme voilée par une grande tristesse. Tout, dans sa voix, dans ses manières, et dans l'accueil qu'elle fait aux pèlerins dénote la plus grande simplicité. C'est Lèlla Zeyneb, la fille et l'héritière de Sidi Mohammed Belkassem.

Le marabout, sans descendance mâle, désigna pour lui succéder après sa mort son unique enfant, qu'il avait instruite en arabe comme le meilleur des tolba. Il préparait à sa fille un rôle bien différent de celui qui incombe généralement à la femme arabe, et c'est elle qui, aujourd'hui, dirige la zaouïa et les Khouans, affiliés de la confrérie.

Les zaouïa ne sont pas, comme l'affirment certains auteurs qui ne les connaissent que de nom, des « écoles de fanatisme ». Outre l'instruction musulmane, les zaouïa dispensent les bienfaits de leur charité à des milliers de pauvres, d'orphelins, de veuves et d'infirmes qui, sans elles, seraient sans asile et sans secours.

Plus que tout autre, la zaouïa de Lèlla Zeyneb est un

refuge pour les déshérités qui y affluent de toutes parts.

Lèlla Zeyneb, atteinte d'une douloureuse affection de la gorge, lutte courageusement contre tous les ennemis que lui suscitent certaines jalousies, et continue son œuvre de dévouement et d'abnégation.

… Mon cas, mon genre de vie et mon histoire intéressent vivement la maraboute. Quand elle a tout entendu, elle m'approuve et m'assure de son amitié pour toujours. Cependant, tout à coup, elle s'attriste, et je vois des larmes dans ses yeux.

– Ma fille… j'ai donné toute ma vie pour faire le bien dans le sentier de Dieu… Et les hommes ne reconnaissent pas le bien que je leur fais. Beaucoup me haïssent et m'envient. Et pourtant j'ai renoncé à tout : je ne me suis jamais mariée, je n'ai pas de famille, pas de joie…

Je me sens devenir triste, devant cette douleur injuste, cachée peut-être depuis des années, et qui ne se fait jour qu'en présence d'une autre femme dont la destinée est aussi très éloignée de l'ordinaire.

Une toux rauque secoue de temps en temps la poitrine de Lèlla Zeyneb… Je la sens bien malade, hélas ! celle qui est là pour veiller sur la grande famille riche en infortunes qui se presse autour d'elle. Et que deviendra la zaouïa bienfaisante, le jour, prochain sans doute, où Lèlla Zeyneb mourra ?

Cette personnalité de femme, vivant dans le célibat et jouant un grand rôle religieux, est peut-être unique dans l'Occident musulman et mériterait, certes, d'être étudiée mieux que je n'ai pu le faire pendant un séjour trop rapide à la zaouïa…

… Je passe la nuit seule, dans une vaste pièce voûtée. Le vent de la montagne secoue avec violence les volets des fenêtres. Il pleure et gémit dans la vallée et parmi les tombes du cimetière tout proche.

… Une voix de rêve, mélancolique et d'une infinie douceur, me réveille au petit jour.

– Dieu est unique et secourable… Il n'a point été engendré et n'a pas engendré… Dieu n'a pas de semblable ! chante la voix, lentement, lentement.

Je me lève, songeant avec tristesse que c'est le dernier jour, et je m'approche de la fenêtre : en bas, un vieillard se promène, récitant sur un air de jadis les versets du Livre.

J'ai dit au revoir à Lèlla Zeyneb et j'ai quitté la zaouïa d'El-Hamel…

À Bou-Saada, je monte dans une informe guimbarde, bondée de Juifs, et qui s'en va à Aumale, à travers cent trente kilomètres de cahots et d'ornières.

Ce sont d'abord des sables roux, des tamaris épars, un horizon vaste et vide, qui ressemble à celui du Sahara, dont je m'éloigne une fois de plus.

Les premières haltes ont encore des aspects connus et aimés : bordjs caducs, palmiers groupés dans les bas-fonds. Puis tout change. Nous remontons vers les Hauts-Plateaux, le paysage devient sévère et triste, d'une tristesse que je n'aime pas. C'est fini…

Ce rêve de sept jours s'est envolé, après tant d'autres, et j'en suis presque à me demander si c'est bien vrai, si toute cette féerie rapide n'est pas un songe, si cette Bou-Saada et cette zaouïa, et cette maraboute en voiles blancs, si tout cela n'est pas issu de mon imagination nostalgique.

Combien je devais regretter Bou-Saada, sa lumière incomparable son grouillement si chaud et si pittoresque !

Peu de temps après je partais pour l'ennuyeuse Ténès, où je vécus de longs mois près des fellah du Tell. Là je pus étudier attentivement les rapports des indigènes et des colons... Le paysan arabe a la patience du moujik. Le colon est le plus souvent un brave homme qui ne comprend pas son voisin.

J'allais souvent à Alger et j'y écrivais. Un jour de pluie je rencontrai Abou Bekr sous les arcades.

– Ne viendrez-vous plus nous voir là-bas ?... les arbres commencent à fleurir... la maraboute parle souvent de vous...

Et deux jours après j'étais de nouveau en route pour Bou-Saada, légère et joyeuse, malgré le froid de la saison, comme si j'allais cueillir des fleurs au jardin.

Pleurs d'amandiers

*À Maxime Noiré, le peintre des
horizons en feu et des amandiers
en pleurs.*

Bou-Saada, la reine fauve, vêtue de ses jardins obscurs et gardée par ses collines violettes, dort, voluptueuse, au bord escarpé de l'oued où l'eau bruisse sur les cailloux blancs et roses. Penchés comme en une nonchalance sur les petits murs terreux, les amandiers pleurent leurs larmes blanches sous la caresse du vent, et leur parfum doux plane dans la tiédeur molle de l'air, évoquant une mélancolie charmante…

C'est le printemps : sous ces apparences de langueur, de fin attendrie des choses, la vie couve, violente, pleine d'amour et d'ardeur, la sève puissante monte des réservoirs mystérieux de la terre.

Le silence des cités du Sud règne sur Bou-Saada et, dans la ville arabe, les passants sont rares. Dans l'oued pourtant circulent parfois des théories de femmes et de fillettes en costumes éclatants.

Melahfa violettes, vert émeraude, rose vif, jaune citron, grenat, bleu de ciel, orangé, rouges ou blanches, brodées de fleurs et d'étoiles multicolores ; têtes coiffées du lourd édifice de la coiffure saharienne, faite de tresses, de mains d'or ou d'argent, de chaînettes, de petits miroirs et d'amulettes, ou couronnées de diadèmes ornés de plumes noires... tout cela passe, chatoie au soleil ; les groupes se forment et se déforment en un arc-en-ciel sans cesse changeant, comme des essaims de papillons charmants. Et ce sont encore des troupes d'hommes vêtus et encapuchonnés de blanc, aux visages graves et bronzés, qui débouchent en silence des ruelles ocreuses...

Depuis des années, devant une masure en boue séchée au soleil ami, deux vieilles femmes sont assises du matin au soir. Elles se drapent dans des melahfa rouge sombre, dont la laine épaisse forme des plis lourds autour de leurs corps de momies. Coiffées selon l'usage du pays, avec des tresses de laine rouge et des tresses de cheveux gris teints au henné en orangé vif, elles portent à leurs oreilles fatiguées des anneaux lourds que soutiennent des chaînettes d'argent agrafées dans les mouchoirs de soie de la coiffure. Des colliers de pièces d'or et de pâte aromatique durcie, de fortes plaques d'argent ciselé couvrent leur poitrine affaissée ; à chacun de leurs mouvements rares et lents, tintent toutes ces parures et les bracelets à clous de leurs chevilles et de leurs poignets osseux. Immobiles comme de vieilles idoles oubliées, elles regardent passer, à travers la fumée bleue de leurs cigarettes, les hommes qui n'ont plus un regard pour elles, les cavaliers, les cortèges de noces, les caravanes de chameaux ou de mulets, les vieillards caducs qui ont été leurs amants, jadis, tout ce mouvement de la vie qui ne les touche plus.

Leurs yeux ternes, démesurément agrandis par le khôl, leurs joues fardées quand même, malgré les rides, leurs lèvres rougies, tout cet apparat jette comme une ombre sinistre sur ces vieux visages émaciés et édentés.

... Quand elles étaient jeunes, Saadia, à la fine

figure aquiline et bronzée, et Habiba, blanche et frêle, charmaient les loisirs des Bou-Saadi et des nomades. Maintenant, riches, parées du produit de leur rapacité d'autrefois, elles contemplent en paix le décor chatoyant de la grande cité où le Tell se rencontre avec le Sahara, on les races d'Afrique viennent se mêler. Et elles sourient à la vie qui continue – immuable et sans elles – ou à leurs souvenirs… qui sait ?

Aux heures où la voix lente et plaintive des mouedhen appelle les croyants, les deux amies se lèvent et se prosternent sur une natte insouillée, avec un grand cliquetis de bijoux. Puis elles reprennent leur place et leur songerie, comme si elles attendaient quelqu'un qui ne vient pas.

Rarement elles échangent quelques paroles.

– Regarde, ô Saada, là-bas, Si Châlal, le cadi… Te souvient-il du temps où il était mon amant ? Quel fringant cavalier c'était alors ! Comme il enlevait, adroitement sa jument noire ! Et comme il était généreux, quoique simple adel encore. À présent, le voilà vieux… Il lui faut deux serviteurs pour le faire monter sur sa mule aussi sage que lui, et les femmes n'osent plus le regarder en face… lui dont je mangeais les yeux de baisers !

– Oui… Et Si Ali, le lieutenant, qui, simple spahi, était venu avec Si Châlal, et que j'ai tant, aimé ? Qu'il t'en souvienne ! Lui aussi était un cavalier hardi et un joli garçon… Comme j'ai pleuré, quand il partit pour Médéah ! Lui, il riait, il était heureux, on venait de le nommer brigadier… il m'oubliait déjà… Les hommes sont ainsi… Il est mort l'an dernier… Dieu lui accorde sa miséricorde !

Parfois elles chantent des couplets d'amour qui sonnent étrangement dans leurs bouches à la voix chevrotante, presque éteinte. Et elles vivent ainsi, insouciantes, parmi les fantômes des jours passés, attendant que l'heure sonne.

... Le soleil rouge monte lentement derrière les montagnes drapées de brume légère. Une lueur pourpre passe à la face des choses, comme un voile de pudeur. Les rayons naissants accrochent des aigrettes de feu à la cime des dattiers, et les coupoles d'argile des marabouts semblent en or massif. Pendant un instant toute la vieille ville fauve flambe, comme calcinée par une flamme intérieure, tandis que les dessous des jardins, le lit de l'oued, les sentiers étroits, demeurent dans l'ombre, vagues, comme emplis d'une fumée bleue qui délaye les formes, adoucit les angles, ouvre des lointains de mystère entre les petits murs bas et les troncs ciselés des dattiers... Sur le bord de la rivière, la lueur du jour incarnadin teinte en rose les larmes éparses, figées en neige candide, des amandiers pensifs.

Devant la demeure des deux vieilles amies, le vent frais achève de disperser la cendre du foyer éteint, qu'elle emporte en un petit tourbillon. Mais Saadia et Habiba ne sont pas à leur place accoutumée.

À l'intérieur, une plainte tantôt rauque, tantôt stridente, monte. Autour de la natte sur laquelle Habiba est couchée, tel un informe paquet d'étoile rouge, sur l'immobilité raide duquel les bijoux scintillent étrangement, Saadia et d'autres amoureuses anciennes se lamentent, en se déchirant le visage à grands coups d'ongles. Et le cliquetis des bijoux accompagne en cadence la plainte des pleureuses.

À l'aube, Habiba, trop vieille et trop usée, est morte,

sans agonie, bien doucement, parce que le ressort de la vie s'était peu à peu brisé en elle.

On lave le corps à grande eau, on l'entoure de linges blancs sur lesquels on verse des aromates, puis on le couche, le visage tourné à l'Orient. Vers midi, des hommes viennent qui emportent Habiba vers l'un des cimetières sans clôture où le sable du désert roule librement sa vague éternelle contre les petites pierres grisés, innombrables.

C'est fini… Et Saadia, seule désormais, a repris sa place. Avec la fumée bleue de son éternelle cigarette achève de s'exhaler le peu de vie qui reste encore en elle, tandis que, sur les rives de l'oued ensoleillé et dans l'ombre des jardins, les amandiers ne cessent de pleurer leurs larmes blanches, en un sourire de tristesse printanière…

Bou-Saada le 3 février 1903.

SUD-ORANAIS

Éléments biographiques :

1903, qui commence par ce deuxième voyage à Bou-Saada que nous a évoqué Isabelle Eberhardt est encore une année difficile. À Ténès, où s'est installé le couple, une campagne de calomnies contre Isabelle Eberhardt et son entourage force Slimène Ehni à démissionner. Il est réaffecté à Sétif et elle part pour Alger. Dans le dernier trimestre de 1903, alors que des combats ont fait rage dans le sud, elle est reporter de guerre...

Départ d'Alger

Ain-Sefra, fin septembre 1903.

Les derniers jours de l'été s'égrenaient monotones. Sous l'accablement d'un ciel sans nuages, Alger dormait. Les rues, où les passants étaient rares, semblaient plus larges, et des essaims de mouches bleues bourdonnaient dans l'ombre brève des maisons. Les collines de Mustapha se voilaient de poussières ténues, et les blancheurs laiteuses de la haute ville s'éteignaient. Là, pourtant, dans les ruelles étranglées, la vie continuait ardente, ivre de lumière et de couleur, avec les étalages de fruits et d'étoffes, et le chant pensif des rossignols captifs devant les cafés maures.

Un lourd ennui pesait sur Alger, et je me laissais aller à une somnolence vague, sans joie et sans chagrin, et qui, sans désirs aussi, aurait pu avoir la douceur de l'anéantissement.

Tout à coup, le combat d'El-Moungar survint, et, avec lui, la possibilité de revoir les régions âpres du Sud : j'allais dans le Sud-Oranais, comme reporter… Le rêve de tant de mois allait se réaliser, et si brusquement !

Le long voyage en chemin de fer, à travers tout l'ouest et le sud-ouest de l'Algérie, fut charmant.

Dans la première émotion joyeuse du départ, j'eus quelques heures de repos et de rêverie.

Il est ainsi, à certaines époques de la vie, des instants où rien d'extraordinaire ne survient, mais qu'on n'oublie jamais dans la suite, car ils sont d'une indicible douceur.

C'était à Perrégaux où il faut attendre le train d'Arzew qui descend vers le Sud.

Perrégaux n'est qu'un bourg espagnol serti de grands jardins verts, au milieu d'une immense plaine fertile. Pourtant, ce coin très quelconque du Tell algérien me parut souriant, presque beau.

Le jour déclinait, limpide, sur le calme de la campagne. Une haute colline barrait l'horizon qui s'allumait peu à peu. Au sommet, il y avait une petite chapelle de Sidi Abdelkader de Bagdad, qui semblait toute rose, entre quelques silhouettes d'oliviers gris. Là, dans l'herbe desséchée, des pierres brutes se cachaient : le cimetières musulman, un lieu de mélancolie calme, sans rien de funèbre.

… Le soir, j'allais m'étendre sur une natte, devant un café maure. À côté, au-dessus de la porte cochère d'une hôtellerie espagnole, ou lisait en gros caractères maladroits : *Defendido entrar gitanos*, « entrée interdite aux gitanes ».

En face, un mur nu se profilait sur l'opale rose du couchant. Accroupis à terre, des Arabes nomades rêvaient. Dans l'air chaud, des senteurs connues traînaient, les senteurs du pays bédouin, aux soirs d'été : fumée de thuya ou de genévrier, odeurs de peaux de boucs, de goudron, de chairs bronzées en moiteur. Et moi, je goûtais la volupté profonde de la vie errante, la joie d'être seule, inconnue sous le burnous et le turban musulmans, et de regarder en paix le jour finir en des lueurs rouges sur la simplicité des choses, dans ce village où rien ne me retenait, et que j'allais quitter à la tombée de la nuit.

Après, ce furent de nouveau des heures longues à la fenêtre du wagon, à travers des pays toujours plus déserts et plus âpres, à mesure que le petit train lent descendait vers le Sud.

Des villages et des bourgs passèrent dans la nuit lunaire, rapides, furtifs, comme des visions.

Vers le milieu de la nuit, ce fut la triste Saïda, où tant d'épaves humaines viennent chercher l'oubli sous la capote anonyme de la légion étrangère. Puis, la rude grimpée des hauts plateaux, sur la voie en lacets. Les deux machines du train s'essoufflaient, hoquetaient comme des bêtes poussives.

En haut, à l'entrée de l'immense plaine nue, deux marabouts jumeaux semblaient monter la garde.

Des haltes en rase campagne, pour des villages qu'on ne voyait pas ou pour de lointains douars : Aïn-El-Hadjar, Bou-Rached, Tafaroua…

Enfin le jour s'alluma, dans un ciel vert et rouge, sur les petites dunes livides du Khreider.

Et ainsi indéfiniment, c'était toujours la monotonie grave, la tristesse, et aussi le grand charme poignant de la plaine du Sud, avec ses rares touffes d'alfa coriace et ses arbrisseaux rampants, gris sur le sol de sanguine. Des chaînes de montagnes fuyaient au loin, à peine distinctes, diaphanes.

Le soleil se leva, et nous arrivâmes en face de l'arête robuste du Djebel-Antar s'avançant dans le vague des horizons plats. Au pied de cette haute muraille bleue, ce fut Mechéria, quelques toits roses, quelques maigres arbres jaunis, puis, tout de suite après, plus rien, de nouveau le vide de la steppe où se jouaient les lueurs irisées du matin.

Les gares esseulées avaient, dès le Khreider, changé d'aspect : c'étaient maintenant de hautes petites bastilles flanquées de miradors gris, fermées de lourdes portes en fer.

… Enfin des montagnes surgirent de l'azur chaud des lointains : le Djebel-Mektar, le Mir-el-Djebel, les monts de Sfissifa. Au delà, vers l'Ouest, c'était le Maroc.

De grandes dunes rougeâtres montèrent à l'assaut du Mektar, comme des vagues déferlantes. Une ceinture de verdure bleuâtre enserra les hauts bâtiments en briques de la redoute.

Vers la droite, quelques maisons sahariennes en toub[1], serrées les unes contre les autres, des touffes de figuiers noirs, quelques silhouettes de dattiers, quelques marabouts blancs. Nous stoppions enfin à Ain-Sefra, où je ne devais que passer.

---

[1] Toub, pisé arabe

Ain-Sefra, naguère garnison quelconque plongée dans le sommeil et la routine de la vie militaire en temps de paix[1]. Aujourd'hui, avec les troubles du Sud et la tourmente qui gronde de nouveau à travers le Maroc en fermentation, Ain-Sefra semble se réveiller, reprendre ses aspects de jadis, aux temps héroïques de Bou-Amama. Les troupes plus nombreuses, plus bruyantes, les arrivées et les départs, les attentes, parfois des angoisses, tout un mouvement insolite emplit les ruelles de sable.

Se mêlant au soleil, goumiers montés sur de petits chevaux maigres, tout en muscles, mokhazni en longs burnous noirs brodés de rouge sur la poitrine, la ceinture hérissée de cartouches, tirailleurs bleus, spahi au manteau rouge, et les légionnaires, ces hommes blonds du Nord, bronzés, tannés par des soleils lointains, aux colonies.

Dans les cantines et les cafés maures pleins d'un joyeux tapage, les contrastes les plus inattendus se

---

[1] Des premières notes :

– Ain-Sefra, double décor de village français aux pâles verdures telliennes, – peupliers d'argent, platanes débiles, jaunis, – et de ksour en toub grise, aux rues inégales et désertés. Au pied des montagnes très hautes et très bleues, les crêtes dentelées des dunes fauves, les ondulations molles du sable roux et l'envahissement de l'alfa houleuse. (note de V. B.)

heurtent. Ici, les couplets grivois des chansons à deux sous, les scies récentes, se mêlent aux sentimentalités roucoulantes des romances allemandes ou italiennes. Et à côté la vieille rhaïta[1] africaine pleure et hurle ses triolets étranges, accompagnant des mélopées lentes, coupées, en guise de refrain, de longs cris désolés.

En une même griserie de mouvement et de bruit, les deux mondes voisins, le monde européen et le monde arabe, se coudoient, se mêlent sans jamais se confondre.

À toutes ces dissonances la légion étrangère vient ajouter encore d'autres notes lointaines. Et avec tout ce tapage et tous ces hommes, dans le provisoire et l'incertain de l'heure, Ain-Sefra est belle…

---

[1] Rhaïta, musette arabe.

SOLDATS D'EL-MOUNGAR

Je monte à l'hôpital, dans la redoute qui domine la ville[1]. Grands bâtiments en briques rouges, entourés de galeries à arcades. Les blessés d'El-Moungar errent a l'ombre, avec des pansements de linge très blanc, dans le désœuvrement de leur convalescence.

Deux ou trois Français, parmi ces étrangers… le reste, Allemands ou Italiens : rudes figures culottées, sourires avenants.

Un peu fiers d'être « interviewés » – un mot qu'on leur a appris – ils sont pourtant intimidés. Alors, bien militairement, ils finissent par m'adresser à leur chef, le caporal Zolli.

Jeune, grand et mince, portant avec aisance la tenue grise de l'hôpital, il parle un français correct, parfois même élégant. Lui, habitué, ne se trouble pas.

Clairement, vivement, il me raconte la halte imprudente, sans aucune précaution, dans la vallée entre

---

[1] Isabelle Eberhardt, souffrante des fièvres du Sud, devait entrer un an plus tard, en revenant du Maroc, à l'hôpital d'Ain-Sefra. Elle y passa un mois et n'en sortit, convalescente que la veille de la catastrophe du 21 octobre 1904 où elle trouva la mort. L'hôpital d'Ain-Sefra, placé sur la hauteur, n'eut aucunement à souffrir de l'inondation qui ruina le village. (note de V. B.)

El-Moungar et Zafrani, l'insouciance fatale du malheureux capitaine Vauchez qui disait en riant qu'il irait en bras de chemise au Tafilalet, et cela quelques jours avant sa mort... Le caporal atteste pourtant la belle crânerie calme du capitaine qui, mortellement blessé, trouva la force d'écrire quelques mots au crayon pour envoyer prévenir le capitaine de Susbielle, à Taghit.

Dans le récit du caporal passe aussi la mélancolique silhouette de cet officier danois, le lieutenant Selkauhausen, qui était venu servir à la légion étrangère, avec son grade, pour s'instruire, et qui est allé mourir là-bas, dans ce coin ignoré du Sud-Oranais.

— Il parait que le lieutenant était fiancé dans son pays, ajoute le caporal. C'est égal, c'est bien triste, cette mort-là !

Zolli sait faire revivre les affres de cette journée de lutte acharnée, inégale, loin de tout secours. Il est modeste, n'exagérant pas son propre rôle, avouant la blessure de sa main droite qui, dès le début, l'a empêché de tirer. Ancien soldat du général Menotti Garibaldi, en Macédoine, Zolli aime la guerre : il s'arrange toujours pour être où on se bat.

Parfois, les hommes, plus frustes, s'enhardissent, risquent un mot, quelque souvenir simple et poignant ou quelque plaisanterie sur leur propre infortune.

— On a eu bougrement soif, ce jour-là, dit l'un d'eux qui ne semble pas se souvenir d'autre chose. Et, comme y avait pas d'eau, on s'est envoyé pas mal de litres de vin pur, le soir, quand ç'a été fini. Alors, ça nous a tapé dans le plafond, et ça fait qu'on était un peu soûls.

Très sympathiques, ces pauvres diables qui ont souffert et failli mourir pour des affaires qui ne sont pas les leurs, et qui les laissent profondément indifférents.

Au rez-de-chaussée, une petite salle peuplée de tirailleurs malades.

Là, couché parce qu'il s'ennuie, Mouley Idriss, un grand mokhazni bronzé, musclé, sec, avec une figure régulière et énergique de nomade.

Ce mokhazni fut blessé quelques jours avant El-Moungar, par un djich[1]. Très primitif et d'abord très fermé, Mouley Idriss finit pourtant par se rassurer et par sourire. Il exprime ce que pensent tous les Arabes du Sud-Ouest. Pour eux, il n'est question ni de guerre avec le Maroc ni surtout de guerre sainte. La région a toujours été bled-el-baroud (pays de la poudre), et les tribus de la vague frontière se sont toujours razziées les unes les autres. Mouley Idriss désigne l'ennemi d'un nom significatif ; *el khian*, les voleurs, les bandits. Il considère les opérations militaires actuelles comme des contre-razzias et des représailles sur les djiouch, tout simplement.

Cela explique bien pourquoi les auxiliaires indigènes si précieux, mokhazni, goumiers, cavaliers-courriers, sokhar[2], dont la plupart sont recrutés, parmi les nomades du pays, n'éprouvent aucune répugnance à combattre les pillards, et donnent l'exemple d'une valeur, d'une endurance et d'un dévouement au-dessus de tout éloge. Mouley Idriss, sans insister sur ce qu'il a eu à souffrir de la part de l'ennemi, réprouve énergiquement les actes de ceux qu'il appelle des coupeurs de routes, des chacals. Au fond, il ne doit pas désirer bien sincèrement que tout cela prenne fin : il est nomade, donc homme de poudre, et il aime se battre.

---

[1] Djich, au pluriel djiouch, petite bande de pillards armés.
[2] Sokhar, conducteur de chameau, caravanier.

Mouley Idriss appartient au makhzen de Sidi Mouley ould Mohammed, agha des Amour d'Ain-Sefra, l'une des personnalités indigènes du Sud-Ouest les plus sympathiques et les plus dévouées a la cause française. Tandis que je cause avec Mouley Idriss, ses compagnons, tirailleurs, nous entourent.

À moitié dévêtus, avec leurs défroques d'hôpital qui leur vont mal et leur tour de tête rasé, ils sont drôles. Ils ont des gamineries et des éclats de rire qui contrastent avec leurs robustes carrures et leurs visages mâles.

Tout ce petit monde souffrant attend avec impatience le jour où, même mal guéris, on voudra bien les laisser sortir : les Arabes considèrent l'hôpital comme un lieu funeste, comme une prison.

Huit heures, le soir, grande oppression sur Ain-Sefra, dans l'obscurcissement des boutiques fermées, des cafés qui se barricadent, comme aux grands soirs de soûlerie épique, quand la légion donne. Pas de passants civils, un silence lourd, presque une impression de ville en danger.

Les boutiquiers, les mercantis, comme les appellent les Arabes, s'assemblent dans les salles closes, autour du champ vert des billards désertés. Ils prennent des airs graves, soucieux. Ce sont des doléances longues, l'éternelle exagération des choses, le grossissement démesuré par la peur. On parle stratégie ; on trouve la garnison ridiculement insuffisante ; on suppute les risques de se réveiller le lendemain matin avec le chemin de fer et le télégraphe coupés. On annonce une harka, une grande bande de pillards, venant du côté de Sfissifa. On va même jusqu'à évaluer la distance qu'il y a entre le village et la redoute, refuge sûr…

Presque de la panique, en somme, ce soir de mon arrivée, et tout cela parce qu'une patrouille a été attaquée, à Teniet-Merbah, à une vingtaine de kilomètres d'ici, et parce qu'un mokhazni a été tué… De plus, on a signalé le passage d'un djich près de la gare de Mékalis.

Dans une boutique mozabite où je suis venue chercher un peu de lumière et de gaîté, un spahi entre, beau garçon au visage doux et expressif. Il a l'air inquiet.

– Adieu, dit-il, pardonnez-moi tous, si j'ai eu des torts envers vous.

– Mais où vas-tu ?

– Eh ! n'ai-je pas prêté serment ? Celui qui s'engage met la tête dans le nœud coulant ; après il fera ce qu'on lui ordonnera, sans plus songer ni à sa tente ni à ses amis. Moi, ce n'est pas d'être tué que j'ai peur. On ne meurt qu'une fois. C'est de marcher tout seul dans la nuit, sans un être humain à qui parler… On m'envoie porter une lettre à Beni-Yaho.

Et tous les assistants embrassent le spahi, en songeant au cavalier du makhzen tué le matin.

Et c'est la seule note réellement triste et poignante dans tout ce décor de ville effarée, – ce départ du pauvre soldat qui, lui, risque réellement sa vie, dans l'obscurité menaçante et le silence de la campagne.

Tout se passe très bien, pourtant, et les heures lentes de la nuit s'écoulent sans la moindre alerte, sans l'écho du moindre coup de feu.

Le jour se lève, radieux, dissipant les fantômes évoqués la veille.

On m'annonce que le spahi Abdelkader n'a pas été attaqué. Et tout se calme au village la vie monotone reprend son cours ordinaire, toute de petits négoces âpres.

Je descends aujourd'hui vers Hadjerath-M'guil pour voir les autres blessés d'El-Moungar, restés là-bas.

Un peu après le lever du jour, le train s'engage dans un pays unique, d'une étrangeté saisissante.

Plus de sables ni d'alfa, plus rien que de la pierre, un immense chaos de pierres brisées, roulées, déchiquetées, arrachées du sol comme par un effroyable cataclysme.

Des arêtes aiguës chevauchant les unes sur les autres ou se superposant, monstrueuse dentelle tendue sur les rochers, sur les collines d'argile. Des tranchées, étroites et profondes comme des corridors, que surplombent des blocs énormes posés en équilibre hasardeux, prêts à se détacher et à écraser le train qui passe.

C'est comme une gigantesque coulée de lave, vomie par les pitons sombres qui ferment l'horizon, et ayant envahi la vallée pour s'y refroidir et se figer autour des masses plus anciennes, plus dures, et formant une croûte boursouflée, rugueuse, toute une carcasse de ville détruite par le feu du ciel.

Et quelle gamme inouïe de couleurs sur ces décombres ! quels reflets ignés ! des roses ternes de mâchefer à peine éteint, dès jaunes de rouille et des verts ocreux, des violets de manganèse et des carmins obscurs, sur les argiles froides, avec des veines saillantes d'un bleu grisâtre et des rougeoiements mornes sur les falaises abruptes !

Sur toutes les surfaces de pierre, une teinte uniforme d'un noir de suie, gardant encore comme les traces du feu et des fumées originelles. Sombre et splendide décor de fournaise pétrifiée, paysage lunaire d'indicible désolation et de tragique grandeur sous un ciel souriant, dans la lueur limpide du matin…

Tout à coup, au sortir d'une tranchée, après une gare, une vision bien inattendue de fertilité et de vie : le ksar charmant de Mograr-Foukani, avec sa petite palmeraie, dans le lit humide d'un oued.

Une trentaine de hautes maisons berbères, en toub, d'une couleur de chamois pâle, serrées les unes contre les autres, enjambent des ruelles obscures et groupent leurs terrasses inégales en un désordre gracieux.

Au sommet des murs, sous les poutres en troncs de dattiers des toits, une décoration fruste faite de briques de terre sèche, posées de côté en festons aigus.

Dans la palmeraie, la moire très verte des petits champs d'orge, sous la famille murmurante des palmiers bleus, entre les murs bas où se penchent des grenadiers en fleurs.

Les rayons obliques du soleil levant glissent entre les troncs ciselés, allumant, au bout des palmes, de courtes lueurs d'acier, se jouant sur la terre dorée, sur les fruits sanglants des tomates et des piments.

Une oasis étalée dans le jour naissant, en pleine tourmente volcanique, éclose en une étroite fissure dans la lave morte.

Sur un rocher, au-dessus de la voie, une petite fille vêtue de laine pourpre, baignée de lumière blonde, regarde passer le train.

Elle est belle et rieuse, avec la grâce simple de ses mouvements, la joie naïve qui illumine son petit visage rond, son teint ambré et la caresse de ses larges yeux roux.

Une autre fillette survient et, par jeu, par coquetteries, pour se montrer, elles se lutinent en riant.

Mais, brusquement, nous rentrons dans la fantasmagorie de pierre, en pleine vie minérale, obscure et silencieuse.

HADJERATH-M'GUIL

Une gare, donjon isolé parmi les roches déchiquetées.

À quinze cents mètres, une redoute en toub, dominant quelques masures en planches, sur la pente d'un rocher au pied des derniers contreforts du Djebel Beni-Smir.

Un oued envahi d'alfa et de lauriers-roses, quelques palmiers épars. Au delà de la redoute, sur le bord de l'oued, deux petites tombes françaises.

L'une vieille déjà de trois ans, l'autre toute récente, où achèvent de se décolorer quelques pauvres couronnes : celle du brigadier de spahis Marschall, tué il y a un mois au col de Chaabeth-Hamra, dans le Beni-Smir, à la poursuite d'un djich.

Elles ont un air d'abandon et de tristesse infinie, ces deux tombes de soldats, avec leurs croix de bois noir, esseulées, bien dépaysées dans le grand décor âpre du désert.

À la gare, où je suis descendue au hasard, sans même savoir la direction de la redoute où je vais, je trouve un Bédouin très brun, d'un beau type arabe des Hauts-Plateaux, qui est eu train de décharger du train une selle et un harnachement de cheval. Malgré ses voiles blancs, je reconnais aisément en lui un soldat, spahi en civil ou mokhazni.

C'est à lui que je m'adresse, car il m'inspire confiance. Je lui conte une histoire pour lui expliquer mon identité et ma présence, et nous devenons aussitôt camarades avec la bonne sociabilité, simple des musulmans.

Taieb ould Slimane, de la tribu des Rzaïna de Saïda, sort des spahis et va s'engager au makhzen de Taghit. Aujourd'hui même il se rend à Oued-Dermel pour acheter sa monture.

— Si tu veux, viens avec moi, nous prendrons le café chez mes anciens camarades, à la redoute. Tu y feras tes affaires, puis nous irons coucher à Oued-Dermel, si tu es capable de marcher. Demain, on nous donnera des chevaux et nous reviendrons ici pour le train du Sud.

Cet homme a raison et j'accepte.

Nous partons, sur la ligne ferrée d'abord, puis sur une piste ravinée.

À la redoute, une scène comique se passe.

Le chef de poste, un capitaine de la légion, me regarde, stupéfait. Il ne comprend pas du tout le rapport qu'il peut y avoir entre ma carte de femme journaliste et le tout jeune Arabe qui la lui tend. Nous finissons cependant par nous expliquer.

Impossible d'interviewer les légionnaires sans une autorisation supérieure. En somme, cela ne me désole pas, et je vais rejoindre Taieb chez les spahis. C'est sous un long baraquement en planches et pisé, avec les paillasses rangées à terre. Les cavaliers en tenue de toile, ceinture rouge, entourent joyeusement le libéré et, comme c'est lui qui m'amène, ils me font fête à moi aussi.

Ils étendent vite des couvre-pieds et nous font

asseoir. Puis, après les longues politesses arabes, les souhaits réitérés, ils nous font boire quatre ou cinq quarts de café, un jus clair et inodore, qui ressemble à la tisane de réglisse de l'hôpital.

Pourtant, nous n'osons le refuser, tout ce café offert de si bon cœur... Et puis nous en avons déjà bu de bien plus mauvais !

Taieb a une idée : il veut aller à la recherche d'un certain Tidjani, originaire de Bou-Semrhoun, ouvrier à la gare, qui possède une mule.

Derrière la redoute, sous une petite tente en loques, nous trouvons la femme de Tidjani, flétrie, la peau tannée par le soleil, mais qui a dû être belle jadis.

Elle sait encore se draper avec grâce dans ses haillons de laine rouge. Taieb, qui croit fermement à la réalité de Si Mahmoud le Constantinois, me cligne de l'œil en souriant, quittant sa belle gravité de tout à l'heure.

— Hassouna est du Djebel-Amour, du pays des belles filles.

Taieb s'accoude sur un vieux coussin en laine pour mieux regarder la Bédouine à qui il dit, sur un ton d'une tendresse voulue :

— Tu te souviens, il y a deux ans, à Duveyrier ?

Hassouna nie avec énergie, mais aussi avec un rire trouble qui la dément.

— Quoi, à Duveyrier ? Tu es fou, et tu mens. Entre toi et, moi il n'y a que le bien…

— Bien sûr ! Y a-t-il un bien comparable à celui-là ? Parle, parle, comme l'oiseau menteur qui pond et qui s'envole en reniant ses œufs ! Si je ne te connais pas, moi, qui donc te connaît ?

— Mon père qui m'a engendrée !

— Pas aussi bien que moi qui t'ai possédée, quand tu étais jeune et fraîche !

Ils continuent sur ce ton leurs agaceries brutales, sans obscénité de mots.

Je crois bien que, si je n'étais pas là, Taieb pousserait les choses plus loin, malgré la décrépitude commençante de Hassouna.

Elle nous sert le café, en regardant en dessous Taieb qui fait le geste expressif de l'enlacer et de la broyer dans ses bras.

Tidjani arrive. Il ne semble nullement étonné de nous trouver sous la tente avec sa femme.

Ce Tidjani est un loqueteux en vieille défroque européenne et chéchia.

C'est pourtant l'un des héros obscurs du combat de Chaabeth-Hamra, où est mort le brigadier Marschall.

Tidjani, simple civil, et par goût, emprunta un fusil à un juif et partit à pied, courant avec les spahis à cheval, à la poursuite du djich.

Pendant que son mari va chercher sa mule, l'hétaïre assagie nous questionne amicalement, et nous parle d'elle-même.

Elle vit là, où la poudre parle tous les jours, et elle garde la plus étonnante insouciance. Elle rit en parlant des djiouch terrés tout près, dans la brousse du Beni-Smir.

Elle dit en plaisantant que, parmi les Ouled Abdallah pillards, il y a de beaux et fiers garçons, et qu'elle les accueillerait bien volontiers si elle ne craignait pas le couteau de son mari. Elle dit tout cela avec mille agaceries pour Taieb. Parfois, pourtant, il y a comme une ombre de nostalgie qui passe sur son visage vieilli, quand elle parle des collines du Djebel-Amour natal.

Étrange apparition que cette fille de peine usée, dans ce décor de pierre et de poussière, en ces jours troublés !

Nous partons, montant tour à tour la mule boiteuse de Tidjani.

Le brave homme nous fait un long discours pour nous prouver que sa bête est bonne quand même.

Sans l'écouter, l'insouciant Taieb chante les belles Amouriat tatouées, et les longues chevauchées sur les pistes arides, la guerre d'escarmouches, et la toute-puissance du Destin.

Et moi, je regarde les lignes du paysage s'élargir, devenir plus calmes et plus harmonieuses, au sortir du dédale de pierres que traverse le chemin de fer presque depuis Ain-Sefra.

La muraille des Beni-Smir s'éloigne vers l'Ouest et la vallée s'ouvre. Sable roux, à peine ondulé, avec des chevelures grises de « drinn », l'herbe du Sud, plus coriace et plus triste encore que l'alfa des Hauts-Plateaux.

À la surface du sable, un vent récent a laissé de menues plissures, vagues légères qui donnent à ce site désert un aspect un peu marin.

Au pied du pic arrondi du Djebel-Tefchtelt, nous trouvons le douar du makhzen d'Oued-Dermel : une vingtaine de tentes nomades basses à rayures noires et grises, aplaties sur le sol, comme tapies peureusement.

Les mokhazni, recrutés un peu partout dans les fractions des Amour, sont campés là, avec femmes et enfants, pour surveiller la voie ferrée et les montagnes alentour, où se terrent les pillards.

Les petits chevaux entravés entre les tentes mangent mélancoliquement des brassées de drinn.

Quelques chèvres noires jouent avec les petits enfants et les chiens qui, à nôtre approche, bondissent, hérissés, féroces, l'œil sanglant.

Un grand air de solitude et de tristesse règne autour de ce campement de soldats musulmans. Le cheikh du douar, Abdelkader-Ould-Ramdane, encore jeune, figure intelligente et fermée, nous reçoit gravement.

Les braves mokhaznis nous offrent l'hospitalité sous une grande tente tapissée de haïk de laine rouge. Ils nous servent du thé marocain à la menthe, des galettes et du beurre. Ils me content, comme des choses très ordinaires, très naturelles, les alertes continuelles, les attaques et les poursuites dans la montagne, les ruses des rôdeurs.

Ici encore, aucune idée de guerre, dans le vrai sens du mot, de lutte de race à race, de religion à religion.

Les mokhazni ne parlent que de brigands, de pillards. Ce sont, avec les grandes allures lentes de tous les nomades, des gens très simples et très primitifs, des bergers et des chameliers qui continuent leur existence accoutumée, sans presque rien y changer, sous le burnous noir du makhzen d'Ain-Sefra.

Taieb les caractérise d'un mot français un peu dédaigneux, et bien spahi : « Ils ne sont pas dégourdis. »

Il fait chaud, sous la tente, dans l'entassement des hommes à demi couchés, accoudés sur les genoux ou sur l'épaule du voisin, fraternellement.

Dans l'autre moitié de la tente, derrière les tentures aux somptueux reflets de laine pourpre, ce sont des frôlements de femmes, et des chuchotements qui intriguent vivement mon compagnon. Pourtant il s'efforce de rester impassible et de ne rien remarquer de ce qui révèle le voisinage des femmes.

Nous quittons l'ombre étouffante de la tente, et Taieb nous suit bien à regret. Nous allons nous étendre sur un tertre de sable, au-dessus de l'oued à sec qui, pour les mokhazni, représente la *hadada*, la problématique frontière du Maroc.

Une brise légère court sur le sable fin, bruissant à peine dans le drinn et les jujubiers épineux, ramassés sur eux-mêmes, hérissés, inabordables, comme des plantes marines.

Un grand silence pèse sur ce pays perdu, sur ce douar et sur notre petit groupe. Autour de moi, une dizaine de mokhazni sont à demi couchés, profils sobres et énergiques, presque tous d'une belle pureté de traits.

Le soleil descend vers les crêtes dorées des montagnes et des lueurs roses effleurent le sable, allument des aigrettes de feu sous les végétations dures. Encore une heure de repos, comme une halte dans ma vie, une heure d'insouciance et de rêve vaguement mélancolique, que ni regrets ni désirs ne viennent troubler !

Le jour va s'éteindre. Alors, surgissant tout à coup de derrière un buisson, un Bédouin loqueteux s'avance vers le chef du makhzen, Abdelkader-Ould-Ramdane, auquel il parle à voix basse.

Le chef se lève, le visage soucieux.

– Levez-vous !... Et vous autres, allez tout de suite rabattre toutes les bêtes au milieu du douar. Il y a un djich d'Ouled-Abdallah à une demi-heure d'ici.

Un djich ! Cela ne me semble d'abord pas bien sérieux. D'ailleurs, les pillards oseront-ils attaquer le douar, où il y a une vingtaine de fusils ?

Pourtant les mokhazni obéissent. Ils s'en vont en maugréant un peu rassembler les chevaux, mulets et chèvres qui paissaient aux environs du douar : tous les moutons sont au nord d'Ain-Sefra, en sûreté.

... Huit heures. La lune n'est pas encore levée. Nous sommes accoudés sur les tapis, dans la tente. L'obscurité est opaque : Abdelkader nous a laissé à peine le temps, d'avaler un peu de couscous d'orge et quelques verres de thé, et il a fait éteindre toutes les lumières. Le chef a aussi placé des sentinelles couchées aux quatre coins du douar. Les mokhazni ont relevé les pans de la tente, du côté du désert, et ils se sont couchés, leurs fusils chargés à portée de la main.

Ils scrutent la nuit de leurs yeux de lynx.

Cela a maintenant l'air plus sérieux.

Alors commence une longue veillée. On parle à voix

basse ; on se cache pour fumer. Le silence, est lourd, à peine troublé, à côté, dans le gynécée, par le chant étouffé et monotone d'une femme qui berce son petit.

Tout à coup les chiens commencent à grogner sourdement. Les mokhazni tressaillent et cessent leur bavardage et leurs plaisanteries. L'agitation des chiens augmente. Bientôt, c'est un tumulte. Ils bondissent, avec des aboiements furieux, sur les toiles des tentes où ils courent, nous couvrant de poussière.

— Tu entends, me dit Taieb ; les chiens aboient dans toutes les directions : ce sont eux, et ils nous cernent à cette heure. Ah ! Si Mahmoud, si nous avions au moins, toi et moi, des fusils !

La sensation que j'éprouve n'est pas de la peur ; mais toute cette mise en scène, tout ce vacarme des chiens, avec ces gens qui nous en veulent, qui sont là, dans la nuit, tout près et qu'on ne voit pas, tout cela produit sur moi une bizarre impression de rêve un peu trouble. Pourtant, je sens le désir enfantin que l'attaque se produise, qu'il se passe enfin quelque chose. Cela dure ainsi pendant plus de deux heures.

Taieb finit par avoir sommeil, et il bougonne : — Qu'ils viennent enfin, ou qu'ils s'en aillent au diable !

Un des mokhazni le plaisante :

— Va leur dire qu'ils s'en aillent, tu nous rendras service ! Nous finissons tous par plaisanter, par rire de cette aventure plutôt ennuyeuse, de ces gens qui ne veulent ni attaquer ni s'en aller.

— Ils ne doivent pas être en nombre, et puis comme il n'y a pas de lumière au douar, ni bêtes dehors, ils savent que nous sommes avertis, dit Abdelkader, toujours grave.

Pour un peu, n'était la crainte du chef, les mokhazni

crieraient des moqueries et des injures au djich invisible.

… Peu à peu pourtant, une accalmie se fait, les chiens se taisent, et nous nous endormons.

Au milieu de la nuit, autre alerte ; les chiens dévalent de nouveau au-dessus de nos têtes, avec des hurlements. Les mokhazni jurent franchement : on ne pourra pas dormir tranquille !

Nous veillons, nous attendons. Rien. Le silence retombe sur le douar, avec une fraîcheur d'avant l'aube. Cette fois, nous nous rendormons d'un sommeil accablé et profond.

C'est l'aube, l'heure radieuse entre toutes au désert. Je m'éveille au murmure grave des mokhazni qui prient dehors, baignés dans la lueur irisée du jour levant.

Nous sortons, et nous montons à cheval, pour retourner à Hadjerath.

Autour du douar, à deux cents mètres au plus, les mokhazni relèvent les traces du djich : une vingtaine d'hommes à pied.

Nous continuons notre route en remontant vers les rochers déchiquetés de Hadjerath-M'guil.

De nouveau le petit train reprend sa marche lente à travers les solitudes. Les gares passent, avec des arrêts longs.

Djenien-bou-Rezg, la plaine ardente, une grande redoute rougeâtre, quelques masures esseulées. Maintenant c'est Duveyrier, la Zoubia des Arabes, dans un cirque de collines fauves, de roches noires.

Naguère, le chemin de fer saharien s'arrêtait là, et le village récent, tout européen, s'était cru de la vitalité. Les maisons basses, passées à la terre grisâtre, se multipliaient avec les chants d'exilés de la légion ; les cantines et les buvettes s'ouvraient, cahutes en planches et en vieux fonds de bidons à pétrole ; une duègne hardie avait même amené quelques vagues hétaïres, épaves des bouges de Saïda et de Sidi-Bel-Abbès.

Des théories de chameaux venaient s'agenouiller dans les rues de sables, avant d'aller ravitailler les postes perdus du Sud.

Duveyrier fut la source du fleuve d'abondance coulant vers le Sahara. Une apparente prospérité y régna pendant quelques mois. Des gens commencèrent à s'y enrichir, émigrant d'un peu partout vers l'appât des trafics faciles, troubles même souvent.

Lors de certaines transactions, on murmurait tout bas

le nom qui emplit depuis vingt-cinq ans les échos du Sud-Oranais, le vieux nom presque légendaire qui sonne plus étrangement troublant ici où il est une réalité : Bou-Amama.

Puis, un jour, la petite voie obstinée – les deux rails de fer qui s'en vont, luisants et esseulés, à travers le désert – dépassa Duveyrier pour aller s'arrêter encore plus loin, en face de Figuig fascinatrice. Du jour au lendemain une autre ville surgit, hâtive comme les herbes du Sahara sous les premières pluies d'hiver. Et la vie éphémère de Duveyrier disparut, absorbée par la nouvelle venue : Beni-Ounif-de-Figuig.

... Aujourd'hui, dans la lumière rose du matin, Duveyrier donne une singulière impression d'abandon prématuré : maisons aux murs tout neufs, mais sans toitures, avec les orbites noires des portes et des fenêtres béantes ; les mercantis ont emporté tout ce qu'ils ont pu, poutres, planches, croisées, tuiles, dans leur exode précipité. Les buvettes closes ou éventrées tombent déjà en ruines et s'ensablent. Il semble qu'une calamité, incendie ou inondation, s'est abattue sur cette bourgade née d'hier, et l'a rendue au silence éternel du désert.

Et c'est d'une tristesse poignante, ce coin de pays abandonné avec ces décombres. Seule, la petite garnison donne encore un air de vie à Duveyrier, piquant le long des rues le coquelicot éclatant d'un burnous de spahi ou le bleuet d'une tenue de tirailleurs.

À la gare, tout le monde vient, mélancolique distraction, voir passer le train... et la vie s'en aller ailleurs.

... À Duveyrier, une surprise, reflet des mois troublés qui s'écoulent : une escouade de tirailleurs en armes monte dans le train, en cas d'attaque. Et, malgré cela, encore une fois, comme à Ain-Sefra, comme à

Oued-Dermel, aucune sensation réelle de danger dans le grand calme et le sourire de la plaine ensoleillée.

La Zousfana, un pont de fer peint en gris, très laid et très dépaysé dans le décor d'alfa, de roseaux et de lauriers-roses.

L'oued roule une eau trouble et rougeâtre sur des galets blancs, avec, au milieu du courant, le mince filet pur de quelque source voisine.

La Zousfana qui, avec son confluent, venant de l'Ouest, le Guir, forme à Igli l'oued Saoura, ne se dessèche jamais. Ses bords verdissent en plein été, autour du petit bordj gardé par des tirailleurs, et des masures qui servent de gare.

L'air est ici humide et chaud, avec une buée blanche qui voile les lointains.

Après, voici, à gauche, la grande plaine de Djenan-ed-Dar : un horizon rouge, net, avec, très loin, la silhouette du Djebel-Sidi-Moumène, terrasse carrée, géométrique, qui se dresse vers le Sud. Nous entrons dans la vallée pulvérulente de Beni-Ounif, formée de collines arides, qui s'écartent, vers l'Ouest, sur un horizon incandescent.

Qu'il est dissemblable, ce pays de poussière et de pierre, des régions aimées du Sud-Est, du grand Erg immaculé, des dunes pures et irisées du Souf, et des chotts immenses, et des palmeraies mystérieuses de l'Oued-Rir'h salé !

… À droite, c'est Figuig, dans son cirque de hautes montagnes aux lignes harmonieuses… Nous ne voyons toujours que les palmeraies : sur un fond neutre, d'une couleur indéfinissable mais ardente, le mouchetage noir des dattiers.

… Enfin, voici Beni-Ounif, la petite gare, avec la poignante mélancolie des rails qui s'arrêtent brusquement en face de l'immensité.

Vers la droite, la redoute basse, toute blanche, délabrée.

Et au delà, en face de la puissante coulée verte, du col de Zenaga, aux lignes sobres et nettes d'un violet profond, encadrant l'envahissement des palmiers, c'est, sur une pente douce, le vieux ksar de Beni-Ounif, amas charmant de ruines en or pâle, en chamois ardent dans le velours sombre de la palmeraie.

Au milieu des ruines, çà et là, quelques ruelles encore debout, habitées, couvertes, comme presque toutes les rues ksouriennes, en poutrelles de palmiers : avenues obscures et fraîches, avec des bancs de terre ménagés dans l'épaisseur des murailles, où se tiennent les palabres des djemaa berbères.

Brusquement, des trouées de soleil, coupant les ombres bleues, les ombres fauves des passages couverts.

Ailleurs, parmi les décombres, des maisons éventrées, montrant des restes d'humbles ménages arabes : poteries d'argile brisées, chiffons achevant de déteindre au soleil, traces de fumée noire sur les parois claires.

La vie se retire du vieux ksar, pour passer au village nouveau, utilitaire, bruyant et laid.

Vers le Sud, les maisons descendent au fond de l'oued desséché, aux berges déchirées capricieusement. Là, c'est le règne humide des jardins coupés de petits murs en terre, pour intercepter les ardeurs du soleil.

Çà et là, des « feggaguir » sources souterraines, captées et dirigées à travers un labyrinthe de couloirs souvent praticables, sous les jardins et sous les rues, — toute une ville pleine d'ombre éternelle et de mystère, d'où, aux jours brûlants de l'été, fusent les rires et les voix des femmes qui se baignent. C'est là qu'elles prennent la pâleur de cire de leurs visages et la langueur de leurs gestes. En haut, vers l'Ouest, une large fondrière au milieu des décombres. Un sentier de chèvres la traverse, aboutissant au vieux rempart presque intact en cet endroit. La crête seule s'effrite lentement, en dentelures bizarres.

Une petite porte méfiante, étroite, si basse qu'il faut se ployer en deux pour y passer, s'ouvre sur le grand cimetière sans clôture et sans tristesse, où l'impression de la mort s'évanouit dans la monotonie vide du décor.

Au delà des sépultures, entre quelques touffes de dattiers grêles, c'est encore la koubba de Sidi Slimane.

Les heures s'écoulent, monotones, sur le ksar mourant. Seul, sur l'ocre mat du rempart, le lambeau de ciel que découpe la porte change, passant du mauve irisé des matins au bleu incandescent des midis, au rouge carminé taché d'or des couchants et aux transparences marines des nuits lunaires.

Le soir, la petite porte semble s'ouvrir sur une fournaise dont le reflet ardent descend jusqu'au fond des ruines.

Au ksar comme au village, comme partout dans la vallée de Beni-Ounif, il y a l'éternelle poussière de chaux rougeâtre qui embrume et ternit les choses, qui voltige, oppressante, dans l'air embrasé, aux jours d'adjedj[1].

Les passants sont rares.

Parfois un fellah, poussant devant lui un petit âne

---

[1] *Adjedj*, tourmente de sable.

disparaissant sous une charge de palmes qui frôlent les murs avec un bruissement métallique. L'homme marche, l'œil vague, le bâton sur l'épaule, tenu très droit, d'un geste hiératique comme on en voit aux personnages des bas-reliefs égyptiens. Il chante, pour lui tout seul, doucement, une vieille mélopée berbère ; il échange quelques salam distraits avec les fantômes blancs immobiles le long des murs. Une vieille paraît, courbée sous une outre pesante. Assis ou à demi couchés sur les bancs de terre, les ksouriens berbères blancs, ou les kharatine, autochtones noirs, parlent sans hâte, se grisant d'ombre et d'immobilité longue.

Les Zoua, Arabes fortement métissés de Berbère ; drapent en d'épaisses laines blanches leurs corps chétifs : l'afflux du vieux sang ksourien appauvri à travers les siècles, et la vie somnolente, toujours à l'ombre, ont abâtardi leur sang arabe, et ils n'ont plus ni la belle prestance ni la robustesse souple des nomades. Quelques-uns sont beaux, pourtant, mais d'une pâle beauté efféminée, comme on devait en voir aux jeunes hommes, sur les carrefours de Carthage. Ce sont des artisans et des scribes, et non des hommes de guerre.

Pourtant les Zoua se distinguent des fellah de pure race berbère. Ils parlent entre eux l'arabe et font bande à part, très fiers de leurs origines maraboutiques ; ils revendiquent tous la lignée de Sidi Tadj, descendant de Sidi Slimane Bou-Semakha et des Sidi-Cheikh. Ils sont donc les parents de Bou-Amama.

Les Zoua restés à Beni-Ounif, après l'exode des leurs à la suite de Bou-Amama, vivent du produit de leurs jardins et aussi de la ziara, offrandes à Sidi Slimane, qu'ils se partagent.

Leur chef est aujourd'hui le portier de la koubba, un certain Ben Cheikh, homme d'une quarantaine d'années, pauvrement vêtu, de manières douces et insinuantes. Pourtant, son masque émacié et bronzé, aux yeux fuyants, respire l'astuce et la volonté.

Au-dessous des Zoua et des fellah berbères blancs, il y a les kharatine, les vrais indigènes du Sahara, de sang, noir presque pur. Grands, aux longs membres grêles, la face allongée et osseuse, ils ressemblent à toutes les tribus noires disséminées dans le Sahara.

Ils parlent le Chel'ha, idiome berbère qui se rapproche un peu de la Zenatia du M'Zab.

D'autres noirs, des esclaves ceux-là, venus du Touat ou du Gourara, voire même du Soudan, parlent d'autres idiomes d'origine nigritique, connus sous le nom générique de Kouria.

Quand les Zoua eurent quitté en grande partie Beni-Ounif, après l'occupation française, les kharatine restèrent maîtres du pays, ce qui explique, outre certaines raisons politiques, pourquoi c'est l'un deux, Bou-Scheta, qui a été nommé caïd, au grand mécontentement des Zoua.

Tous les blancs, même les ksouriens berbères, méprisent les kharatine, naguère encore leurs esclaves. Pas plus que les juifs, les kharatine, musulmans pourtant, n'avaient voix dans les djemaa.

Le caïd Bou-Scheta est d'ailleurs d'extérieur plutôt comique. Très grand, avec de longs bras, d'allures gauches, sans dignité dans ses attitudes, Bou-Scheta ne revêt son beau burnous rouge et ne se donne des airs graves qu'aux jours de fêtes, pour se présenter aux chefs français.

Les Zoua se moquent ouvertement du caïd, l'appelant : El Khartani ou Elabd (le nègre, l'esclave).

Bou-Scheta, débonnaire avec son large sourire à dents jaunes et ses gestes simiesques, fait semblant de ne s'apercevoir de rien, gardant au fond de lui-même la peur des marabouts.

PETITE FATHMA

Les enfants, seule note vivante, seule note gaie dans le silence de nécropole, dans la tristesse nostalgique du ksar.

Les tout petits surtout sont drôles, noirs pour la plupart, nus sous des chemises trop courtes, avec, au sommet de leurs crânes rasés, une longue mèche de cheveux laineux entremêlés de menus coquillages blancs ou d'amulettes.

Ils ont déjà appris à mendier des sous aux officiers qui passent. Ils sautent autour d'eux ; ils trépignent, ils s'acharnent avec des grâces et des câlineries de petits chats. Puis ils se battent férocement pour les monnaies de cuivre qu'on leur jette ; ils se roulent et mordent la poussière.

La meneuse, c'est petite Fathma.

Elle peut avoir onze ans. Son corps impubère, d'une souplesse féline, disparaît sous des loques de laine verte, retenues sur sa poitrine frêle par une superbe agrafe en argent repoussé, ornée de corail très rouge et d'une forme rare.

Petite Fathma est métisse. Son visage rond, aux joues veloutées, d'une chaude couleur cuivrée, est à la fois effronté et doux, avec des yeux de caresse et des lèvres déjà voluptueuses. Dans peu d'années, Fathma sera très belle et très impudique.

Menant le vol turbulent des bambins ambrés ou noirs, elle galope à travers les ruines, égrenant son rire limpide de nymphe folle. Elle apparaît tout à coup, hasardeusement posée sur le bord d'une terrasse effondrée, ou sur la crête d'un mur branlant. Elle implore, elle minaude, elle sourit. Un jour, je l'ai vue, en guise de remerciement, prendre la main d'un roumi, un officier, entre ses menottes tièdes, et lui dire avec un sérieux troublant : « Je t'aime beaucoup, ya sidi ! » L'homme sourit et attribua cette caresse au désir d'avoir plus de sous. Alors petite Fathma eut une moue chagrine avec un hochement de tête grondeur. – « Non, non, ce n'est pas cela. Je t'aime comme ça, pour Dieu ! » Ce qui signifiait, en arabe, que sa tendresse subite était désintéressée.

Étrange petite créature, qui est comme l'âme charmante mais décevante et fugitive des ruines rougeâtres.

J'ai éprouvé aujourd'hui une sensation intense de recul dans le temps, vers les siècles abolis. Je suis allée rendre visite au tombeau de Sidi Slimane Bou-Semakha, par une matinée chaude de fièvre.

Une sage politique, respectant les susceptibilités musulmanes, a jusqu'à présent protégé l'inviolabilité de la koubba : jamais aucun chrétien, pas même les officiers, n'y est entré. Moi, musulmane, on m'y mène, car Sidi Slimane est le grand guérisseur des malades. C'est avec Ben Cheikh, le chef des Zoua, que je vais au tombeau du grand marabout.

Après un long corridor dallé, nous tournons à droite et nous quittons nos chaussures.

C'est la chapelle, sous la coupole.

Le tombeau est au milieu d'une petite salle toute blanche, mystérieusement éclairée par en haut. Il est en bois, de forme pyramidale, et recouvert de draperies de soie rouge et verte.

Comme tout en ce lieu, ces étoffes ont un grand charme de vétusté, avec leurs couleurs fanées, encore adoucies dans la pénombre bleue.

Une grille en bois ouvré, si vieux qu'il s'effrite au toucher, entoure le tombeau, l'enserrant de tout près. De lourds chapelets de bois odorant, aux grains gros comme de petites pommes, pendent aux pieds et à la tête du saint.

Une fantaisie bizarre a placé là une très haute et très antique horloge d'Europe, dont la boîte en bois est peinturlurée de fleurs naïves en cinabre, en indigo et en or.

Par quel hasard, après quelles vicissitudes et quelles pérégrinations cette horloge est-elle venue échouer là, dans ce sanctuaire figuiguien ? Épave peut-être de quelque pillage barbaresque sur les côtes d'Italie ou d'Espagne, envoyée en ex-voto, à dos de bêtes, à travers le Maroc…

Le mouvement est arrêté sur un midi ou une minuit oubliés, et rien ne trouble plus le silence pieux.

De petits cierges en cire vierge et des cassolettes de benjoin alourdissent l'air sous la coupole basse.

Un très vieux personnage, tout blanc et tout courbé sous de longs voiles immaculés, reçoit la ziara, l'offrande, et il nous accompagne de bénédictions murmurées d'une voix éteinte, comme lointaine.

Nous ressortons, et la grande lumière du dehors m'éblouit dans la plaine nue, semée seulement d'innombrables tombes…

Variante des premières notes :

(note de V. B.)

Visite à la koubba de Sidi Slimane Bou-Semakha, un matin très chaud et très clair d'octobre. Impression intense de recul subit vers les siècles abolis de foi et d'immobilité.

Une sage politique, pour ne pas blesser les susceptibilités locales et surtout voisines (Figuig), a respecté jusqu'à présent l'inviolabilité du sanctuaire : aucun chrétien n'y a jamais pénétré. Les officiels français, lors de l'occupation, se sont contentés de recevoir la soumission des ksouriens dans le corridor extérieur de la koubba.

C'est avec Ben-Cheikh que je vais au « makam » du grand saint du Sud-Ouest.

Après le corridor dallé, nous tournons à droite et nous quittons nos chaussures. C'est le makam, le tombeau, au milieu d'une petite salle toute blanche, mystérieusement éclairée par en haut. Le tombeau est en bois, en forme de pyramide, recouvert de draperies de soie rouge et verte.

Comme tout en ce lieu, ces vieilles étoffes de jadis ont un grand charme de vétusté, avec leurs couleurs fanées, adoucies dans la pénombre bleuâtre. Une grille en bois ouvré, si vieux qu'il s'effrite sous l'ongle, entoure le makam. Une fantaisie bizarre a placé là une très haute et très antique horloge d'Europe, dont la boite en bois est peinturlurée de fleurs naïves en cinabre, en indigo et en or.

Par quel hasard imprévu, après quelles vicissitudes singulières, cette horloge est-elle venue échouer là, en plein désert, aux portes de Figuig ? Épave sans doute de quelque pillage lointain sur les côtes d'Andalousie passée en ex-voto après une longue pérégrination à travers le Maroc...

Le mouvement s'est arrêté depuis longtemps et ne trouble plus le silence pieux. Des petits cierges de cire vierge et des cassolettes de benjoin alourdissent l'air sous la coupole surbaissée.

Un très vieux mokaddem, tout courbé sous ses voiles de laine immaculée, reçoit la ziara, nous accompagnant de quelques bénédictions murmurées d'une voix éteinte... Nous sortons, et la grande lumière d'or nous éblouit dans la plaine nue, semée de petites pierres grises dressées : des tombes et des tombes innombrables.

Vers le sud et le sud-ouest du village, une haute colline rocheuse ferme l'horizon. Au pied de cette muraille ocreuse, un coin charmant : au fond du lit desséché de l'oued, un groupe de dattiers et de lauriers-roses autour d'un puits.

On y fait des briques de toub et on a éventré la colline où la carrière ouvre comme des plaies roses avec des coulées de sanguine. Des ouvriers marocains, en loques européennes et en turbans bas, travaillent en chantant sous les ordres d'un vieil Espagnol tanné, basané, au fruste visage ensauvagé par une barbe inculte de gnome.

Vers l'ouest de Ben-Zireg et de Béchar, plus rien, la plaine nue, la hamada dallée de pierres noires, coupée de petites arêtes aiguës. Vers la droite, les hautes montagnes aux teintes changeantes et la petite palmeraie de Mélias, tapie à l'entrée d'un défilé profond : encore un repaire de djiouch et un lieu peu sûr, dit-on, et qui a l'air bien tranquille et bien désert, vu de loin, en face du grand décor morne et splendide de la plaine et des collines.

De ce côté, les caprices de la lumière faussent la perspective des choses, rapprochent ou éloignent singulièrement les ondulations du terrain. Un matin, une longue théorie de chameaux qui pâturaient au pied des collines, très loin, me semblèrent tout à coup grandir, se déformer, devenir géants... Puis, peu à peu, comme le soleil tournait, ils redevinrent tout petits, à peine visibles dans la brume incandescente.

Dimanche au village

Le ciel est couvert ; le siroco souffle son haleine chaude, sa brûlante et mortelle caresse, sur la moiteur morbide des corps énervés.

Le tapage et les cris commencent dans les cafés maures : *Au retour de Béchar, à l'Étoile du Sud, à la Mère du Soldat, à l'Oasis de Figuig.* La légion porte dans les buvettes tout un fond de désespérance et de regrets déchaînés par l'ivresse obstinée et terrible des gens du Nord. Les portes ouvertes versent des flots de lumière rouge sur le sable des rues sombres. C'est un entassement confus de capotes bleues contre les comptoirs en bois. L'absinthe coule et le siroco souffle.

On commence à s'échauffer, et c'est maintenant la Babel des chants, des lents patois germaniques ou bataves, des gazouillements italiens, des rauques syllabes heurtées des dialectes espagnols.

Puis tout à coup, sans raison apparente, ce sont des effusions qui, à première vue, paraissent drôles, mais qui, au fond, sont tristes à pleurer, parce qu'elles montent du plus profond de la douleur humaine, chez tous ces déshérités réfugiés dans la dure existence du soldat dans le Sud.

Des embrassades commencent entre les hommes ivres, qui finiront par des disputes et des coups, quelquefois par du sang.

Dehors, la patrouille, le fusil sur l'épaule, gravement passe, attendant les rixes prévues, les inévitables chutes.

Dans une cantine, un petit Allemand pâle joue de l'accordéon, tandis que d'autres dansent.

Les cafés maures, salles blanches et vides, avec dans le coin, l'oudjak[1] et, sur des planches, l'entassement nacré des tasses en porcelaine, les feux divers des petits verres à thé multicolores, et les soleils pâles des plateaux de cuivre.

Ici, c'est la vague bleue sombre des tirailleurs, avec la floraison pourpre des chéchias, l'entassement écarlate des spahis coiffés de hauts turbans blancs à cordelettes fauves ou noires… Il y a aussi les burnous bleus du makhzen, avec leurs cartouchières où les rayons rouges de la lampe allument des éclairs de cuivre, et les burnous blancs, terreux, des Bédouins.

Les tirailleurs sont les plus bruyants. Ils jouent aux cartes ou aux dominos, avec des cris joyeux. On chante. À demi couche sur l'épaule d'un grand tirailleur, fine figure impassible, un mokhazni tout jeune, sans doute un peu ivre, souffle de toutes ses forces dans une rhaïta dont la plainte endiablée perce et domine tous les bruits.

Un tirailleur barbu se lève, emprunte à ses camarades deux foulards de soie rouge et danse au milieu des rires la danse des filles du Djebel Amour, imitant leurs déhanchements lascifs et le frisson artificiel de leur chair.

Puis, par besoin de mouvement et d'ivresse, les

---

[1] *Oudjak*, fourneau des cafés maures, en forme de porte mauresque en plâtre, souvent garni de faïences, – mot d'origine turque.

soldats jouent et luttent, se roulant avec fureur, sur les nattes, sur les bancs, comme des enfants.

… Neuf heures. À la redoute, le clairon égrène les notes mélancoliques de l'extinction des feux, hâtive ici, pour éviter les malheurs.

Des hommes saouls jonchent les rues. Les cris et les chants s'achèvent et, seuls, montent dans l'obscurité étouffante, le râle et la plainte, toute la rage, toute la douleur du rut inassouvi des mâles appelant en vain, depuis des mois, les étreintes et les caresses, la chair de femme.

(note de V. B.)

… À la *Mère du Soldat*, un petit Allemand, pâle, joue de l'accordéon et d'autres dansent… Ils s'excitent et ils suent ; ils commencent à se déshabiller, à jeter au hasard leurs vêtements. Puis ils renversent les bancs ; ils cassent et chavirent tout… Alors la patronne, ancienne cantinière, survient, mince cavale efflanquée et déhanchée, au mufle osseux et blême, avec des crins jaunes sur un crâne pointu. D'une poigne de fer, jurant plus fort que les troupiers, elle expulse les plus turbulents…

À l'*Étoile du Sud*, c'est un groupe d'officiers qui, eux, n'osent pas se saouler et rouler à l'oubli en public, et que pourtant l'ennui et le « cafard » tenaillent… Ils s'engouffrent là, pour boire, pendant des heures, lentement, en écoutant une Espagnole vieillie, au dur masque sanguin, roucouler une romance sentimentale *La Paloma*.

Dans les cafés maures, c'est la vague bleue des tirailleurs, avec la floraison des chéchias rouges et les écroulements écarlates des burnous de spahis. On joue aux cartes, avec des éclats de voix et des fusées de rire formidables… On chante.

À demi couché sur l'épaule d'un grand tirailleur bronzé, au fin visage impassible un mokhazni tout jeune, peut-être un peu ivre, souffle de toutes ses forces dans une rhaïta dont la plainte endiablée perce et domine tout le tapage. Un tirailleur se lève, emprunte deux foulards de coton rouge à grands ramages naïfs, jaune canari, et danse, au milieu des rires, la danse des Ouled-Nail, les filles de son pays, imitant leurs déhanchements lascifs et le frisson artificiel de leur chair.

Puis, par besoin de crisper leurs mains avides sur de la chair vivante, les soldats grisés de fumée et de thé marocain luttent et se roulent furieusement sur les nattes, sur les bancs, avec de grands cris.

— Neuf heures… Les ivrognes jonchent le sable des rues. Les cris et les chants vont se taire, et, seuls, montent, dans l'ombre et la chaleur, le râle et la plainte furieuse, toute la rage, tout le rut inassouvi des mâles qui appellent, en vain, les étreintes et les caresses de la femme, depuis des mois.

Les Marabouts

Au ksar de Beni-Ounif, le soir.

Une chambre fruste en très vieille toub grise, sorte d'antre aux parois irrégulières, au plafond bas en tiges de palmes noircies, toutes gondolées.

Une nudité vétuste de cellule. Rien qui marque le cours du temps, dans ce coin d'immobilité et d'insouciance musulmanes, chez ces gens qui assistent indifférents à la décrépitude des choses, qui ne relèvent jamais les ruines.

Collé sur le sol raboteux, un mince cierge de cire jaune éclaire faiblement la pièce. Le vent du soir pénètre par les crevasses de la muraille, et la flamme rouge vacille, promenant de grandes ombres noires sur les murs ternes. Au fond de la salle, des trous de ténèbres s'enfoncent, où s'accumulent des choses informes.

Dans le mur, presque à fleur de terre, une petite fenêtre carrée s'ouvre sur le sommeil des palmeraies, sur le rouge mourant du ciel, sur l'immense silence de la plaine.

Nous sommes à demi couchés en cercle, sur une natte élimée et un vieux tapis en lambeaux.

Au milieu, sur un plateau en étain, des petits verres aux couleurs tendres, historiés de naïves fleurs d'or, une théière en métal, un pain de sucre, tout le vieil attirail du thé de l'hospitalité marocaine, parfumé à la menthe poivrée, doux, lourd, grisant : le breuvage des causeries lentes, à voix basse, coupées de rêves.

Accroupi contre l'un des rudes piliers de terre, Ben-Aïssa, le marabout conteur d'histoires, pâle, d'une souriante laideur dans ses voiles terreux, prépare le thé, gravement, les coudes aux genoux, les bras nus seuls en mouvement dans la nonchalance lasse du corps.

Ma tête repose sur mes burnous pliés. Je regarde l'hôte, le meilleur assurément d'entre les sombres zoua de Bou-Amama, le plus simple et le moins astucieux, sorte de derouich accueillant et rieur…

À côté de lui, étendu mollement, en une pose d'un grâce féline, mon compagnon occasionnel de route, l'ex-spahi Taieb Rzaïni, enveloppé dans un mince burnous de laine neuve, aux longs plis moelleux. Un vague sourire à dents très blanches éclaire le bronze obscur de cette figure bédouine, sèche, linéaire, et l'ombre des grands yeux durs.

La lueur incertaine du cierge cisèle étrangement le mince profil d'oiseau de proie du grand mokhazni Abd-el-Hakem, son corps anguleux et robuste disparaissant sous la draperie lourde de son burnous bleu : un silencieux, celui-là, très fruste et très dépaysé dans le « service » du makhzen français[1].

Derrière eux, quelques immobiles silhouettes figuiguiennes, laines blanches encadrant des faces de cire. Tout au fond, un masque d'ébène, le khartani Tahar,

---

[1] Variante des premières notes :
… Un silencieux celui-là, très fruste et tout dépaysé dans ce service du beylik français où l'appât de la solde l'a jeté. (note de V. B.)

demi-frère de Ben-Aïssa.

Tous se taisent, écoutant attentivement l'hôte qui parle de sa singulière voix rapide et saccadée, modulée parfois en plainte ou en caresse enfantine. Il nous raconte les histoires de jadis, les légendes, ou défilent les saints de l'Islam et leurs miracles, les hauts faits des ancêtres, toute la vie âpre et violente des nomades et les mystères, les intrigues, la ruse et le sang qui assombrissent la vie ksourienne.

— Tu as vu, Si Mahmoud, la pierre qui est là, dehors, contre le mur de la maison ? Cette pierre a son histoire. Jadis, du vivant de notre saint maître Sidi Abdelkader Mohammed, patron de Figuig, – que Dieu nous fasse profiter de ses vertus ! – des querelles terribles éclataient sans cesse entre les différents ksour de Figuig, pour l'eau des seguia et des feggaguir. Chaque ksar, chaque fraction même, voulait capter les eaux et vouer ainsi les jardins du voisin à la sécheresse et à la mort.

Longtemps Sidi Abdelkader Mohammed exhorta les ksouriens à agir avec équité, à partager fraternellement l'eau que le Dispensateur de tous les biens leur donnait eu abondance. Longtemps il leur parla, et sa parole avait la douceur et le parfum ambré du miel sauvage. Mais les impies sont sourds et l'œil des entêtés ne s'ouvre pas même au soleil éblouissant. Le sang coulait toujours, et les mains fratricides prenaient plus souvent le sabre que la pioche. Un jour, après un grand carnage entre les Hammamine, le saint homme de Dieu se lassa. Il arriva à la limite de la colère, et maudit les impies en ces termes : « Soyez maudits, ksour de Figuig, qui renfermez l'impiété, qui abritez la discorde et la cruauté ! Soyez maudits, vous et votre terre, et jusqu'aux pierres de vos montagnes » ! Alors trois pierres maraboutes se détachèrent du sol et furent emportées par la malédiction du saint. L'une d'elles se réfugia dans la koubba de Sidi

Slimane, où on la voit encore. La seconde est restée sur le chemin des croyants, pour les instruire et les exhorter à la mansuétude. C'est celle près de laquelle nos ancêtres – Dieu leur accorde sa miséricorde ! – ont bâti cette maison, qui est très vieille. La troisième pierre…

– Si Ben Aïssa, combien d'années a-t-elle, ta demeure ? Ben Aïssa esquisse un geste vague :

– Dieu seul le sait, car lui seul compte les années toujours semblables qui s'écoulent sur les créatures et les choses qui passent.

Depuis un instant, Taieb est très occupé à préparer du kif, sur le fond d'un plat à couscous en bois d'Ouezzan ; il coupe menu les branches et les feuilles de chanvre indien avec son long couteau marocain ; puis il frotte les morceaux entre ses deux mains, les réduit en poussière et les mélange avec du tabac maure pulvérisé.

Une très petite pipe en fer, sur un long tuyau en roseau, circule de l'un à l'autre.

Peu à peu tout se tait. Un lourd silence, où il n'y a rien des rêves érotiques qu'on attribue en Europe aux fumeurs de kif, pèse sur la vieille maison croulante, sur la salle emplie d'ombre et de fumée bleue. L'heure est tardive. Le petit cierge coule et s'éteint. Nous nous endormons en une douce quiétude, en un rêve vague qui flotte dans les limbes.

Ô volupté des logis de hasard où, insouciant, seul, ignoré de tous, on s'hallucine ! Ombre amie des ports provisoires, des haltes longues sur la route ensoleillée du vagabond libre ! Douceur infinie des rêves quintessenciés, dans les abîmes de silence, aux pays d'Islam !

Un ciel bas, opaque, incandescent, un terne soleil sans rayons, qui brûle pourtant. Sur la poussière qui couvre tout, sur les façades blanches ou grises des maisons, une réverbération morne, aveuglante, qui semble émaner d'un brasier intérieur. Aux crêtes anguleuses des collines arides, des flammes sombres couvent, et des fumées rousses s'amassent derrière les monts de Figuig.

Rien ne brille, rien ne vit, dans tout ce flamboiement. Parfois seulement une haleine de sécheresse vient, on ne sait de quelle fournaise lointaine, pour soulever de petits tourbillons de poussière qui fuient, rapides, vers l'Est, et se dissipent dans la vallée.

À la gare, entre les wagons noirs et les palissades éventrées, des gens attendent le train, Européens accablés, Arabes aux gestes las.

Des chevaux et des mulets, résignés, tendent leur col vers la terre, la tête pendante, les narines en sang.

Et sur tout cela un indicible silence, qu'on sent, et qui pèse. Ce n'est ni du repos, ni de la volupté, ce silence : c'est de l'alanguissement morbide allant jusqu'à l'angoisse.

Ce fut là l'une de mes premières impressions de Beni-Ounif[1].

… Pas de guide, nulle vision étrangère s'interposant entre mes sens et les choses, nulle explication oiseuse, tandis que j'errais, toute seule, dans ce coin de pays nouveau pour moi.

À la sortie du village, vers la gare, un pan de mur élevé d'un gris ardent de métal en fusion. Plus loin, au delà des rails bleus finissant dans une tranchée rouge, rien, la plaine semée de pierres noires, encore de la poussière, une nudité brûlante, infinie. Tout au pied du mur, un mince filet d'ombre fauve, transparente, sans fraîcheur.

Là, je vis Mériéma, accroupie devant un petit tas de vieille ferraille et de débris de toutes sortes.

Un corps nu, déjeté, déchu, des seins vides, pendants, une chair noire, affaissée, souillée d'ordures et de terre. Une tête crépue et rase de garçon, une face maigre, ridée, une bouche large et épaisse s'ouvrant sur de fortes dents jaunes, et des yeux à fleur de tête, de pauvres yeux de bête malade : un masque tristement simiesque de souffrance, de crainte et d'égarement.

Elle dodelinait étrangement de la tête, en fouillant de ses longs doigts osseux son tas de chiffons et de balayures.

Et elle parlait sans s'arrêter, à la cantonade, en un incompréhensible idiome aux consonances barbares, que je sus plus tard être le kouri vague langue nègre saharienne ou soudanaise.

Je lui parlai arabe. Son murmure continua, montant

---

[1] Variante des notes : Ce fut là ma première impression de Beni-Ounif, un midi de siroco, au commencement d'octobre. (note de V. B.)

en une sorte de lamentation irritée.

Je lui tendis la main. Elle m'étira alors successivement les phalanges des doigts, sans cesser son verbiage. Des grimaces de cauchemar convulsaient son visage.

Un Figuiguien qui la regardait me dit :

— Tu sais, cette femme n'est pas d'ici. Elle était esclave chez des musulmans, à Mechéria ; elle était mariée ; elle avait un fils qui s'appelait Mahmoud. Vois ce que c'est que la destinée : cette Mériéma était pieuse, tranquille, sensée. Elle jouissait parmi les femmes d'une réputation de vertu. Puis, un jour, Dieu lui retira son fils. Alors elle devint folle et s'enfuit, seule et nue. Elle cessa de parler arabe, reprenant la langue de ses ancêtres, venus de très loin, bien au delà du Touat. Elle a parcouru comme cela les routes et les villages, vivant de la charité des croyants. Plusieurs fois, on l'a menée au ksar d'Oudarhir, à Figuig, où des musulmans pieux avaient soin d'elle. Mais elle revient toujours à Beni-Ounif. Elle gite sous des tas de planches. Pourtant, là, les enfants la persécutent et se moquent d'elle. Les soirs de dimanche, quand les légionnaires et les tirailleurs sont saouls, ils oublient qu'elle est une pauvre innocente et ils la violent, malgré ses plaintes et ses cris... L'homme ivre est semblable à la bête sauvage... Dieu nous préserve d'un sort misérable tel que celui de cette créature !

... Un matin de lumière. Le siroco s'est apaisé dans la plaine où, pendant des jours pesants, il a semé des cendres rousses.

À l'aube, un vent léger, venu du Nord, a secoué la poussière des dattiers qui reverdissent dans la vallée, autour du ksar d'ocre.

En des transparences vertes, le jour se lève. Les tirailleurs passent, s'en allant vers le lit de l'oued où quelques palmiers et des lauriers-roses poussent dans des filons de toub sanguine.

En tenue de toile blanche, avec leurs cuivres où le soleil levant allume des étincelles d'or et l'attirail plus sévère de la nouba arabe, les musiciens vont s'exercer, éveiller jusqu'à neuf heures les échos de la vallée morte de notes éclatantes de clairons, de notes plaintives et nasillardes de rhaïta, de martèlements sourds de tambours.

Ils traversent le village, et la gloire de l'heure matinale met un sourire sur leurs visages bruns aux dents blanches, une caresse sur leurs cous musclés et nus.

D'un geste sec, mécanique, tous les bras lèvent ensemble les cuivres, et une musique alerte, d'une gaieté insouciante, éclate.

Tout à coup, surgissant d'un trou d'ombre, comme un pantin noir, Mériéma parait. On l'a affublée d'une gandoura en loques et d'un vieux chapeau de femme, en paille, aux rubans bleus passés.

Précédant la troupe des tirailleurs qui rient, elle danse, elle saute, avec de petits cris de singe énervé. Peu à peu, accélérant ses mouvements, avec des déhanchements frénétiques, elle lacère sa gandoura et continue à danser, nue, avec seulement son chapeau, retenu par une ficelle.

Jusqu'aux carrières de toub, Mériéma accompagne la musique des tirailleurs qui s'en viennent dans la joie du matin sans nuages.

… Un jour de calme sur le désert silencieux, sur le village. Une légère buée blanche embrume le ciel que traversent des vols rapides d'oiseaux migrateurs. Dans le lit de l'oued, parmi les dalles noires, sous les frondaisons aiguës des dattiers bleus, Mériéma est assise.

Avec des oripeaux multicolores ramassés dans les rues, elle a orné les buissons, comme pour quelque cérémonie étrange d'un culte fétichiste.

En cadence, ses longs bras maigres et noueux élevés au-dessus de sa tête, elle frappe sur un vieux bidon en guise de tambourin. Elle chante, sur un air monotone, d'une voix aigre de fausset, une inintelligible mélopée.

Une fumée âcre monte en spirales grises d'un petit brasier de crottes de chameau que la folle a allumé devant les arbres.

Pourtant, la terre répand une fade odeur de charnier, des ossements y traînent, une grande mare de sang s'irise, putréfiée… ce lieu sert d'abattoir.

Mais Mériéma ne voit pas la tuerie lamentable, les porcs immondes qui viennent retourner de leurs groins avides les débris saignants, lécher le sang coagulé. Elle ne sent pas l'affreuse odeur de mort. Elle prie, elle psalmodie, elle pleure, retranchée à jamais de la communion des êtres, plongée dans la solitude lugubre de son âme obscurcie.

… J'ai rencontré Mériéma, pour la dernière fois, un soir de départ. Il était très tard ; la lune décroissante se levait, blafarde, comme furtive, sur la plaine bleue. Et Mériéma dansait, toute nue et toute noire, seule sur une dune basse.

Contre les murs effrités, que le temps a dorés et découpés en dentelures bizarres, le vent accumule peu à peu du sable.

Dans le bas où, sous terre, l'humidité dure, les ksouriens ont planté des dattiers aux frondaisons puissantes, jaillissant du sol et se courbant en arceaux.

C'est le commencement de l'automne, et des herbes menues poussent sous les palmiers. Dans l'ombre des vieux murs, l'air est d'une fraîcheur un peu salée. Au soleil encore chaud, des souffles de caresse passent.

Ce coin de la palmeraie d'Ounif est abandonné des fellah. Aucun bruit n'y parvient ; on y goûte un silence bienfaisant, quelque chose comme un acheminement lent vers la non-existence souhaitée.

Je suis couchée sur le sable depuis des instants ou depuis des heures, je ne sais plus. Le moindre mouvement troublerait l'harmonie de mes sensations ténues, fugitives.

Près de moi, Loupiot, mon chien noir, un étrange griffon né et baptisé dans une caserne, partage mon immobilité. Assis, il prend des poses de cariatide pour guetter de vagues formes mouvantes, quelque part, au loin.

Le soleil tourne, glisse, oblique, sur un pan de mur

où l'eau des pluies a creusé de petits sillons noirâtres.

Alors, sur la toub striée, des lézards viennent se délecter. Ils sont en face de moi, et, pendant longtemps, ils captivent mon attention.

Il y en a de tout petits, minces comme des aiguilles et d'un gris cendré, qui jouent à se poursuivre, rapides, flexibles, promenant très vite des cercles d'ombre légère sur la surface du mur.

D'autres, plus gros, bleutés, s'aplatissent et soufflent, gonflant leur ventre rugueux. Les plus beaux s'épanouissent en teintes rares, comme de longues fleurs vénéneuses. Il y en a surtout de très gros, d'un vert d'émeraude pur, le corps tout couvert de petites pustules dorées, semblables à des yeux de libellules. Sur leur tête plate, des lignes de pourpre tracent un dessin compliqué.

Ceux-ci sont tout à la volupté de la chaleur, étalés, paresseux, la queue molle et pendante. Ils s'immobilisent ainsi, assoupis, heureux, sans tomber pourtant. Parfois leur bouche s'ouvre, comme en un bâillement sensuel. Ils semblent pleins de dédain pour l'agitation puérile des petits lézards gris qui continuent leur course circulaire, comme pris de vertige.

Tout à coup le chien les aperçoit.

Il se lève et s'approche lentement, prudemment, sans bruit. Il tend son museau velu, l'œil intrigué, l'oreille dressée.

Il s'assied devant le mur et considère avec étonnement le jeu des lézards[1].

---

[1] Des premières notes : Devant le mur il s'assit, et considéra avec étonnement le jeu des lézards, se retournant parfois comme pour s'assurer de ma présence ou pour me

Mais le soleil descend vers l'horizon et projette l'ombre déformée du chien sur la famille des bêtes paisibles.

Alors rapides, effarés, les lézards s'enfuient, disparaissant dans les fissures de la vieille muraille, dans les trous d'ombre où ils habitaient.

Le mur reste nu et doré dans le soleil plus pâle du soir…

---

prendre à témoin. (note de V. B.)

Le convoi de Béchar partit vers midi, emportant des madriers et des planches.

Messaouda, la chamelle grise de Maamar-ould-Djilali, affaiblie par de longues marches, n'alla pas loin : en face de la petite palmeraie de Mélias, ses longues pattes tremblèrent brusquement et fléchirent, elle s'agenouilla avec une plainte rauque, puis elle se renversa sur le côté.

Maamar connut que sa chamelle allait mourir et il invoqua Dieu, car une grande tristesse avait étreint son cœur bédouin.

Le convoi s'arrêta. Avec des cris et des imprécations, on fit agenouiller d'autres chameaux sur lesquels on partagea la charge de la bête mourante. On lui ôta jusqu'à son petit bât triangulaire et les loques qui protégeaient sa bosse pelée. Un instant, Maamar, ses bras musclés ballants, sa tête d'aigle courbée, considéra, atterré, sa chamelle. Puis, avec un soupir, il ramassa son bâton et repartit, poussant devant lui ses deux autres chameaux, avec un sifflement bref et un ah ! guttural.

... Le jour finissait en apothéose sur la vallée lugubre, enserrée entre des montagnes sévères et de petites collines sèches, arides, sans une herbe, d'une couleur terne de fumée rousse.

Des reflets d'incendie coulèrent sur les rochers, qui

prirent des teintes de braise obscure.

La chamelle, affalée sur le sol ardent, vivait encore, résignée. Pourtant, tout à coup, un long spasme agita son corps, depuis ses pattes étendues jusqu'à sa petite tête aux longues dents jaunes, aux grands yeux doux et douloureux qui pleuraient.

Et ces vraies larmes, lourdes et lentes, étaient d'une poignante et très déconcertante tristesse, sur cette face de bête primitive, soudain si étrangement rapprochée de notre humanité, dans l'angoisse de la mort.

… Après, ce fut une grande convulsion. Les pattes remuèrent, repliées, comme pour fuir. Puis, le long cou souple s'étendit, se rejeta en arrière, en un geste d'un abandon suprême.

Les yeux devinrent vitreux, s'éteignirent. Le poil terni, les membres raides, Messaouda, la chamelle grise, était morte[1].

… Depuis trois jours, le convoi de Béchar avait passé sur la route, dans la vallée de Mélias.

Midi. Le soleil dardait à pic sur les dalles noires. La carcasse de la chamelle morte s'ouvrait béante. Sur le long cou, parmi les vertèbres à nu, sur la petite tête, des lambeaux de poils soyeux subsistaient, souillés de sang coagulé. Sur les côtes, une peau mince restait tendue, avec des transparences rouges.

---

[1] Variante : Le poil terni, les membres raides, comme aplatis contre terre et diminués déjà, Messaouda, la chamelle grise, était morte. (note de V. B.)

Au hasard des combats nocturnes, les chacals et les hyènes avaient ouvert le ventre de Messaouda, arrachant les entrailles et les viscères, qu'ils s'étaient ensuite disputés rageusement, avec des ululements funèbres.

Au soleil, des légions d'insectes nécrophores, d'un noir nuancé des saphirs et des émeraudes splendides de la putréfaction, grimpaient à l'assaut de la charogne.

Par petits lambeaux ils la dévoraient, hâtant l'œuvre de sa destruction.

Avec, jusqu'au tréfonds de leur chair mortelle, la crainte obscure des choses de la mort, les chevaux pointaient leurs oreilles nerveuses et s'écartaient brusquement des restes de Messaouda, abandonnée au bord de la route déserte de Béchar comme la coque d'une barque échouée sur la grève[1].

---

[1] Variante :

Quand des chevaux passent, ils pointent leurs oreilles nerveuses, en reniflant, avec une peur obscure des choses de la mort dont ils frémissent, comme s'ils en sentaient le souffle pénétrer au plus profond de leur chair mortelle…

Et tremblants ils s'écartent de la chamelle grise, abandonnée sur le bord de la piste déserte, comme la coque d'une barque échouée sur la grève… (note de V. B.)

Marché

Le marché de Beni-Ounif, tous les matins.

Devant les cagnas basses du bureau arabe, une vingtaine de ksouriens et de Figuiguiens, vêtus de laine terreuse, accroupis devant des chiffons étalés. Des burnous en grosse laine avec de longues franges autour du capuchon, des peaux de filali[1], des paniers d'œufs, des tas d'oignons et de navets, des peaux de chevreaux pleines de beurre ou de goudron, des régimes de dattes dorées, des paquets de laine teinte en rouge, en vert, en violet : c'est tout.

Autour, des spahis, des mokhazni, des ordonnances, des Espagnols, se pressent et marchandent. Encore apeurés et fermés, les gens de l'Ouest répondent par des monosyllabes, la tête courbée farouchement.

L'appât du gain commence à les attirer, pourtant, et ils s'habituent peu à peu au calme et à la sécurité inaccoutumés.

« Le marché aux oignons, » disent par dérision les spahis, tous enfants du Tell ou des Hauts-Plateaux, pleins du dédain et de la haine héréditaire des Algériens pour les gens de l'Ouest.

---

[1] Peaux de chèvres tannées et teintes en rouge au Tafilalet. (note de V. B.)

À l'écart, sous des tentes de nomades étroites, en loques, pouilleuses, des juifs de Kenadsa forgent des bijoux.

Vêtus de gandoura vertes ou blanc sale, coiffés d'un petit turban noir sur leurs longs cheveux roux, ceux là ont des figures pâles et enflées de reclus, envahies de graisse malsaine. Accroupis, ils travaillent devant leurs petites forges, dans l'odeur fétide de leurs haillons et l'âcre fumée du métal en fusion. Leurs doigts osseux façonnent des bagues lourdes, de grosses agrafes pour femmes, ou de petites boules en argent pour parfumer le thé.

On leur donne des louis d'or et des douros d'argent qu'ils fondent et qu'ils transforment en bijoux.

Et là aussi des marchandages sans fin comblent le vide des heures, pour tant d'exilés.

Cet embryon de marché, un des gages de paix pour le pays, est aussi une des rares distractions d'Ounif, on y vient pour fuir le spleen du Sud, le cafard.

Il est, dans le décor pétrifié de Beni-Ounif, des soirs lourds, des soirs funèbres, où le siroco sème des cendres grises sur les choses, où le noir cafard envahit les âmes et les replie sur elles-mêmes en une angoisse morne.

Pas de calme et d'anéantissement voluptueux de l'être, dans ce paysage sans douceur, aux lignes dures, heurtées, aux couleurs éteintes.

Ces soirs-là, pour chercher les aspects connus et aimés du vrai désert berceur, je m'enfuis vers Djenan-ed-Dar, tout proche, petite poignée de poussière humaine, essai timide de vie perdu dans le vide et la stérilité de la plaine immense, libre, tranquille. Au sud d'Ounif, la chaîne basse du Gara s'avance et finit en éperon arrondi, tout rose, éventré de larges plaies blanches qui sont des carrières.

Et là, au tournant, brusquement, tout change. C'est l'espace sans bornes, aux lignes douces, imprécises, ne s'imposant pas à l'œil, fuyant vers les inconnus de lumière.

Une monotonie harmonieuse des choses, un sol ardent et rouge, un horizon de feu changeant.

Seule végétation, d'aspect minéral elle-même, le bossellement innombrable du « degaâ » argenté que les soldats ont surnommé le « chou-fleur », l'étrange plante de la hamada de pierre, une agglomération serrée, ronde, de petites étoiles dures et aiguës, tenant au sol par une seule faible tige ligueuse.

Et rien d'autre, à peine quelques touffes d'alfa. Vers l'Est, vague comme un amas de nuages bleutés, une chaîne de montagnes et les dunes de la Zousfana, tachetées du noir des dattiers disséminés.

Au Sud, plus rien, l'horizon qui flambe vide et superbe…, Très loin, à peine distincte, la silhouette rectiligne du Djebel-Sidi-Moumène qui s'éteint dans le rayonnement morne du ciel.

… Djenan-ed-Dar, une citadelle grise, sévère, toute neuve et toute seule sur une ondulation basse.

Vers la droite, un terrain de campement où des cités éphémères, des essaims de tentes blanches, fleurissent et se succèdent, en un presque continuel renouvellement.

Tirailleurs, légionnaires, viennent camper là, en attendant de se disperser dans les postes du Sud-Ouest. De petites vies provisoires s'y ébauchent ; de petites habitudes s'y prennent. Puis, le lendemain, tout est fini, balayé, et très vite oublié.

… Plus loin encore, dans un bas-fond un peu fertile, quelques bouquets de dattiers aux troncs multiples, très hauts et très sveltes, abritent les masures en pisé du cercle des officiers.

Un coin de fraîcheur et d'oubli, où les heures d'attente coulent, lentes, devant l'opale des breuvages nostalgiques…

Encore un champ nu, semé de pierres, puis les

murailles basses, lézardées, croulantes, de la vieille redoute où gitent encore des spahis et des légionnaires.

À droite, ce qui servait de bureau arabe, quand Djenan-ed-Dar était le centre de la région : quatre ou cinq petits gourbis en terre et en planches dans une cour s'ouvrant sur le désert.

C'est là que je vais m'étendre, sur une toile de tente ou un couvre-pieds, pour le sommeil paisible des nuits insouciantes.

Un spahi et deux mokhazni gardent cette rue et assurent l'ordre dans l'ébauche de hameau. Derrière la vieille redoute, une rue, deux rangées de cahutes branlantes, cantines-boutiques, un café maure, une boucherie : tout cela commence dans le sable et finit aussitôt dans le vide. C'est tout. Bien peu de chose à côté de Beni-Ounif déjà prospère, en pleine activité, en pleine fièvre.

Et pourtant Djenan-ed-Dar a plus de caractère et plus d'originalité. C'est bien le village militaire, né des besoins de la guerre, et qui disparaîtra avec elle.

Et puis, à Djenan-ed-Dar, on commence à éprouver cette sensation d'éloignement, d'isolement dans l'immobilité du décor, que la présence du chemin de fer efface à Beni-Ounif, embryon d'une Biskra nouvelle.

Quelques mercantis espagnols ou juifs vivent des maigres sous des soldats arabes ou étrangers. Au fond de leurs masures en vieux matériaux ayant déjà servi ailleurs, en d'autres villages provisoires, les « pionniers de la civilisation » versent les élixirs d'oubli à ceux que terrasse le spleen.

Assise devant la porte de son gourbi noir, une maigre Espagnole, sans âge, au petit museau anguleux, à la dure crinière noire, attend, avec une passivité lasse, les soldats que les soirs de chaleur et de malaise, les soirs de rut sauvage, jettent sur son pauvre corps dolent.

Dès qu'un homme rentre, la femme ferme vite la porte à double tour. Dehors, des querelles éclatent, violentes, parfois des batailles, quand les mauvaises têtes de la légion se heurtent à celles des tirailleurs. Tous crient brutalement leur désir, sans honte, et cette pauvre loque d'apparence encore femelle prend à leurs yeux une grâce, un attrait, presque une beauté, dans leur détresse.

… Après quelques heures de promenade lente dans Djenan, après des stations longues sur les nattes du café maure, je retourne vers les ruines du bureau arabe.

Là, à la lueur d'une bougie, c'est une gaie cuisine de sauce poivrée que nous faisons, les trois Arabes et moi. Puis, en buvant du café dans de vieux quarts en fer-blanc, j'écoute la nuit silencieuse tomber sur le désert.

Les mokhazni, enfants des steppes de Géryville, très primitifs et très songeurs, se taisent. Le spahi, Tlemceni rieur, chante de longues complaintes langoureuses, ou conte les légendes de son pays.

Lentement, doucement, je m'endors dans le calme de la cahute dont la porte ne ferme pas, dans la cour sans gardiens, grande ouverte sur l'obscurité du bled.

Comme Oued-Dermel, comme Ain-Sefra, comme tous les postes de la région, Beni-Ounif a son douar du Makhzen, ses tentes rayées dressées sur la nudité pulvérulente de la terre.

Il est bien calme et bien somnolent en apparence, ce douar isolé vers le sud-est du ksar, à l'orée des jardins. Et pourtant il recèle des intrigues, des ébauches de romans, voire même des drames.

Amour du cercle d'Ain-Sefra, Hamyan de Mechéria, Trafi de Géryville, beaucoup d'entre les mokhazni sont mariés et traînent à leur suite la smala des femmes et des enfants, que les besoins du service leur font abandonner pendant des mois.

Cavaliers volontaires, sans tenue d'engagement, ne subissant pas d'instruction militaire, les mokhazni sont, de tous les soldats musulmans que la France recrute en Algérie, ceux qui demeurent le plus intacts, conservant sous le burnous bleu leurs mœurs traditionnelles.

Ils restent aussi très attachés à la foi musulmane, à l'encontre de la plupart des tirailleurs et de beaucoup de spahis.

Cinq fois par jour ou les voit s'écarter dans le désert et prier, graves, indifférents à tout ce qui les entoure, et ils sont très beaux ainsi, avec leurs gestes nobles, à cette heure où ils redeviennent eux-mêmes.

Pourtant, au contact des réguliers, spahis ou tirailleurs, beaucoup de mokhazni prennent un peu de l'esprit plus léger, plus frondeur, du troupier indigène. Sans aucun profit moral, ils s'affranchissent de quelques-unes des observances patriarcales, de la grande réserve de langage des nomades. Ils finissent aussi, à la longue, par considérer leurs tentes presque comme des gîtes de hasard.

Et puis, dans leur dure existence d'alertes continuelles, de fatigues, dans l'incertitude du lendemain, les intrigues d'amour, si goûtées déjà au douar natal, prennent une saveur et un charme plus grands.

Fatalement les mœurs se relâchent, et, au douar du Maghzen, ou fait presque ouvertement ce qu'au pays on faisait sous le sceau du secret, dans l'obscurité des nuits où l'amour côtoie de près la tombe…

Tous les soirs, les belles tatouées, au teint bronzé et au regard farouche, s'en vont par groupes, sous leurs beaux haillons de laine pourpre ou bleu sombre, vers les feggaguir de l'oued.

Elles jasent et elles rient entre elles, graves seulement et silencieuses quand quelque musulman passe. Les cavaliers en burnous bleu ou rouge, qui mènent à l'abreuvoir leurs petits chevaux vifs, passent le plus près possible des voluptueuses fontaines. Pas un mot entre eux et les bédouines. Et pourtant des offres, des aveux, des refus, des promesses, s'échangent par petits gestes discrets.

L'homme, très grave, passe sa main sur sa barbe. Cela signifie : Puisse-t-on me raser la barbe, m'enlever l'attribut visible de ma virilité, si je ne parviens pas à te posséder !

La femme répond, avec un sourire dans le regard, par un hochement de tête négatif, simple agacerie. Puis, furtivement, méfiante même de ses compagnes, elle esquisse un léger mouvement de la main.

Cela suffit, la promesse est faite. Il en coûtera quelques hardes aux couleurs chatoyantes, achetées chez le Mozabite, ou quelques pièces blanches, pas beaucoup.

Puis, plus tard, la passion s'emparera des deux amants, peut-être la passion arabe, tourmentée, jalouse, qui souvent prend les apparences de la folie, jetant les hommes hors de leur impassibilité apparente ordinaire.

… Ainsi, en même temps qu'il est un campement de soldats durs à la peine et vaillants, le douar du Maghzen est aussi une petite cité d'amours éphémères et dangereuses, car ici les coups de feu partent facilement, et il est si facile de les attribuer à un djich quelconque !… Le bled n'a pas d'échos.

Les mokhazni célibataires couchent à la belle étoile, dans la cour du bureau arabe provisoire.

Les hommes de garde eux-mêmes sommeillent roulés dans leur burnous, avec l'insouciance absolue des gens du Sud, accoutumés depuis toujours à sentir le danger tout proche dans l'ombre des nuits.

Et ce sont ces mokhazni isolés qui hantent le plus audacieusement les abords du douar, et qui braconnent le plus souvent dans le domaine de leurs camarades mariés qu'ils jalousent, et qu'ils méprisent un peu, d'être de si malheureux époux.

Un grand convoi de chameaux et des goums de cavaliers, arrivés un jour gris d'automne, campent dans la vallée, près des palmeraies.

Quelques tentes blanches d'officiers ou de caïds au milieu d'un entassement chaotique de choses, parmi les chevaux entravés et hennissants, et les chameaux qui s'agenouillent avec des plaintes sourdes.

Des amas de haraïr[1], des lambeaux de tapis, des couvertures, des marmites enfumées, des outres velues suspendues entre trois matraques en faisceau, l'éclair d'une gamelle neuve dans le fouillis des loques bédouines, aux couleurs chaudes et sombres où dominent le rouge et le noir roussi... Tout cela s'accumule et se mêle en un sauvage et magnifique désordre.

Des hommes circulent, se reconnaissent, s'installent.

Goumiers en burnous blanc, la ceinture hérissée de cartouches ; sokhar (convoyeurs), vrais hommes du désert, maigres et tannés, robustes sous la chemise de colon effilochée et terreuse, serrée à la ceinture par une courroie de cuir brut ou une cordé, avec la naala (sandale) aux pieds, tout couturés de cicatrices anciennes, la tête

---

[1] *Haraïr*, pluriel de *harara*, longs sacs en laine noire et grise qu'on accouple sur le bât des chameaux.

simplement voilée d'un linge, avec parfois de petites nattes de cheveux retombant le long des joues... Hommes restés tels qu'ils devaient être au temps des patriarches et des prophètes, à l'aube du monde...

Les bach-hammar, chefs de groupes de seize sokhar, galopent sur leurs chevaux maigres et crient des ordres.

En quelques heures, ces arrivées de goums et de convois changent l'aspect de la vallée grise qui semble servir d'assises provisoires à tout un peuple en migration.

Très archaïques et très impressionnants, ces déballages de vieilles choses qui ne changent pas à travers les siècles, ces arrivages de gens aux costumes et aux gestes de jadis, venus là pour quelques jours, et qui, un matin prochain, s'ébranleront de nouveau, reficelant, remportant au loin leurs beaux et pauvres bagages nomades.

... Le jour d'hiver se lève sur la hamada de pierre noire. À l'horizon, au-dessus des dunes de la Zousfana, une lueur sulfureuse pâlit les lourdes nuées grises. Les montagnes, les collines embuées, se profilent en vagues silhouettes d'une teinte neutre sur le ciel opaque. La palmeraie, transie, aux têtes échevelées des dattiers, s'emplit de poussière blafarde, et les vieilles maisons en toub, debout au milieu des ruines, émergent, jaunâtres, comme salies de l'ombre trouble de la vallée, au delà des grands cimetières isolés.

Le désert a dépouillé sa parure de lumière et un voile de deuil immense plane sur lui.

Aux camps, autour des chevaux couverts de soie en loques, autour des chameaux, goumiers et sokhar s'éveillent. Un murmure monte des tas de burnous humides roulés sur le sol dur.

Au réveil, maussades, les chameaux bousculés

commencent à se plaindre. En silence, sans entrain, les nomades se lèvent et allument des feux. Dans l'humidité froide, les djerid fument, sans gaîté.

… Le vent glacé balaye brusquement les camps ; il soulève des tourbillons de poussière et de fumée, faisant claquer la toile tendue de la tente du chef de goum, ornée d'un fanion tricolore.

La silhouette du lieutenant français passe. Placide, l'œil triste, les mains fourrées dans les poches de son pantalon de toile bleue, il fume sa pipe en inspectant distraitement hommes et bêtes.

Lui aussi sent peser sur lui le malaise de ce matin de recommencement, après des mois et des mois de ce dur métier de « meneur de chameaux » comme il dit, toujours en route, toujours seul, avec, pour unique consolation, cette pipe mélancolique où se consument en fumées légères les heures monotones de sa vie…

Les nomades préparent le café dans leurs gamelles d'étain, puis, sous le vent qui glapit, ils se lèvent lentement, paresseusement, secouant la terre qui alourdit leurs burnous.

Ils vaquent aux menus soins du camp.

Les goumiers et les sokhar jettent des brassées d'alfa devant leurs bêtes. On fait un pansage sommaire au cheval gris de l'officier. Quelques-uns, assis dans la fumée des feux, commencent des reprises aux harnachements ou à leurs burnous. D'autres montent au village, pour d'interminables marchandages chez les juifs et de longues beuveries de thé marocain, dans les salles frustes des cafés maures.

Des chameaux grognent et mordent leurs haraïr. Un cheval se détache et galope furieusement à travers les camps. Deux hommes se disputent pour une brassée d'alfa… Et c'est tout, comme tous les jours, dans l'ennui des heures longues, des heures d'attente.

Depuis longtemps les nomades ont oublié la solitude de leur existence traditionnelle, sur les Hauts-Plateaux, sans autre souci que leurs troupeaux et les éternelles querelles de groupes à fractions, que vident parfois quelques coups de fusil sans échos.

Depuis longtemps, ils marchent ainsi à travers le désert, avec les colonnes et les convois, dans la continuelle insécurité du pays sillonné de bandes affamées, tenues comme des troupeaux de chacals guetteurs dans les défilés inaccessibles de la montagne.

Maintenant l'hiver va venir, le sombre hiver glacial, les nuits sans abri, près des brasiers sans chaleur. Et, avec la grande résignation de leur race, ils se sont habitués à cette vie, parce que, comme tout ici-bas, elle vient de Dieu.

Dans ces voisinages de hasard, des amitiés de plat et de couchage sont nées parmi les nomades, de ces rapides fraternités de soldats qui se déclarent un jour, à première vue, et qui ne durent pas.

Ce sont de petits groupes d'hommes qui attachent ensemble leurs chevaux, ou qui poussent leurs chameaux vers le même coin du camp, qui mangent dans la même grande écuelle de bois, qui mettent en commun les intérêts peu compliqués de leur vie : achats de denrées, soins des bêtes – leur seule fortune – et parfois aussi, les incursions clandestines chez les belles convoitées, au douar du Makhzen, voire même chez les Amouriat de Figuig, les maigres dissidentes prostituées de Zenaga et d'Oudarhir.

MÉLOPÉES SAHARIENNES

C'est le soir, l'heure des chants, des longues mélopées, improvisations naïves et poignantes sur les choses de la guerre et de l'amour, sur l'exil et la mort, à la manière des antiques rapsodes.

Les chefs nous annoncent une expédition lointaine ;
Mon cœur est mon avertisseur,
Il m'annonce une mort prochaine.
Qui me verra mourir ? qui priera pour moi ?
Qui fera pour ma mémoire l'aumône sur ma tombe ?
Ah ! qui sait ce que me réserve la destinée de Dieu !
Ma gazelle blanche m'oubliera.
Un autre montera ma douce cavale...
Ô cœur, tais-toi ! Ne pleure pas, mon œil !
Car les larmes ne servent à rien.
Nul n'obtiendra ce qui n'était pas écrit,
Et ce qui est écrit, nul ne l'évitera...
Calme-toi, mon âme, jusqu'à ce que Dieu ait pitié,
Et si tu ne parviens pas à te calmer, il y a la mort...

Les chanteurs modulent leurs élégies, accompagnées du djouak doux, le petit chalumeau bédouin, aux mystérieux susurrements, coupés parfois aussi par les cris sauvages et les stridences de la rhaïta.

... Après un crépuscule de sang trouble, sous la voûte tout de suite noire des nuages, la nuit est tombée, lourde, opaque.

Les feux s'allument, nombreux, feux de djerid secs

aux grandes flammes joyeuses, montant, toutes droites dans les ténèbres, feux de fiente de chameaux, petits brasiers aux rougeoiements ternes.

Une brise souffle ; les lueurs vacillent, arrachant de l'ombre des formes vagues, étranges, des groupes et des attitudes de fantômes.

Une silhouette anguleuse et noire de chameau se déforme, presque effrayante. Une ombre de cheval blanc secoue sa longue crinière.

Autour d'un grand feu clair, un groupe blanc de Bédouins debout, agitant comme de grandes ailes les pans mous de leurs burnous. D'autres, assis en rond, s'occupent aux préparatifs du repas. Parmi leurs profils aigus d'hommes de proie, il est quelques figures très sobres et de lignes pures, où un sang asiatique moins mêlé a conservé l'antique beauté arabe.

Attitudes de repos et d'abandon, groupements vagues de corps couchés... Puis, tout à coup, sans cause apparente, des agitations, des gestes superbes, sous des draperies violemment éclairées...

Longtemps, les nomades veillent dans la fièvre de l'arrivée.

... Mais, en haut, sur le plateau de la redoute, les clairons égrènent les notes traînantes de l'extinction des feux... Peu à peu les brasiers baissent et s'éteignent. La nuit s'épaissit sur les camps, les nomades se roulent dans leurs loques et s'étendent à terre, pour l'insouciant sommeil, le fusil ou la matraque sous leur tête, avec leur chaussure en guise d'oreiller.

Près du dernier feu, un jeune homme qui porte deux petites tresses de cheveux noirs retombant le long de ses joues aux méplats puissants, remue les cendres du bout de son bâton, en chantant encore, presque en sourdine.

Deux mokhazni du cercle de Géryville, tout jeunes enfants de la steppe d'alfa aux horizons larges, s'assoient l'un en face de l'autre et se mettent à chanter une cantilène plaintive, dont le refrain est un long cri triste qui finit en une sorte de râle désolé.

D'abord ils semblent sommeiller, les yeux clos, et leur voix est comme un susurrement d'eau qui coule :

« Hier, toute la journée, je me suis plaint et j'ai pleuré : – je regrettais ma tente ; je regrettais ma gazelle. – Aujourd'hui le soleil m'a regardé – et le chagrin s'est éloigné de mon cœur. »

Insensiblement, les voix montent, s'affermissent, deviennent plus rapides.

– « Tais-toi, ô mon cœur, et ne pleure pas, ô mon œil ! – Les larmes ne servent de rien. – Nul ne peut obtenir ce qui n'était pas écrit – Et ce qui est écrit, nul ne saurait l'éviter. – Notre pays est le pays de la poudre, – et nos tombeaux sont marqués dans le sable. – Calme-toi, ô mon âme, tais-toi jusqu'à ce que guérisse ta blessure – et si elle ne guérit pas, console-toi, il ya la mort... »

Alors, du cercle des mokhazni, une autre voix s'élève, plus fruste et plus rauque, qui pleure une plainte désolée sur le sort du soldat musulman :

– Dieu m'a abandonné, car je suis un pécheur. – J'ai quitté ma tribu et ma tente ; – j'ai revêtu le burnous bleu ; – j'ai pris pour épouse le fusil. – Les chefs nous annoncent un départ lointain. – Mon cœur est mon avertisseur, il m'annonce une mort prochaine. – Demain, ce sera l'heure qui sonnera : – l'ange de la mort s'approchera. – Sera-ce un Guilil haillonneux ou un Filali sans pitié dont la balle m'anéantira ? – Ceci est parmi les secrets de Dieu. – Et qui priera sur moi la prière des morts ? – Qui pleurera sur ma tombe ? Je mourrai, et nul n'aura pitié de moi. »

Les voix, plus nombreuses, montent dans la nuit tranquille, et les chalumeaux murmurent d'immatérielles tristesses.

> *Hier, tout le jour j'ai pleuré :*
> *J'ai regretté ma tente,*
> *J'ai regretté ma gazelle.*
> *Aujourd'hui le soleil s'est levé et j'ai souri...*
>
> *Il y en a qui sont allés au Tafilalet, à Béchar,*
> *D'autres qui étaient présents, qui ont combattu*
> *Aux jours de Timimoune et d'El-Moungar,*
> *Dieu les a protégés.*
> *D'autres n'ont jamais quitté leurs tentes,*
> *Et ceux-là sont morts...*
> *La vie est entre les mains de Dieu,*
> *Et il n'y a qu'une mort.*
> *Ne pense à rien, ne cèle aucune pensée dans ton cœur.*
> *Notre pays est le pays de la poudre,*
> *Nos tombeaux sont marqués dans le sable,*
> *Et ta tombe est ouverte, ô fils de Mimoun !...*

Derniers beaux jours où le désert semble se recueillir avant l'horreur des tourmentes de sable.

Le ciel pâle se voile de buée laiteuse. Pas de vent ; à peine parfois un souffle léger, encore tiède. À Beni-Ounif, c'est un va-et-vient fiévreux, une activité insolite, le grand convoi de Beni-Abbès, qui ravitaille aussi les lointaines oasis sahariennes, va s'ébranler demain.

Pour les goumiers de Géryville, l'ordre de partir est arrivé : ils s'en vont à Béchar. La cité nomade va se disperser dans les hamada et les solitudes de sable.

Accroupis en cercle, par petits groupes, dans les rues du village, parmi les tas de pierres et les plâtras, les mokhazni bleus, les spahis rouges et les nomades fauves partagent tumultueusement des vivres et de l'argent ; avant de se séparer on liquide les vies communes, provisoires, finies.

... Vers la Zousfana, dans la nuit limpide, une aube se lève. Au milieu de l'amoncellement chaotique et noir des camps, quelques flammes rouges se raniment sur les brasiers de la veille. Puis un grand murmure grave, monotone, monte de tout ce sommeil déjà troublé des hommes et des bêtes : ce sont les nomades qui prient. Ils invoquent à voix haute le Seigneur de la pointe du jour.

La lumière d'abord hésitante, comme furtive, gagne le zénith, et les grandes étoiles qui brillaient pâlissent et s'éteignent.

Seul, le Bordj-en-Nehar, l'étoile du matin, luit, lampe de joie et d'espérance allumée dans la nativité souriante du jour.

À l'Est très bas encore, quelques nuées légères s'embrasent, nageant en des transparences d'or vert, océaniques.

Et c'est un ruissellement de lumière opaline sur la rue où s'éveille la vie qui, à cette heure première, semble légère et bonne.

Tout de suite les camps s'emplissent de bruits confus, de cris.

Les chameaux se lèvent à contrecœur, avec des plaintes mécontentes, pour remonter vers le village, où pendant des heures ils stationneront entre la gare et la redoute, parmi les tas de sacs gonflés, les planches, les cantines, les caisses, portant des adresses lointaines : Taghit, Igli, Beni-Abbès, In-Salah, Adrar…

À la redoute, le clairon lance les notes enrouées d'abord, puis éclatantes et impérieuses du réveil.

Devant les petites masures encore ensommeillées du bureau arabe, quelques burnous bleus ou rouges passent parmi les haillons verts ou noirs des juifs de Kenadsa, venus du Sud pour vendre leurs bijoux forgés.

Enfin, après plusieurs heures de travail, les chameaux, près de deux mille, sont massés parmi les chargements à prendre.

Ils sont debout, et le soleil oblique glisse dans l'innombrable fouillis des grandes pattes immobiles, sur les têtes, qui ondulent, curieuses, attentives, sur le bossellement des dos et des flancs pelés, gris, blanc terne, bruns ou roux…

Quelques petits chamelons drôles, la longue tête douce, d'une naïveté d'expression, étrangement enfantine, avec des grâces de grands oiseaux au duvet sombre, se pressent contre leurs mères, leur lippe déjà velue cherchant la mamelle pointue.

Maintenant, les sokhar font agenouiller leurs bêtes à petits coups de bâton au-dessous des genoux.

On commence à charger.

Alors c'est un vacarme indescriptible, des querelles qui éclatent autour de chaque bête, avec des cris furieux, des exclamations gutturales, des injures et des gestes échevelés, comme si tout cela allait finir par un massacre.

On prend Dieu à témoin ; ou atteste le Prophète pour une ficelle en fibres de palmier mal attachée, pour une fermeture de sac. Et cela dure sans aucun souci de l'heure, avec un bruit qui augmente.

Les arabas grinçantes du train des équipages, et des cavaliers lancés au galop passent, mettant le désordre et l'épouvante parmi les chameaux qui se relèvent brusquement, jetant leurs charges à moitié amassées et s'enfuient, poursuivis par les imprécations des sokhar.

Les bach-hammar, à cheval dès le matin, le bâton à la main, harcèlent et pressent leurs hommes, vociférant des ordres, menaçant, frappant.

De très loin, les nomades s'interpellent et se parlent avec des grands cris traînants.

Oh ! ces gosiers des gens du Sud, en quel airain sont-ils, qu'ils ne se rompent et ne saignent pas, de tous ces cris profonds, de ces appels qui sonnent comme des notes de trompettes ?

Quelques chameaux se révoltent, piétinent sur place ou se sauvent lourdement sur trois pattes, la quatrième repliée.

Des chevaux se cabrent, hennissant aux juments qui passent. Le vent se lève tout à coup et fait claquer les loques comme des voiles gonflées.

Des tourbillons de poussière emplissent le camp, brûlant les yeux, desséchant les poitrines. Les tenues militaires, les burnous rouges ou bleus jettent quelques taches gaies sur cette houle de couleurs sombres ou terreuses.

… L'heure passe, et les chefs, perdant la tête courent pour activer le départ, et crient eux aussi. Mais leurs voix françaises sont trop faibles pour percer les cris bédouins, et elles se perdent dans le vacarme qui augmente avec la fièvre des derniers instants.

Et c'est la voix rauque et sauvage, la plainte continue, immense des chameaux qui domine tout ce tumulte qui monte, emplissant la plaine, jusqu'au silence éternel des lointains.

… Pourtant elle va finir cette grande vision de vie primitive dont on ne reverra bientôt plus l'inoubliable splendeur, avec la sécurité et les chemins de fer…

Contournant le coin de la redoute, un goum part le premier, au trot, vers l'Ouest, avec ses fanions tricolores, par-dessus le blanc terne des burnous et les robes poussiéreuses des chevaux : sont les Trafi de Géryville qui accompagneront le petit convoi de Béchar.

Un autre goum, celui des Amour d'Aïn-Sefra, devance le grand convoi de Beni-Ounif, prenant la route du Sud.

Les tirailleurs de l'escorte, en chéchias et ceintures

écarlates sur la toile blanche de la tenue de campagne, s'ébranlent et défilent avec un piétinement nombreux de troupeau. Le soleil allume des éclairs blancs sur l'acier des fusils.

Les chameaux, debout, se taisent, comme recueillis, et descendent dans la vallée, s'en allant vers Djenan-ed Dar. Pendant une heure ils se déploient en une file interminable qui ondule à travers la plaine. Le soleil dore la poussière. À l'horizon rougeâtre où flottent des buées ardentes, le convoi s'évanouit.

Variante des premières notes :

(note de V. B.)

Vers l'Ouest, très loin, quelques vagues montagnes aux formes étranges à peine distinctes : cônes tronqués, arêtes dentelées ou terrasses… Autour, une plaine infinie, brûlée, rouge, au sol craquelé, avec l'innombrable semis des touffes d'alfa vertes par le bas, s'échevelant en flocons gris vers le haut des tiges desséchées : le mouchetage sombre d'une peau de panthère étalée sous la limpidité tiède du ciel d'automne.

Des brises légères passent sur la plaine et la caressent. Sur des chevaux secs, tout en os et en tendons, le poil gris hérissé et l'œil ardent, des cavaliers viennent au pas. Le burnous noir et le lourd haïk de laine terreuse leur donnent grand air.

Ils ont des visages minces, de ligues sobres, de traits durs, avec la lueur fauve des yeux de l'aigle. Belle prestance, gestes larges, attitudes digues… On les prendrait presque pour des marabouts, sans leur fusil qu'ils portent en bandoulière ou dressé, la crosse appuyée sur le genou. Bach-hamar de convois, ils sont, aussi, à l'occasion, des hommes de guerre, braves par tradition et par indifférence profonde pour la mort. Loin derrière eux, disséminés dans l'alfa, des nomades s'en viennent, le front ceint de cordelettes fauves sur un voile mince, le bâton en travers des épaules, bombant de maigres poitrines tannées, sillonnées de muscles épais, dans l'entrebâillement des haillons couleur de poussière ; ils poussent devant eux leurs grandes bêtes lentes, sans charges, avec seulement le petit bât triangulaire.

Les longs cous souples se tendent les museaux lippus broutent quelques maigres buissons gris, tapis entre les pierres noires et les touffes d'alfa.

Les chameaux s'arrêtent. Puis, comme cela dure trop longtemps, les sokhar ont un cri rauque, un *ah !* guttural sorti du fond de leur gosier de cuivre, et un sifflement bref. Les cous onduleux se redressent lentement, et les têtes tenant à la fois du serpent et du mouton, les étranges têtes dédaigneuses aux yeux doux, reprennent leur balancement régulier. Les longues dents jaunes ruminent avec un bruit continu de moulin.

La troupe passe. Les hommes, plus petits, disparaissent les premiers dans le moutonnement infini de l'alfa. Puis ce sont les chameaux qui se déforment, s'arrondissent, se confondent avec les vagues ondulations du sol.

… Il en vient ainsi de tous les cercles, de tous les douars des Hauts Plateaux, qui descendent vers le Sud, traversant lentement les solitudes souriantes, qu'eux seuls, pasteurs et errants, connaissent et aiment, de l'inconscient amour des gazelles et des oiseaux sauvages.

... Ce sont les derniers beaux jours avant les tourmentes de sable. Le ciel pâle se voile de buée laiteuse. Pas de vent, à peine parfois un souffle tiède.

À Beni-Ounif, dans la vallée, près du ksar, une éclosion soudaine de vie bruyante.

Des nomades arrivent tous les jours, avec de longues théories de chameaux, pour camper à côté des goumiers.

Les campements des sokhar sont plus frustes et plus confus, plus colorés aussi.

C'est un entassement chaotique de choses : les haraïr, les longs sacs étroits en grosse laine grise et noire qu'on accouple aux côtés du bât des chameaux, les lambeaux de tapis, les couvertures effilochées parmi les marmites enfumées, les outres velues suspendues entre trois bâtons en faisceau, l'éclair d'une gamelle d'étain neuve dans l'amas des loques bédouines, aux couleurs sombres et chaudes où dominent le rouge et le noir roussi ; tout s'accumule et se mêle autour des feux de palmes sèches ou de fiente, parmi les chameaux couchés, qui ruminent, taudis que d'autres semblent rêver, dominant tout de leurs hautes silhouettes anguleuses.

Les camaraderies de couchage et de plat, nées sur la route longue, se continuent ; d'autres naissent ; quelques-unes se rompent avec des disputes terribles... Alors, parfois, le sang coule.

... Et il en vient toujours, de ces sokhar et de ces chameaux dans la vallée qui semble servir d'asile à tout un peuple en migration, comme aux premiers âges du monde.

... À la redoute, le clairon lance les notes enrouées d'abord, puis éclatantes et impérieuses du réveil. Devant les petites masures encore ensommeillées du bureau arabe, quelques burnous bleus ou rouges passent parmi les haillons verts ou noirs des juifs nomades de Kenadsa, venus du Sud pour vendre des bijoux d'argent et d'or.

Chez les goumiers aussi il y a un mouvement insolite : les Amours d'Aïn-Sefra s'en vont en colonne vers l'Ouest, à Béchar. Les Trafi de Géryville descendent vers Taghit et Beni-Abbès pour protéger un convoi. Les noms d'El-Moungar et de Zafrani évoquent encore un frisson de mort.

… Et voilà, enfin, après plusieurs heures de travail et de cris, que tous les chameaux, près de deux mille, sont massés parmi les chargements à prendre.

Ils sont debout, et le soleil oblique glisse dans l'innombrable fouillis des grandes pattes immobiles, sur les têtes qui ondulent, curieuses, attentives, et sur les dos et les flancs fauves, gris, blanc terne, bruns ou roux…

Quelques petits chamelons impayables, la longue tête douce et naïve, avec des grâces de grands oiseaux au duvet sombre, se pressent contre les mères, cherchant de la lippe déjà velue la mamelle pointue.

Maintenant, les sokhar font agenouiller les bêtes, à petits coups de bâton au-dessous du genou. On commence à charger. Alors, c'est un tumulte indescriptible, des querelles éclatent autour de chaque chameau, avec des cris furieux, des exclamations gutturales, des injures et des gestes échevelés, comme si cela devait finir par un massacre. On prend Dieu à témoin et on atteste le Prophète pour un schritt, une ficelle de fibres de dattier mal attachée, pour une fermeture de sac…

Tout cela dure sans aucun souci de l'heure qui s'écoule.

Plus cela va, et plus le bruit augmente.

Des Arabes grinçants, des cavaliers lancés au galop, passent, mettant le désordre et l'épouvante parmi les chameaux qui se lèvent, jettent les charges à moitié amassées et fuient, poursuivis par les imprécations des sokhar.

Les bach-hamar, à cheval dès le matin, le bâton à la main, harcèlent et pressent leurs hommes, vociférant des ordres, menaçant, frappant même parfois.

De très loin les Bédouins s'interpellent et se parlent, parvenant à se comprendre.

Oh ! ces gosiers des hommes du Sud, en quel airain sont-ils, qu'ils ne se rompent et ne saignent de tous ces cris profonds, de ces appels qui sonnent comme des notes de trompettes ?

Quelques chameaux se révoltent, s'enfuient, piétinent sur place ; des chevaux se cabrent.

Le vent qui se lève fait claquer les loques comme des voiles gonflées, dans la poussière soulevée.

Les tenues militaires, les burnous écarlates ou bleus, font des taches gaies sur toute cette foule de couleurs sombres ou terreuses.

Des voix françaises, trop faibles, essayent de percer les cris bédouins et se perdent.

Et c'est la voix rauque et sauvage, la plainte continue, immense des chameaux qui domine tout ce bruit, qui monte, emplissant la plaine, jusqu'au silence éternel des lointains.

… Pourtant elle va finir, cette grande vision de vie primitive, dont on ne reverra bientôt plus la splendeur, avec la sécurité et le chemin de fer.

Des tirailleurs de l'escorte, en chéchias et ceintures

écarlates sur la toile blanche de la tenue de campagne, s'ébranlent et défilent avec un piétinement nombreux de troupeau. Le soleil allume des éclairs blancs sur l'acier des fusils.

Un goum file vers l'Ouest, derrière la redoute, avec ses fanions tricolores par-dessus le blanc terne des burnous.

Tout est chargé, c'est fini.

Lentement, les chameaux redescendent dans la vallée qu'ils traversent, s'en allant vers Djenan-ed-Dar.

Pendant une heure, ils se déploient en une file interminable, qui ondule à travers la plaine où le soleil dore la poussière.

Puis, à l'horizon rougeâtre où traînent des buées ardentes, le convoi disparaît, s'évanouit.

Au crépuscule, le dimanche, l'ivresse montait, dans Djenan-ed-Dar, et l'alcool roulait sa folie triste et ses chants d'exil à travers les cantines et les rues de sable.

Il y avait pourtant un coin tranquille, où j'allais m'isoler, aux heures où je n'éprouvais plus le besoin douloureux d'errer parmi les groupes, de me plonger en pleine géhenne...

C'était derrière l'unique café maure, sur un vieux banc boiteux qu'étayait un bidon à pétrole.

Là, plus de bruit, plus rien. Une petite vallée nue, une dune basse et, derrière, l'incendie du jour finissant.

De la salle enfumée, des mélopées arabes, des plaintes lentes de chalumeaux, des lamentations de rhaïta venaient, se perdant dans le silence.

On était bien là, pour s'étendre et rêver, en une dispersion délicieuse de l'être.

... Une fois, je trouvai un légionnaire assis sur mon banc. Figure germanique et blonde sous le fort haie du Sud, regard réfléchi, presque triste.

Au bout d'un instant s'engagea la conversation, par petites phrases d'abord.

Pour répondre à l'étonnement du légionnaire d'entendre un Arabe lui parler, tant bien que mal, la langue de chez lui, je contai une histoire quelconque.

Alors il se mit à évoquer des réminiscences lointaines, faisant passer devant moi, avec un certain art inconscient, toute une épopée de vie gâchée, de trimardage à travers le monde, qui me le rendit sympathique.

Né à Düsseldorf, étudiant en droit, il avait été pris, à vingt ans, d'un invincible besoin de voyages et d'aventures. Il s'était engagé. On l'avait envoyé en Chine, sous les ordres du maréchal de Waldersee !

Un jour, il avait déserté, sur la route du retour, par dégoût de la caserne. Il avait, été tour à tour saltimbanque dans les ports chinois, scribe dans un consulat, puis matelot. Enfin, cinq ans après avoir quitté sa ville natale, il était venu échouer à Alger, sans ressources, et il s'était engagé dans la légion.

Auguste, Seemann revivait sans regret les années qui s'étaient écoulées. Sa vie était gâchée, c'était vrai, mais après tout qu'importait ? Il ne s'était pas ennuyé ; il avait vu du pays ; il connaissait maintenant les hommes et les choses.

… Nous devînmes vite camarades, le déserteur et moi, et, presque toutes les fois que je venais à Djenan-ed-Dar, il s'empressait de me rejoindre, au café maure, qu'il préférait aux cantines tumultueuses, car il ne buvait pas.

Un soir, Seemann, me dit :

– Le malheur ici, c'est qu'on ne trouve rien à lire… jamais, même un journal ! On s'abrutit à vivre comme des bêtes. Il ferait bon, à cette heure, lire ici, ensemble, en prenant le café.

Il eut comme une hésitation.

– J'ai bien un livre… Mais voilà, toi, tu n'es pas

chrétien, et tu ne voudrais sans doute pas…

Je lui parlai de la proche parenté de l'Islam et du vieux judaïsme, de leur même farouche monothéisme. Alors, tout joyeux, il courut à la vieille redoute, dans sa fruste chambrée de toub croulante.

Quand il revint, il déplia pieusement un très ancien foulard de cachemire jaune. La reliure de maroquin noir de sa Bible s'illustrait d'une croix couchée obliquement sur une aube d'or, un large soleil se levant sur un vague horizon obscur.

Des noms allemands et des dates déjà anciennes rappelaient des souvenirs de jadis, écrits en belles lettres gothiques, sur la garde jaunie du livre. Entre les feuillets minces, usés, des fleurs naïves palissaient ; pensées, églantines, violettes mortes, tombant en poussière, cueillies sur des prairies lointaines.

– C'est la bible que le pasteur de chez nous a remise à ma mère le jour de son mariage. C'est tout ce que j'ai gardé d'elle et de la chère maison là-bas…

Un instant, la voix du légionnaire parut trembler un peu. Puis, ouvrant le livre sur les lamentations et les prophéties de destruction du grand Isaïe, il lut gravement, psalmodiant presque.

… Sur le désert vide, plongé en des transparences roses, le soir s'allumait.

D'un horizon à l'autre, une houle de flamme pourpre roulait à travers le ciel vert et or.

La voix lente du soldat scandait les versets, et sa langue septentrionale sonnait étrangement à cette heure et dans ce décor.

Le petit livre noir, talisman touchant rapporté des brumes du Nord où des siècles d'exil en avaient faussé et pâli la splendeur, redevenait peu à peu le livre d'Israël, conçu sur la terre semblable, aussi aride, de l'antique Judée resplendissante.

Et, dans le dernier rayonnement rouge du soir, sur la dune basse, des armées et des tribus blanches passèrent, et des silhouettes de prophètes aux yeux âpres et ardents s'agitèrent...

Puis le légionnaire referma son livre, et le soir s'éteignit sur le désert violet où s'étaient dissipées les visions de la Bible.

Sourires aimables sur des visages reposés, gestes lents et graves sous les voiles blancs. Silence et recueillement dans des cours vastes où les hommes glissent sans bruit, comme des apparitions. Murmures de prières, attitudes d'extase… Immobilité des choses à travers les siècles…

À première vue, on ne discerne rien d'autre dans les vieilles zaouïas de l'Ouest, seules inexpugnables dans la tourmente qui gronde alentour et parmi les ruines d'un monde qui croule.

Et pourtant, derrière cette façade d'indifférence hautaine, dans cet éloignement des choses du siècle, il y a autre chose : des intrigues mystérieuses qui, au Maroc, finissent souvent dans le sang, des haines séculaires, des dévouements absolus à côté de savantes trahisons, des passions d'une violence terrible qui sommeillent dans les cœurs, des ferments de guerre et de massacre.

Mais, pour distinguer toutes ces choses cachées, il faut se faire admettre dans les zaouïas, y vivre, y acquérir quelque confiance, car au dehors tout est blanc et apaisé…

Dans l'ancienne zaouïa de Bou-Amama, à Hamman-Foukani, après une journée chaude, traversée de souffles d'orage, un soir pesant et calme, avec une oppression particulière dans le silence.

Le soleil se couche sans les irisations limpides accoutumées, sans délicatesses de tons, en un incendie violent, passant sans transition du rouge sanglant de l'horizon au vert sulfureux du zénith où flottent quelques nuées d'un rose de chair.

La palmeraie voisine s'abime en une ombre hâtive d'un bleu profond, presque noir déjà, pendant que, sur les cimes échevelées des dattiers, seules quelques flammes d'or rouge courent encore.

Au delà des murailles basses de la cour, c'est la grande plaine qui s'étend derrière Figuig jusqu'au Djebel-Grouz abrupt. Sablonneuse, à peine ondulée, elle brûle d'un feu terne, comme un immense brasier couvert de cendres mal éteintes.

Vers la droite, en contrebas, au milieu d'une vallée pierreuse, aride, se dresse la koubba de Sidi-Abdelkader-Mohammed, patron de Figuig. Sa grande coupole blanche prend des teintes de cuivre surchauffé, des reflets de métal en fusion coulent sur ses murs.

En face des ksour, très loin, sous les dentelures flamboyantes des montagnes, une ligne noire à peine distincte : les palmiers d'El-Ardja.

Plus près, voici le Dar-El-Beida[1], la caserne du Makhzen chérifien, qui brasille toute seule dans la plaine déjà pâlissante.

Vers la gauche, à l'Ouest, la muraille robuste du Grouz assombri et la silhouette oblique du Djebel-Mélias en feu. Un grand décor où se jouent des féeries de lumière.

---

[1] *Dar-el-Beida*, la maison blanche. (note de l'auteure)

La nuit va tomber.

L'eddhen du mogh'reb[1] monte en notes lentes des hauts minarets blancs d'Elmaïz et d'Oudarhir. Rapides, de grandes ombres bleues sortent des excavations du sol vers les sommets qui s'éteignent peu à peu, noyés en des transparences marines.

Alors, contournant furtivement les murailles d'Oudarhir, surgissent, inattendus et inquiétants, une dizaine d'hommes hâves, décharnés, vêtus de guenilles sans nom. Ils sont armés de fusils Mauser et poussent devant eux quelques moutons maigres… Près de moi, un des serviteurs de la zaouïa, grave, au regard de caresse, et d'obscurité, achève de prier.

– Si Mohammed, lui dis-je, quels sont ces gens ?

– Oh rien, des bergers de Mélias seulement.

– Mais ils portent le turban voilé des Beni-Guil.

– Non. Ce sont des Arabes à nous. Ils s'habillent comme les Beni-Guil, parce qu'ils sont restés longtemps au chott Tigri.

Mais Si Mohammed me quitte brusquement et disparait au tournant d'un corridor. Tandis que s'épaissit l'obscurité, ces bergers, qui ressemblent à des pillards, entrent dans les rues couvertes de Hammam-Foukani. Après un instant, j'entends des bêlements dans une arrière-cour de la zaouïa. Si Mohammed, qui revient, traînant ses savates de cuir jaune, explique : – Ces pauvres gens, éprouvés par la guerre, viennent ici pour vendre leurs moutons et implorer la bénédiction du

---

[1] *Eddhen*, appel pour la prière. *Mogh'reb*, le coucher du soleil.

cheikh et de ses ancêtres, – que Dieu leur accorde ses grâces ! – ils n'ont point d'autre refuge que cette maison…

Une salle longue, aux murs nus, au sol couvert d'épais tapis de haute laine, avec, épars, de longs coussins de soie jaune et verte brochée de fleurs d'or.

Dans un haut chandelier de bronze, une bougie unique éclaire la pièce. Sur les tapis, la lumière discrète coule en ondes pourpres, en ondes vertes, glisse des reflets violets, mordorés, selon les colorations franches et chaudes des laines.

Dans un coin, un éclair mauve s'allume sur le flanc bombé d'une bouilloire marocaine en cuivre rouée, sur un haut trépied. À terre, un petit plateau luit comme une lune pâle. Des eaux adamantines ruissellent d'une cruche en cristal blanc, à côté des pierreries multicolores des petits verres à thé…

Si Mohammed ben Menouar, cousin et beau-frère de Bou-Amama, maître actuel de la zaouïa, est à demi couché sur le tapis. Son corps robuste et souple est drapé d'un burnous de drap grenat, et un haïk en fine laine encadre son visage brun et maigre, de type ksourien prononcé, avec une barbe noire où quelques fils blancs commencent, à se mêler.

… Masque d'intelligence, de ruse et de finesse, au regard tour à tour affable, presque caressant, ou tout à coup dur, au sourire sans douceur, souvent ironique. Gestes plutôt nombreux et vifs, sans l'ampleur grave et la retenue imposante des autres marabouts du Sud.

Si Ahmed aime à plaisanter et à rire. Quand il est avec des Européens, il tâche d'imiter leur ton léger et persifleur. Si Ahmed manifeste des sentiments favorables aux Français et atteste son dévouement…

À cette heure, chez lui, il semble préoccupé. Il me parle longuement de la palmeraie de Mélias et des gens de Foukani sans que je l'interroge. Il y met même une insistance qu'il n'a pas d'ordinaire, lui qui glisse si aisément sur le sujet qu'il ne lui plait pas de traiter.

En face de nous, Ben Cheikh, le gardien de Sidi Slimane, avec qui je suis venue.

D'aspect chétif et franchement ascétique celui-là, avec une extraordinaire intensité de vie dans ses yeux fuyants.

Il parle librement devant celui qui remplace le maître exilé. Lui aussi a son importance, car il est le serviteur le plus dévoué de Bou-Amama à Beni-Ounif.

Il me raconte que des fidèles sont partis le matin pour aller en pèlerinage chez le marabout, là-bas, à sa zaouïa nomade qui se trouve actuellement au pied du Djebel-Teldj[1], à cinq ou six jours de marche au nord-ouest de Figuig. Avec un profond soupir, Ben Cheikh déplore la destinée qui le retient, lui qui voudrait tant revoir le maître. Puis, pour la centième fois peut-être depuis que je le connais, il me dit avec son sourire engageant :

« Si Mahmoud, tu devrais aller voir Sidi Bou-Amama. Avec moi et la protection de Si Ahmed, tu n'as rien à redouter. Tu iras à sa zaouïa, comme tu viens ici. Quant à Sidi Bou-Amama, il te recevra à bras ouverts, comme son propre fils… Tu devrais faire cela, Si Mahmoud. Après, à ton retour, tu pourrais dire aux

---

[1] *Djebel-Teldj*, la montagne de neige. (note de l'auteure)

Français : « J'ai vu Bou-Amama, et il ne m'a fait aucun mal. Il m'a bien reçu, comme il reçoit tous les musulmans algériens. Il n'est pas l'ennemi de la France, et entre lui et elle il n'y a qu'un malentendu… » J'écoute et je réponds évasivement :

– In châh Allah – que Dieu veuille – j'irai !

Et j'irai peu être un jour…

Le silence retombe. Vaguement Si Ahmed sourit. Ben Cheikh semble plongé en ses regrets de serviteur fanatique. La lumière vacille et promène de grandes ombres difformes sur les murs blancs.

… Je regarde ces deux hommes dont la surface polie et avenante cache des abîmes, ces hommes à l'âme fermée, à la volonté opiniâtrement tendue vers un seul but : servir Bou-Amama.

Et je les préfère ainsi, redevenus eux-mêmes, graves et silencieux, plus en harmonie avec le calme de l'heure et du lieu…

La porte est ouverte sur la large galerie couverte qui entoure le premier étage. En face, un lourd piller carré en toub se détache des ténèbres, sous le reflet rougeâtre de la bougie. Une forme blanche est accroupie à terre. Sous cette masse immobile de voiles lourds, on ne distingue pas le visage du serviteur noir. Dans la cour, on parle à voix basse. Des pieds nus d'esclaves passent avec des frôlements légers. Une lourde oppression pèse sur l'oasis endormie et sur cette maison.

L'heure s'avance, dans la nuit sans fraîcheur.

Si Ahmed se retire dans ses appartements, oubliant comme par hasard, à côté de moi, son revolver à fourreau de velours vert.

Ben Cheikh s'enroule dans son vieux burnous et je m'étends près de la porte restée ouverte. Des choses vagues d'abord, des visions entrevues ici, flottent dans mon esprit. Puis cela se précise : ces bergers armés de fusils, qui sont venus si furtivement, à la tombée de la nuit, qui sont-ils ? Pourtant, ici, il n'y a rien à craindre… On y peut dormir dans une sécurité parfaite.

Mais le sommeil ne vient pas.

Il fait chaud, et des effluves de fièvre traînent dans l'air. Je me lève et, sans bruit, je descends. Dans le patio obscur, des hommes dorment. Je trouve une autre porte entrouverte.

Là, dans la lueur incertaine des étoiles, les bergers de Mélias sont couchés, le fusil sous la tête, la cartouchière serrée sur leur ventre creux par-dessus la djellaba en loques.

Au repos, des visages décharnés, des marques de souffrance et de dureté, des joues creuses, des yeux caves clos par la fatigue.

Dans un coin, un amas blanchâtre, moelleux, qui ondule parfois : les moutons !

Je rentre et je me couche, en haut, sous la galerie. Au bout d'un instant, deux serviteurs qui dormaient en bas s'éveillent. Ils parlent à mi-voix :

— Est-ce que les Beni-Guil s'en iront demain matin ?

— Sidi a dit qu'ils partiraient à l'aube. Puis ils continuent en idiome berbère et je ne comprends que vaguement. Ils parlent du pacha d'Oudarhir et de Sidi Bou-Amama.

Ceux que j'ai pris pour des bergers sont bien

réellement des Beni-Guil dissidents, débris d'un djich quelconque dissous par la mort et par la faim, et qui arrivent peut-être de très loin, avec ces moutons acquis Dieu sait comment.

Ils viennent apporter des nouvelles de l'Ouest, peut-être du Djebel-Teldj, et se ravitailler.

… Mais le sommeil finit par me gagner, très calme et très doux, à cette heure plus fraîche de la minuit.

À l'aube mauve, dans la joie du réveil, la cour de la zaouïa est vide : les Beni-Guil se sont dissipés avec les dernières ombres.

Une ruelle obscure aboutissant à un carrefour à ciel ouvert où coulent des reflets d'or, le long des murailles pâles : la djemââ d'Elmaïz.

Quelques boutiques, exiguës, où on pénètre par des portes étroites comme des gueules de silos. Et là des générations de ksouriens pâlissent sur des travaux menus, sur de petits trafics monotones. Enveloppés de laine blanche, quelques-uns penchent des fronts blancs et de grands yeux noirs sur des grimoires arabes : ce sont les scribes, hommes de loi ou écrivains publics.

D'autres promènent des doigts agiles sur le souple filali rouge. Ils tirent des soies aux couleurs vives, amortissant l'éclat saignant du cuir par des sertissures de bleu pâle, celui des jaunes d'or par des verts ardents ou des violets chauds.

Leur labeur ressemble à un jeu, tellement leurs mouvements sont rapides et aisés, limités aux seuls poignets dans l'immobilité du corps penché et des jambes croisées.

Quelquefois, suspendue à un clou, une djebira, (sacoche de selle des cavaliers) met une tache gaie sur le clair d'une muraille nue…

… Sous un portique très ancien, aux lourds piliers carrés, un vieillard est assis sur une natte. Il est calme et souriant, le vieux Berbère, et vêtu de voiles blancs. Tous les jours, dès l'aube, il vient s'asseoir là pour de longues heures. Devant lui, plusieurs jarres en terre pleines d'eau sont posées. Dans chacune nage un entonnoir en cuivre, percé par le bas, qui se remplit lentement.

Jadis les ksouriens ingénieux ont calculé le temps qu'il fallait pour irriguer chaque fraction de la palmeraie, et ils ont inventé ce curieux système d'entonnoirs dont chacun correspond à une fraction donnée : il faut autant de temps à l'entonnoir pour se remplir qu'à la fraction pour recevoir l'eau nécessaire à sa fécondité.

Pour éviter les incessantes querelles, souvent sanglantes, la djemââ a préposé à la direction des eaux un vieillard sage et calme, qui passe sa vie à surveiller ses engins archaïques sous le vieux portique caduc…

En face de lui, il y a un mur en toub, avec des arabesques faites à l'outremer, et au pied de ce mur, sur des bancs de terre, les membres de la djemââ viennent discuter les affaires du ksar.

Autrefois, ils y décidaient de la paix et de la guerre ; ils y jugeaient les fautes des hommes qu'ils condamnaient parfois à mort.

Depuis des années et des années le cheikh-el-ma[1] assiste, immobile, aux plus tumultueuses palabres. Il regarde en souriant vaguement ses jarres, et, sur le mur d'en face, par-dessus les têtes encore jeunes qui s'échauffent et s'agitent, le jeu du soleil et les reflets du ciel…

---

[1] *Cheikh-el-ma*, le vieillard des eaux. (note de l'auteure)

Un jour d'adieux sur le quai encombré de la gare. Avec un regard mélancolique sur les légionnaires affairés qui passaient et repassaient devant nous, un vieil officier de la légion me disait :

— Tas de repris de justice, d'évadés du bague, de sans-patrie... que sais-je, moi ! voilà comment on juge généralement la légion. Certes, nous avons là pas mal d'épaves, de naufragés de la vie, quoi ! et c'est vrai que les légionnaires boivent sec et que leur ivresse est souvent terrible. Mais, que diable ! il n'y a pas que cela, et les hommes n'ont pas que des défauts. Ah ! si à côté de tout ça on connaissait leur dure vie, toujours dans des bleds où on manque de tout et où on meurt, et où il n'y a surtout pas de galerie pour vous encourager et vous admirer ! Voilà, tenez, nous remontons de Ben-Zireg, où nous avons bâti et défendu le poste et où, pendant des mois, nous n'avons pas été tranquilles un seul jour, où nous avons laissé du monde... Eh bien, savez-vous bien que c'était pour nous reposer qu'on nous y avait envoyés. Et maintenant, à peine relevés, nous allons au Tonkin... Voilà !...

Et le vieil officier esquissa un geste vague, un geste arabe qui semblait dire : Mektoub !... Qu'il en soit ce qui est écrit...

… Quelques jours auparavant je les avais vus rentrer, ces légionnaires, du détachement de Ben-Zireg. C'était sur la dune basse, derrière Beni-Ounif, d'où on domine la route de l'Ouest, par une après-midi claire d'hiver saharien, dans une pâleur, une langueur attristée des choses.

D'abord, quelques chameaux disséminés, quelques bach-hammar, quelques spahis, surgirent de la vallée de pierre.

Puis les légionnaires vinrent, desséchés et tannés, l'œil cave, fiévreux, leurs capotes déteintes et usées, avec leurs vieux équipements fatigués, couverts de poussière.

Leurs officiers se penchaient sur les selles pour serrer la main aux camarades venus au-devant d'eux.

Et ils avaient, eux aussi, dans les yeux, la joie intense de revoir ce coin de Beni-Ounif, comme s'ils étaient rentrés dans une capitale de rêve, après des mois d'exil.

… Ils étaient beaux ainsi, avec leurs hardes de peine, dans la gloire du jour calme, les légionnaires devenus farouches au fond des hamada lugubres… Très peu semblables surtout aux soldats de parade caracolant ou évoluant inutilement sur le pavé des villes amies…

Dans la menace et la splendeur morne des horizons, sur cette terre berceuse et mortelle où leur vie est âpre et sans joie, les soldats prennent une autre allure.

La vallée de Figuig s'ouvrait sous le soleil comme un grand calice pâle.

J'étais assise sur le parapet en terre dorée d'une haute tour branlante, si vieille et si fragile qu'elle semblait prête à tomber en poussière. La tour se mirait dans l'eau sombre d'un étang, à l'orée des jardins d'Oudaghir. Elle était située très haut et dominait toute la vallée.

J'étais seule dans la splendeur du jour naissant, et je rêvais en regardant Figuig, l'oasis reine, qui ne m'était jamais apparue si belle, peut-être parce que j'allais partir le lendemain.

Au loin, vers le Sud, par-dessus les monts de Taghla et de Melias, le désert rouge remontait très haut dans le ciel, bordant l'horizon d'un trait net et obscur comme la haute mer. La déchirure puissante du col de Zenaga s'ouvrait comme le lit d'une rivière où roulait le flot noir des dattiers, entre le Djebel-Taarla d'une teinte d'indigo intense et le Djebel-Zenaga éclairé obliquement, tout rose.

À droite, le col de la Juive, aride et pierreux, entre des coteaux nus et le col des Moudjabedine, où se jouent les mirages aux midis accablants d'été.

L'entrée plate et stérile de la vallée scintillait au

soleil. Plus près, sous mes pieds, la palmeraie de Zenaga roulait sa houle immense, ondulait, venait battre le Djorf, la haute falaise grise qui sépare les deux terrasses de Figuig.

Les têtes compactes des dattiers prenaient des teintes de velours bleu pâle où glissaient des reflets argentés. Vers la droite, le vieux ksar de Zenaga faisait une tache d'or fauve plus ardente dans toutes ces pâleurs délicates. Sur la montagne et sur la vallée, le soleil du matin répandait des flots de clarté azurée, une clarté vivante, d'une limpidité infinie. Au pied de la tour, debout, le dos contre le mur fruste, un vieillard aveugle tendait en silence la main vers le chemin où passaient les croyants.

Il était très grand et très beau, le visage émacié aux yeux vides, d'une impassibilité de bronze obscur. Son corps osseux se drapait magnifiquement dans ses haillons couleur de terre.

Plus loin, sur la route ensoleillée, deux femmes berbères s'arrêtèrent, et la lumière se joua dans les plis lourds de leurs draperies de laine pourpre qui balayaient la poussière.

… Au-dessus d'un mur, la petite tête douce d'un jeune dromadaire se balança avec un rauquement plaintif et une grimace étrange à longues dents jaunes.

… Un fragment de toub desséchée se détacha du sommet de la tour et tomba dans l'eau morte de l'étang, où de grands cercles d'argent s'élargirent, venant mourir aux bords humides.

Je redescendis vers Zenaga par le sentier du Djorf où les chevaux glissent et frémissent de côtoyer l'abîme. À mesure que je m'abaissais, la muraille des dattiers murmurants montait, cachant peu à peu la clarté des lointains.

En bas, sous l'ombre bleue de la palmeraie, une séguia coulait sur de la mousse. Des jardins ksouriens étalaient le luxe de leurs verts glauques, de leurs verts mordorés. Le soleil, filtrant à travers les palmes aiguës que le vent agitait à peine, semait des paillettes d'or sur le sable rouge et sur les cailloux blancs. Tout près s'ouvraient des sentiers délicieux, pleins d'ombre et de fraîcheur, entre les murs en toub claire des jardins.

Sous les palmes recourbées en arceaux, des figuiers se penchaient vers la lumière, avec leurs feuilles dorées par l'automne où se mêlaient les feuilles roussies de la vigne, à côté de celles, rouges encore comme des fleurs épanouies, des grenadiers et des pêchers.

Une pénombre charmante atténuait les lignes et les couleurs dans ce dédale de ruelles sans habitations, si tranquilles qu'on entendait les tourterelles sauvages roucouler doucement dans les arbres tout près. Parfois, à un tournant brusque, c'était un grand étang bleuâtre, miroir immobile où se reflétaient les dattiers penchés aux troncs envahis d'herbes parasites.

Et partout le murmure continu, le chant profus des seguia d'eau courante, jaillissant d'un mur, disparaissant tout à coup sous terre avec un bruit frais de cascade, pour reparaître à deux pas plus loin, sous les dentelles légères des fougères vertes.

… Le soleil montait lentement, comme en triomphe, sur la paix et la joie de l'oasis délicieuse.

Au delà de la palmeraie, j'entrai dans l'ombre éternelle des rues couvertes de Zenaga, où des formes blanches passaient en silence et comme furtivement, rasant les murs.

Des portes farouches s'entrouvraient à peine, et les petites places irrégulières creusaient des regards de lumière bleue.

Dans toute cette méfiance, dans tout ce silence, on entendait seulement parfois, à travers l'épaisseur des murailles aveugles, le bourdonnement sourd du vieux moulin à bras africain, et la mélopée monotone, en idiome berbère, de quelque femme ksourienne invisible.

Je passai lente en songeant avec tristesse que, sans doute, dans quelques années, le lucre féroce, la bêtise et l'alcool qui ont pollué Biskra viendraient détruire le charme encore intact de ce vieux repaire saharien.

Telle qu'elle s'est conservée jalousement à travers les siècles, dans son lointain, l'oasis de Figuig me semblait une perle d'une beauté parfaite.

… Sur la piste poudreuse, dans la nudité brûlante de la vallée, des Figuiguiens à cheval s'en vinrent escortant des ânes chargés de sacs d'orge et de blé, que poussaient des esclaves kharatine noirs.

Les Berbères, très blancs et très calmes sous leurs voiles de laine, avançaient lentement, les rênes lâchées sur le cou de leurs montures tranquilles.

Le regard vague de leurs grands yeux noirs errait au loin, sur les montagnes de leur pays, où achevait de s'éteindre la féerie rose du matin.

Ils passèrent devant mon compagnon en burnous bleu et moi et nous jetèrent distraitement le salut de paix qui est comme le mot d'ordre de l'Islam, le signe de solidarité et de fraternité entre tous les musulmans, des confins de la Chine aux bords de l'Atlantique, des rivages du Bosphore aux barres du Sénégal.

En regardant ces hommes marcher dans la vallée, je compris plus intimement que jamais l'âme de l'Islam, et je la sentis vibrer en moi. Je goûtai dans l'âpreté splendide du décor, la résignation, le rêve très vague, l'insouciance profonde des choses de la vie et de la mort.

… Et je compris aussi pourquoi le mendiant aveugle était si noble et si calme, la main tendue vers les passants qu'il ne voyait pas dans la nuit éternelle de sa cécité, et pourquoi, au lieu de s'agiter et de peiner à la sueur de leur front, les Arabes sommeillent, au cours monotone des jours calmes, étendus dans l'ombre des vieux murs qui s'effritent et que personne ne relève, sur la terre nue qui leur est douce…

Tout à Figuig se tait et sommeille. Ni cris ni tapage dans ces allées d'une fraîcheur et d'une sonorité de cloître, où le pas des chevaux éveille des échos multiples et lointains.

… Des couloirs plafonnés de tiges de palmes, obscurs, coupés çà et là de carrefours à ciel ouvert où tombe un jour glauque, comme en des puits. Parfois, sur un mur ocreux, la note gaie d'un rayon de soleil oblique, dans l'inquiétude des ténèbres. De brusques tournants, des corridors plus bas et plus noirs, s'en fonçant vers l'inconnu, et où les chevaux ne passent pas. Il faut s'y glisser à tâtons.

Des fantômes blancs s'avancent, incertains, sans bruit. D'autres, accroupis sur des bancs en terre, dans l'épaisseur des murailles, gardent des attitudes immobiles de statues.

Dans ce labyrinthe des rues de Zenaga, il est un coin de nuit plus profonde, d'étouffement et de saleté contrastant avec les autres quartiers d'une si surprenante netteté où flottent seules des odeurs humides de terre très vieille, et quelquefois des relents de benjoin s'échappant des koubba et des mosquées. C'est le Mellah, le quartier où s'entassent les Beni-Israël besogneux, prolifiques, courbés sous le joug musulman, sans voix à la djemââ, tout comme les kharatine noirs, mais point persécutés cependant.

Quand, pour la première fois, je pénétrai dans une maison juive du Mellah de Zenaga, ce fut en compagnie d'un mokhazni et d'un juif de Kenadsa. Nous venions pour voir des bijoux.

… Au dehors, dans les palmeraies, les dattiers bleus baignaient dans la lumière blonde, et des rayons d'or, se jouaient sur l'eau tranquille, des grands bassins glauques.

Dans le sombre Mellah, dans l'obscurité lourde, une puanteur nous prit à la gorge.

Pour trouver la porte doublée en vieux fonds de bidons à pétrole, il nous fallut frotter une allumette.

Enfin, on nous ouvrit, lentement, avec méfiance, une cour irrégulière, étroite et profonde comme une pièce, avec, tout autour, aux deux étages, une large galerie couverte, précédant les chambres aux plafonds bas.

Un jour gris, un jour faux de cachot, tombait sur le sol jonché de détritus, trempé d'eaux grasses.

Là grouillait une nuée d'enfants roux en gandoura sales. Ils s'enfuirent à notre entrée, se tassant derrière les piliers noircis de graisse, tout luisants.

Une âcre fumée de palmes sèches montait, rampant le long des murs couleur de suie. Dans les coins c'étaient des tas d'ordures, de chiffons, de vieilleries informes, jamais remuées depuis des années.

Les femmes assises autour du foyer se retournèrent en nous voyant. Elles portaient la « melahfa » des Bédouines, mais en coton blanc sale, très ample, traînante, ceinturée très bas.

Sur leur front, couvrant à demi les bandeaux noirs, un foulard de soie sombre étroitement serré supportait des chaînettes d'argent qui allaient rejoindre les lourds anneaux d'or des oreilles. Encore plus que les ksouriennes musulmanes, celles-là étaient languissantes et étiolées, d'une pâleur de cire. Quelques-unes pourtant étaient belles, la figure ronde, l'œil très grand et très noir, aux paupières lourdes.

Seul, l'éclat mobile des bijoux donnait un peu de vie, de gaîté, à ces masques troublants de mortes.

La plus belle avec de magnifiques yeux rougis de larmes dans un visage de volupté et d'amertume, s'isolait dans un coin, farouche.

Elle nous jeta un regard noir.

Près d'elle, une vieille momifiée, aïeule aveugle, se lamentait à voix haute, tordant ses pauvres mains gourdes.

… Haïm, le bijoutier, quitta sa petite forge et ses menus outils, pour nous souhaiter la bienvenue. Il s'excusa de l'état où nous trouvions sa demeure qu'un malheur venait de frapper : la veille, Esthira, la femme de Haïm, se rendait avec sa mère chez des parentes, au ksar d'Oudarhir. Elles rencontrèrent des bergers nomades qui les abordèrent et poussèrent l'audace jusqu'à découvrir le visage d'Esthira. Ils allaient la violer, quand passèrent des cavaliers du maghzen du pacha d'Oudarhir. Les nomades s'enfuirent. Et maintenant la honte et la désolation assombrissaient encore la maison.

Esthira était la belle éplorée.

Comme Haïm s'éloignait pour nous faire préparer le café, mon compagnon, le mokhazni, se mit à rire :

— Chez nous, quand pareille chose arrive, l'homme

retrouve le coupable et le tue. Eux, ils se contentent de geindre comme des souris à qui on à marché sur la queue. D'ailleurs, la juive est belle, et les bergers avaient raison. Elle est bien bête, si elle a vraiment résisté : regarde son juif, comme il est laid !

Haïm, grand, avait les membres envahis de graisse jaune, sous une gandoura tachée d'huile et, usage sans doute imposé jadis aux juifs de Figuig par le dédain musulman, un grand mouchoir à pois bleus était passé par-dessus son petit turban noir et noué sous le menton, à la façon des vieilles femmes.

Haïm étala devant nous ses œuvres. Des « bzaïm », agrafes d'argent en forme de feuilles ou d'étoiles, de lourdes bagues ciselées, des broches à clochettes d'argent, des anneaux d'or pour les oreilles, ornés du sang terne des grenats et du lait irisé des opales. Le tout entassé pêle-mêle sur le fond moiré d'un lambeau de soierie verte.

À notre entrée, les bruits s'étaient tus. Les enfants eux-mêmes chuchotaient timidement. On entendait seule, comme tombant de très haut, parce qu'elle venait d'une cour voisine, la voix nasillarde et monotone d'un rabbin qui récitait des prières dans la vieille langue sacrée d'Israël. Et cette maison juive, cette voix surannée, tout cela produisit en moi une impression de monde fermé particulièrement vieux et immuable au milieu de toutes les immobilités séculaires de Figuig.

... Le siroco s'était levé, chargé de sable et de poussière, sous le ciel incandescent et terni.

Les membres de la djemââ de Zenaga siégeaient sur

les bancs d'un carrefour avec, à leur droite, une coulée de lumière trouble entre deux murs.

Ils s'alanguissaient dans l'étouffement du siroco et subissaient la torpeur somnolente des choses.

Haïm s'arrêta à l'entrée du carrefour, retirant ses savates. Puis, courbé jusqu'à terre, il alla baiser successivement le pan du burnous de tous les ksouriens impassibles.

Haïm venait là pour demander justice contre les bergers qui avaient outragé sa femme… Mais il n'avait, guère d'espoir. Pourtant, accroupi à terre, il raconta son affaire.

Quand il eut fini, un grand vieillard tout voûté, le regard encore ardent sous d'épais sourcils blancs, esquissa un geste vague.

– Que pouvons-nous y faire ? Si celui qui a outragé la femme était un des nôtres, nous le punirions, car ce sont des actes indignes d'un musulman. Quant à des nomades… tu es coupable toi-même de laisser une femme circuler seule dans les ksour… non, juif, nous n'y pouvons rien !

Haïm, timidement, essaya d'insister. Alors le vieillard fronça les sourcils et dit durement :

– Nous avons dit, juif ! va-t'en !

Haïm se leva et partit à reculons, saluant très bas. Il fallait se résigner, car celui dont le bras n'est pas fort et qui ne sait pas tenir le fusil n'a qu'à s'humilier et se taire au pays de la poudre.

... Dès l'aube, les gamins d'Israël, roux et demi-nus, s'en vont vers les jardins où s'ouvre l'ombre des feggaguir humides, tapissées de fougères et de mousses légères.

Ils descendent avec des précautions infinies, sans bruit, vers les seguia souterraines, et s'agenouillent dans la boue noirâtre pour guetter des heures durant les poissons incolores, les poissons aveugles à peine argentés sous la lumière diffuse, dans l'eau verte.

Avec leurs mains, les gamins attrapent les bêtes rapides qui, au moindre clapotement de l'eau, s'enfuient vers les dessous de ténèbres des galeries impraticables.

Vers midi, quand la pêche a été fructueuse, ce sont des cris de joie qui fusent des souterrains, vers la gaité des jardins pâmés sous la caresse du soleil.

Agitant leurs grappes de poissons visqueux, attachés par les ouïes, les petits juifs courent joyeusement vers les sombres ruelles du Mellah, où les attendent les mères au pâle visage.

C'est le premier jour du long et dur carême musulman.

Il semble interminable, ce jour, dans l'abstinence absolue, sans même la consolation d'une cigarette. Depuis le matin, les gens errent, roulés frileusement dans leurs burnous, au milieu du désarroi de leurs habitudes. D'autres s'affalent au pied des murs, en des poses farouches ou maussades. Des querelles éclatent, dans l'énervement des heures pesantes… Enfin le jour baisse.

Alors des groupes se forment, dans les rues du village, pour l'attente tout à coup gaie et impatiente des derniers instants. Tous les regards se tournent vers l'Ouest, vers les vallées de pierre noire et les montagnes dentelées du Maroc, où le soleil descend, se plongeant peu à peu dans un monde de vapeurs cuivrées.

Ils sont beaux, les gens du Sud au costume sévère, debout dans la buée de sang qui semble monter de la terre rouge, et leurs ombres s'étendent, démesurées, sur la poussière qu'ils foulent lentement.

Au dehors, c'est l'attente aussi, autour des feux, parmi les chameaux couchés, au camp des nomades. Douï-Menia et Ouled-Djerir de l'Oued-Guir, hier encore dissidents et pillards, prennent aujourd'hui des airs de chameliers paisibles, pour venir se ravitailler sur les marchés, après la terrible famine des derniers mois.

Autour d'eux, les autres Bédouins racontent en riant des histoires très vieilles sur leur impiété.

Jadis, les Douï-Menia revenaient de la guerre. C'était pendant le carême, et ils souffraient de la faim, car les journées de marche étaient longues dans le désert. Leurs cœurs se serraient, car il leur restait encore cinq jours de marche dans le bled. Ils rencontrèrent un Arabe qui s'en allait tout seul, son bâton sur l'épaule. Ils l'apostrophèrent, par ennui, et lui demandèrent son nom. Je m'appelle Ramadhane, répondit le malheureux. Alors les Douï-Menia s'emparèrent de lui et lui tinrent le discours suivant : C'est donc toi qui es Ramadhane, celui qui, tous les ans, nous fait souffrir de la faim et de la soif ! »

Puis ils tuèrent le malheureux, ils rompirent le jeûne et rentrèrent dans leur tribu. Là, ils se moquèrent de ceux qui jeûnaient encore : « Il n'y a plus besoin de jeûner. Nous avons rencontré Ramadhane en route et nous l'avons tué. »

— Oui, dit un autre, les Douï-Menia ont tué Ramadhane… mais il en est encore qui jeûnent… seulement ils s'arrangent bien mieux que nous ; ils se mettent à trente pour jeûner chacun un jour. Après, ils croient que le carême a reçu son compte, puisqu'il faut jeûner trente jours…

Malgré toutes ces moqueries, les anciens détrousseurs demeurent indifférents en apparence et se drapent en silence dans leurs haillons superbes.

… Dans les cafés maures, les garçons, une fouta bariolée autour des reins, en guise de tablier, posent les tasses pleines devant les musulmans qui roulent des cigarettes.

Ce sont les derniers instants d'attente, les plus fébriles. Sur les visages pâlis et tirés, l'ombre de l'ennui s'efface. Des rires s'élèvent, des plaisanteries. Moi, on me traite narquoisement de « Meniaï », parce que j'ai eu la naïveté de proposer de rompre le jeûne, ayant vu les Douï-Menia commencer à manger.

… Maintenant le soir s'éteint dans la nuit violette et les choses prennent des teintes bleues, des teintes profondes et froides. Alors, de très loin, des ruines du ksar, du fond de la vallée, une voix monte, lente, mélancolique ; c'est le mouedhen qui annonce la prière du magh'reb et la rupture du jeûne.

Un immense soupir de soulagement s'échappe des poitrines. Tous à haute voix louent Dieu. Et les hommes pieux, aux gestes lents, au lieu de se jeter comme les jeunes gens sur le tabac et le café, sortent sur le chemin pour prier sans hâte, gravement, comme toujours. Ces premières heures du soir, en Ramadhane, ont leur charme. Une atmosphère d'intimité fraternelle, inusitée, règne dans les cafés maures.

… Et moi, dans mon coin, je me mets à évoquer en silence les visions d'autres Ramadhane passés, vieux déjà de plusieurs années, en différents coins de la terre élue… Ce sont les décors discrètement sensuels de Tunis, la fièvre d'Alger troublée, puis le pays splendide et fanatique de l'Oued-Souf, les petites cités à coupoles disséminées dans l'Erg ardent.

La nuit est froide et claire. C'est la pleine lune de Ramadhane. Des torrents de lumière glauque coulent sur le village où brûlent les flammes brutales et rouges des lanternes, devant les cantines.

Ici, dans la cour du bureau arabe, entre les masures croulantes, les chevaux entravés sommeillent.

Parfois, un étalon s'éveille et hennit, les naseaux dilatés, tendus vers le coin où les juments mâchent, tranquilles, leur paille sèche.

Il y a grande fête, ce soir, chez les mokhazni.

Ils sont une cinquantaine qui viennent s'asseoir en cercle sur le sable. Au milieu, collée sur la semelle d'un soulier renversé, une bougie vacillante éclaire l'énergie mâle et la gaieté enfantine des visages.

… Il fait bon s'étendre à terre dans la nuit limpide, sous la caresse d'un gros « kheïdous », le burnous en poil de chameau noir des gens de l'Ouest. Il fait bon, silencieux et immobile, écouter pendant des heures les chants des nomades, leurs grands cris désolés d'amour et de mort avec le son argentin, le son aquatique du djouak en roseau.

Deux mokhazni du cercle de Géryville, enfants des steppes d'alfa, s'assoient en face l'un de l'autre pour chanter une cantilène plaintive, dont le refrain est un long cri triste, sur une note mineure.

D'abord ils semblent sommeiller, les yeux mi-clos, et leur voix est comme le murmure du vent.

Petite colombe, ô petite colombe !
Tu m'as brûlé, tu m'as tué,
Tu as rendu mon cœur malade,
Et je ne guérirai pas...
Petite colombe, ô petite colombe !

Mon cœur est mort, et je l'ai enterré dans le désert ;
Le jour où je l'ai enterré, nul n'était présent ;
Personne n'a ri de moi.
J'étais seul, mon burnous couvrait ma tête, et je pleurais.
Ô mon Dieu, mon Dieu, combien j'ai pleuré !

Petite colombe, ô petite colombe !
Tu as rendu mon cœur malade, tu m'as tué...
J'ai mal, et il n'est pas de remède
Pour celui dont le cœur est blessé,
Sauf la résignation et le repos du tombeau.

Petite colombe, ô petite colombe !
En une nuit tu m'as tué.
Vers l'aurore, je me suis trouvé blessé
Et je ne guérirai pas...

Alors du cercle des mokhazni, une autre voix s'élève, une voix plus fruste, et plus rauque, celle de mon ami Abdelkader ben Chohra[1] :

---

[1] Abdelkader ben Chohra a été tué par une balle dans l'oued Zousfana, quelques jours plus tard. (note de l'auteure)

Ami, pleure sur moi, pleure sur l'exilé !
Quand j'ai quitté mon douar, Embarka est sortie...
Elle a couvert sa tête de poussière en signe de deuil.
Pourtant chacun suit sa destinée, et je suis parti,
Et j'ai pris la route du Sud...

Quarante jours, quarante nuits, j'ai pleuré.
Jusqu'à ce que se fût desséché mon cœur,
Et il est devenu plus dur que les pierres.
Devant la plus belle des belles de la terre
Mon cœur ne parlerait pas.

Ah ! lorsque le cœur est mort.
Rien ne saurait le faire renaître,
Sinon le regard de la gazelle,
Car il est comme la pluie du désert...
Je reverrai Embarka ou je mourrai.

Les voix, plus nombreuses, montent dans la nuit tranquille, et les chalumeaux enchantés distillent d'indicibles tristesses...

Les nomades illettrés, les frustes soldats du pays de la poudre, improvisent des chansons et des chansons, longtemps, longtemps.

Je ferme les yeux, dans le froid du vent qui se lève, vers la minuit. Il fait bon s'endormir ainsi, n'importe où, à la belle étoile, en sachant qu'on s'en ira le lendemain et qu'on ne reviendra sans doute jamais, que tout ce qui est ne durera pas... tandis que chantent les Bédouins, tandis que pleurent les djouak, tandis que s'évapore et s'éteint, comme une flamme inutile, la pensée...

DÉPART

C'était l'hiver. De grands vents glapissants soulevaient des tourbillons de poussière rousse. De lourds nuages noirs traînaient à la face des montagnes et habitaient les défilés escarpés. Le désert avait pris un aspect hostile et menaçant.

Bien à contrecœur, il fallait partir, retourner vers l'écœurante banalité et le morne ennui de la vie captive à Alger. Finies les chevauchées tranquilles, dans le soleil, au milieu des paysages apaisés et lumineux de l'automne, vers Djenan-ed-Dar et vers Figuig…

Finis les rêves lents, au cours des heures d'assoupissement voluptueux et mélancolique, couchée sur le sable roux, à suivre d'un regard vague les palmes bleuâtres agitées par la brise, passant et repassant, comme des agrès de navires, sur l'azur attirant de ciels sans nuages !

… Les choses prenaient des aspects familiers dans l'accoutumance de mes yeux. La vallée de pierre, le village fébrile, la petite chambre nue où je campais et où il y avait toujours des bagages, burnous, fusils, loques vagues, entreposés là par mes amis de hasard, les spahis et les mokhazni, – toutes ces choses, qui étaient le cadre de mon existence depuis trois mois, commençaient à me devenir chères.

… Dans l'attente quotidienne, en Ramadhane, du

soir libérateur, j'étais accoudée au petit mur d'enceinte du vieux bureau arabe. Je regardais le disque rouge du soleil s'enfoncer, terne et sans rayons, dans un océan de vapeurs violacées, au-dessus de la terre déjà assombrie.

Et, pour la première fois peut-être, je sentis que ce coin de pays si déshérité avait pris à la longue un peu de mon cœur, et que plus tard je le regretterais, celui-là après tant d'autres où je ne retournerai jamais.

… Aujourd'hui, tout sombre dans la pluie noire, dans l'épouvantement d'un pays connu et brutalement changé, tout à coup plongé dans les ténèbres. Sous les violentes rafales du vent, le train part.

Et moi, subitement, je sens toute l'amertume des brusques départs, la destruction des petites choses éphémères. Après le charme et la griserie de la vie errante, les regrets, les déchirements. Là encore, comme en tant d'autres coins de la terre musulmane africaine, je laisse un peu de moi-même… j'emporte des regrets vivaces et une longue nostalgie.

… Lentement, comme à regret, le train remonte vers le Nord ; sous le ciel gris le pays m'apparaît, menaçant, transformé, comme dans un cauchemar. Les horizons de sable embrumés remontent très haut dans le ciel trouble, et la lumière terne du jour finissant fausse les lointains.

Hadjerath-M'guil, Mograr, tout le superbe chaos de pierre noire et luisante est aujourd'hui d'une teinte indéfinissable de cendre. Les gorges, sauvages, les défilés encombrés de roches foudroyées, tout est envahi par une brume couleur de suie. Par les portières disjointes du vieux wagon, un froid glacial souffle en tempête, agitant les rideaux poussiéreux. Une tristesse d'abîme, presque de la désolation, descend dans mon âme. Je m'enroule dans mon burnous ; j'essaye de m'endormir, pour ne rien voir, pour ne plus penser.

… Réveil lugubre, sur le quai de la gare, à Ain-Sefra que des souffles de glace balayent, venus du Mektar couvert de neige jusqu'aux dunes, en un étrange contraste. Des lanternes maussades se balancent dans la nuit, des voix enrouées jurent, des silhouettes fuient, hâtives, courbées.

C'était une étrange vision, ces dunes désertiques que j'avais vues, au commencement de l'automne, flamboyantes sous le soleil, et qui, maintenant, se profilaient sur les montagnes toutes blanches, très septentrionales…

(note de V. B.)

Là encore, comme en tant d'autres coins de la terre musulmane africaine, j'allais laisser un peu de moi-même ; j'allais emporter des regrets vivaces et une longue nostalgie.

Je me mettais presque à accuser la vie nomade, en songeant à la tristesse des brusques départs, des destructions des petites choses éphémères, des petits décors de vie auxquels on commence à s'habituer, qu'on aime déjà sans s'en apercevoir jusqu'à l'inévitable fin.

Âpre et splendide terre du Sud-Oranais, terre farouche, sans douceur et presque sans sourire, vieille terre de rapine et de poudre, où les hommes sont aussi frustes et aussi durs que le sol aride !

Ce dernier soir, au fond de mon âme s'agitait l'éternelle question : Reverrai-je jamais tout cela ?

… Lentement, les spahis et les mokhazni rentraient, par petits groupes, pour le premier repas de la journée de jeûne. Moi, je me contentai d'allumer une cigarette, et je restai là, à regarder passer les braves camarades simples des jours écoulés, les compagnons de mes promenades et de mes veillées.

Tout à coup, ma vague tristesse devint plus sombre, et plus poignante : lesquels d'entre ceux qui défilaient ainsi devant moi étaient destinés à tomber bientôt sous les balles marocaines, et à dormir leur dernier sommeil dans cette terre brûlée, loin de leurs steppes natales ? La plupart étaient jeunes et rieurs, plein de vie, d'insouciance simple et superbe. Ils passaient en chantant, et quelques-uns s'approchaient :

– Si Mahmoud, disaient-ils, reste parmi nous. Nous nous sommes habitués à toi ; nous sommes tes frères à présent, et nous te regretterons si tu pars, parce que tu es un brave garçon, parce que tu as mangé le pain et le sel et que tu es monté à cheval avec nous.

« Ils savaient bien, par tant d'indiscrétions européennes, que Si Mahmoud était une femme. Mais, avec la belle discrétion arabe, ils se disaient que cela ne les regardait pas, qu'il eût été malséant d'y faire allusion, et ils continuaient à me traiter comme aux premiers jours, en camarade lettré et un peu supérieur.

Les spahis et les mokhazni passèrent.

Je partis.

Eux aussi, comme le beau ksar en toub dorée, comme le triste village gris, comme la vallée aride, comme Figuig et comme Djenan, je sentais que je les aimais maintenant, et je les regrettais.

La nuit tomba, noire, profonde et sonore comme un abîme.

Un grand silence pesa sur le village où les lanternes des cantines, luisaient seules, toutes rouges, comme des yeux ternes de fauves tapis dans l'ombre.

Parfois une rafale de vent passait dans les ténèbres, avec un hurlement long, une plainte infiniment triste.

J'étais couchée dans un réduit près duquel, dans une grande salle vaguement éclairée par une seule chandelle, cinq ou six « assas » marocains étaient assis en rond sur une natte, leurs fusils sur leurs genoux. Ils fumaient le kif et chantaient, la tête renversée en arrière, les yeux clos, comme en extase. Dans la cour, des chevaux inquiets s'ébrouaient et s'agitaient. Je ne pouvais dormir. Des visions troubles me hantaient…

Vers le matin, la chandelle s'éteignit dans la salle de garde. Les Marocains las se turent. Les chevaux s'assoupirent. Une pluie fine et régulière tomba avec un murmure immense sur le sommeil triste des choses.

Le jour se leva, gris, terne, noyé de buées opaques et de lourds nuages verdâtres semblables à des lambeaux de chairs en putréfaction.

Le ksar semblait en boue sale et délavée, et la palmeraie houlait comme une mer démontée, sous les secousses furieuses du vent.

Dans cet assombrissement des choses, le village sans un arbre, sans une tache de verdure, était d'une laideur sinistre de lieu de détention. Je quittai Beni Ounif noyé d'eau noire, changé, presque effrayant.

Lentement, comme à regret, le train remonta les plaines embrumées et le chaos de roches noires de Hadjerath-M'guil et de Mograr.

Et moi, triste à pleurer, je me roulai dans mon burnous marocain et je me couchai, fermant les yeux, pour ne rien voir, pour essayer de n'emporter de là-bas qu'une vision ensoleillée.

Ain-Sefra, par un grand clair de lune glacial. Les hautes montagnes se dressaient, couvertes de neige jusqu'en bas. Elles prenaient des mollesses, des rondeurs de lignes laineuses, dans la lueur glauque de la nuit.

Et comme des vagues monstrueuses, les grandes dunes fauves montaient à l'assaut de la montagne, figées dans leur colère éternelle.

C'était une étrange vision, ces dunes désertiques que j'avais vues au commencement de l'automne, flamboyantes sous le soleil, et qui, maintenant, se profilaient sur les montagnes toutes blanches, très septentrionales…

Ain-Sefra, avec ses jardins aux arbres dénudés et les grêles squelettes de ses jeunes peupliers, sommeillait frileusement dans la nuit calme.

Sous le soleil d'hiver, Ain-Sefra ferait penser à un triste village du Nord, avec ses maisons pâles et ses arbres sans feuilles… Mais il y a la note africaine des dunes rougeâtres, et les bâtiments militaires avec leurs arcades en briques sanguines, et le grand vide du désert de sable.

L'air est limpide et frais et, dans le ciel clair, des caravanes légères de nuages laineux passent, promenant leurs ombres bleuâtres sur la plaine dorée.

Je vais regagner la province d'Alger par la route des Hauts-Plateaux. La morne tristesse du départ, à Beni-Ounif, s'est dissipée. Mes sensations d'aujourd'hui sont lentes et apaisées. Sans hâte, je m'en vais vers le ksar, au pied des dunes. Là, il y a encore quelques aspects sahariens : les grands dattiers qui ne changent pas à travers les saisons, les koubba blanches, immuables à travers les siècles, dans la poussière et la nudité du décor.

Elles entourent le ksar, les koubba saintes, et le veillent comme des sentinelles de rêve et de silence : Sidi Bou-Thil, patron d'Ain-Sefra ; Sidi Abdelkader-Djilani, émir des saints de l'Islam ; Sidi Sahali, protecteur des chameliers et des nomades…

C'est aujourd'hui la Fadhila du mois de Ramadhane, la mi-carême arabe qui ne suspend pas le jeûne et qu'on fête seulement par des chants et des visites aux lieux maraboutiques.

Dans l'ombre des koubba, des voix pures de jeunes filles invisibles psalmodient des litanies surannées, avec l'accompagnement sourd des tambourins. Ces voix claires s'envolent et semblent se dissiper dans le silence infini qu'elles ne troublent pas.

Au loin, sur la route de Mékalis, des chameaux roux s'en viennent lentement, broutant le « btom » amer qui pousse au long des pistes pierreuses. Ils descendent par Ain-Sefra vers Beni-Ounif, pour l'un des grands convois de l'extrême Sud. Je les regarde passer et, une fois de plus, la tentation me vient, au lieu de retourner vers l'ennui de la captivité à la ville, de redescendre avec les chameliers insouciants vers les horizons aimés et de ne jamais revenir.

… Tiout, un petit ksar souriant dans la châsse verte d'une oasis, au bout de la vallée de sable et d'alfa.

Des sentiers étroits, bordés de murs en terre sous l'ombre éternelle des dattiers, traversent le désordre charmant des jardins qui reverdissent. Puis, dans l'obscurité d'une ruelle ksourienne, l'entrée d'une demeure blanche et silencieuse, avec de grandes cours ensoleillées ; la maison de l'agha des Amour, Sidi Mouley, descendant du grand saint Sidi Ahmed ben Youssef de Miliana.

L'agha est absent, et c'est Si Mohammed, son fils, qui me reçoit. Il ressemble à une grande fleur étiolée, ce jeune homme, avec son visage très beau d'une pâleur de cire, et ses grands yeux très noirs et très lourds qui s'ouvrent à demi, comme fatigués.

Il est gracieux et timide, avec pourtant déjà toute la

gravité de son rang et une réserve un peu hautaine qu'il quitte très vite, pour devenir souriant et presque gai.

… Quand la nuit est tombée, je vais au dar-diaf[1] voir les mokhazni et les spahis avec lesquels je suis venue et qui s'en vont en patrouille dans la montagne.

Pour arriver au dar-diaf, c'est un dédale de rues noires et enchevêtrées. Çà et là, brusquement, une faible coulée de lumière filtre par une fente de mur ou de porte close, et ensanglante la toub terne de la rue. Alors ces voies sans passants prennent des profondeurs et des reculs de souterrains où vacillent des ombres vagues.

Au dar-diaf, dans la cour, une scène de la vie nomade, la scène que pendant des jours et des jours je verrai maintenant tous les soirs, en différents décors.

Les soldats de l'Ouest sont à demi couchés sur des nattes ; autour d'un medjmar, brasero arabe en terre cuite, et d'un plateau à thé.

Derrière eux, dans la pénombre bleue, les chevaux mâchent paresseusement le drinn et s'ébrouent.

Les mokhazni chantent, comme toujours le soir. Ils doivent penser aux belles Amouriat bronzées, essaimées au loin sous les tentes, car ils modulent de langoureuses, chansons d'amour, tristes pourtant, d'une tristesse d'abîme :

> *Étourneau bleu qui t'envoles vers mon pays,*
> *Dis à ma gazelle, dis à mon amie*
> *Qu'elle envoie acheter neuf coudées d'étoffe blanche...*
> *Dis-lui qu'elle couse le vêtement de son amant,*

---

[1] Dar-diaf, maison des hôtes.

Ah ! qu'elle le couse en chantant,
Le vêtement blanc de son ami...
Il ne le mettra qu'après que son corps aura été lavé
À grande eau pure,
Quand ses yeux seront fermés...
Dis-lui que son ami la salue et lui dit adieu.
Un jour, la folie et la colère l'ont pris,
Et il a quitté sa tente ;
Il a acheté un cheval gris et il est parti.
Il a revêtu le burnous bleu,
Il a sanglé sa gandoura d'une cartouchière en filali
rouge,
Il a jeté un fusil sur son épaule...
Et il est parti sur la frontière, au pays de la poudre...
Étourneau bleu, dis à mon amie
Que son amant lui dit adieu,
Et la prie de coudre son linceul,
Car il mourra seul au loin...
Les chacals mangeront sa chair et lécheront ses os...

Et les mokhazni chantent leur complainte désolée, sans tristesse et sans appréhension... Pourtant l'improvisateur naïf dit peut-être vrai, et parmi eux il y en aura qui dormiront, leur dernier sommeil dans le bled désert... Mais n'y a-t-il pas le « mektoub ? » et à quoi bon s'inquiéter de ce qui est écrit ?...

Je rentre chez l'agha. Dans la grande salle blanche, des hommes bronzés, en burnous noirs, devisent gaiement. Dans le coin, près de la cheminée où brûlent les bûches tordues et dures du désert, des fusils sont appuyés contre le mur, des cartouchières sont pendues.

À terre, des sacs en laine noire et grise et de lourds tapis du Djebel-Amour s'entassent. Ce sont les chefs du goum des Trafi de Géryville qui remontent du Sud, après quatre mois de fatigues et de dangers. Ce sont aussi mes futurs compagnons de route jusqu'à Géryville. Ils racontent leurs peines, là-bas, dans les hamada désolées ; ils parlent aussi du retour dans leurs tribus, et la joie adoucit leurs rudes visages encore noircis par le soleil ardent du Sud...

La soirée finit en de longs silences las, et je vais me coucher, rêvant au lendemain, à ce long voyage à cheval qui me console un peu de devoir quitter le Sud.

Un grand silence lourd pèse sur le ksar. Quelque part, très loin, au camp des goumiers, un chalumeau bédouin pleure, tout doucement. Je l'écoute comme en rêve, longtemps, longtemps.

Le chalumeau se tait, et tout tombe au sommeil. Je m'endors en songeant vaguement à la joie d'être au moins libre et tranquille dans les grandes steppes vides, pour ce retour à Alger que j'aurais tant voulu retarder encore indéfiniment.

Autre note sur Tiout :

(note de V. B.)

– Tiout, avec son ksar coquet et paisible, et ses immenses jardins, est belle, de cette beauté des oasis inattendues dans la stérilité.

Jadis, les descendants du saint Sidi Ahmed ben Youssef de Miliana, vinrent s'installer dans ce coin de pays isolé à l'entrée du désert.

Ils devinrent les maîtres tout-puissants de la région. Lors de l'occupation, ils se dévouèrent à la cause française avec une franchise et une ardeur dont ils ne se sont jamais plus départis.

On a eu le bon esprit de laisser aux marabouts de Tiout toute leur autorité et toute leur influence qui ont été bien souvent précieuses.

Et aujourd'hui, c'est l'agha des Amour, Sidi Mouley Ould-Mohammed, qui sert d'intermédiaire énergique et intelligent entre l'autorité militaire et les populations indigènes. Tout passe par ses mains : il dirige ses tribus avec une fermeté et une adresse rares chez les chefs indigènes, la plupart du temps plongés dans les intrigues de « çofs ».

« Sidi Mouley a su garder une dignité d'allures aussi bien vis-à-vis des officiers français qu'envers ses nomades et ses ksouriens qui, en fait, sont ses sujets.

C'est une des grandes figures de l'Algérie du Sud, et il sait se faire aimer par la simplicité affable de ses manières.

… À Tiout, nous vîmes encore un autre type de grand seigneur arabe : Mouley Ahmed ben Youssef, frère de l'agha et caïd des Souala.

Sidi Ahmed s'est départi de la gravité un peu mystérieuse des marabouts, que garde son frère.

C'est le caïd de Souala qui a conduit les Amour au feu toutes les fois qu'il a fallu se battre. À côté de l'homme de prières, c'est l'homme de poudre.

HAUTS-PLATEAUX

C'est le matin, un matin d'hiver pâle et lumineux avec un soleil doux qui caresse les figuiers et les grenadiers dénudés de la cour, et qui allume des flammes blanches dans les palmes aiguës que la brise froide agite à peine.

Le caïd des Akkerma et son goum sont déjà partis, avant l'aube. Je les rejoindrai le soir seulement, à l'étape.

Enveloppés de grands burnous en poils de chameaux noirs, nous montons à cheval, le vieux goumier Mohammed Naïmi et moi. Nous cheminons en silence, d'abord à travers les jardins, puis dans la vallée tout de suite inculte et déserte où l'alfa roule ses flots grisâtres.

Ce n'est pas gai, ce départ de bon matin, en carême, et l'esprit se replie sur lui-même pour de vagues songeries ternes. Les chevaux, au contraire, s'excitent à l'air frais et s'ébrouent joyeusement. La journée va être longue, sans manger et surtout sans fumer, dans la monotonie de l'interminable vallée.

Des deux côtés, des montagnes stratifiées, d'un bleu pâle et brumeux, ferment l'horizon. Au Nord-Est, très loin, une autre montagne s'élève peu à peu, rectiligne et puissante. Et je songe avec une nostalgie plus amère à la silhouette toute semblable du Djebel-Moumène, là-bas, à l'horizon rouge de Djenan-ed-Dar.

Dans la brume blanchâtre du matin, le soleil monte et la vallée d'alfa devient plus souriante. Le malaise des premières heures de jeûne se dissipe peu à peu. Je me console en me disant qu'il me reste encore au moins une vingtaine de jours de vie nomade.

Sur cette route de Géryville, nous ne rencontrons que quelques petits bergers accroupis près de touffes d'alfa qu'ils font flamber pour se chauffer. Alors nous mettons pied à terre, car nos pieds s'engourdissent dans les minces bottes en filali rouge, et nos mains se raidissent à ne plus pouvoir tenir les rênes.

Mohammed Naïmi voit que je semble triste et, avec la grande bonhomie des nomades, il commence à me raconter des histoires pour m'égayer.

Bien simples et souvent bien poignantes, les histoires du bon goumier : le départ du pays natal avec les cavaliers Trafi, les regrets et les adieux, les femmes et les gosses qui pleurent, puis des jours et des jours de route dans la monotonie des hamada, tantôt à la poursuite d'insaisissables djiouch, tantôt simplement pour éclairer et escorter les lents convois de chameaux. Mais Naïmi s'étire voluptueusement sous son lourd burnous, et dit avec un sourire à dents très blanches :

— Louange à Dieu ! tout cela est passé, et demain ou après-demain, chacun sera dans sa tente.

Ce qu'il sous-entend bien clairement, c'est le dur célibat, des mois durant, la solitude loin des belles Bédouines au front tatoué. Pourtant Naïmi approche de la cinquantaine et sa barbe grisonne.

Je l'encourage un peu, et il se met à me conter les prouesses amoureuses de sa jeunesse, en termes corrects et voilés, mais avec une flamme rallumée dans ses longs yeux fauves d'oiseau de proie. Pas banales, ces amours nomades, et vraiment faites pour mettre dans ces frustes existences de bergers quelques notes romanesques qui, plus tard, laissent leur empreinte sur toute la physionomie morale des Bédouins, sur leur caractère et leurs attitudes.

Qu'importe qu'elle soit inconsciente, la grande poésie sauvage de leur vie !

… Le soleil décline à l'horizon, et nous arrivons dans un défilé étroit, entre deux hautes montagnes où l'alfa est plus touffue ; dans la brousse épineuse s'espacent de grands oliviers sauvages. On redescend. C'est le Djebel-Breïsath, à droite de la route de Géryville.

Au milieu d'une clairière, sur un petit plateau incliné vers l'oued, une dizaine de belles tentes à rayures rouges et noires, surmontées de boules de laine rouge : le campement de la fraction maraboutique des Ouled-Sidi-Mohammed-el-Medj-doub.

Les chevaux de notre goum sont attachés autour des tentes, et les gens du douar allument de grands feux pour préparer la diffa du caïd des Akkerma, Si Larbi ould hadj Ali.

Loupiot, mon chien, qui a suivi mes bagages portés par une mule, s'élance à ma rencontre avec des gémissements joyeux.

C'est un bon moment, cette arrivée, au campement, en temps de Ramadhane, une sensation de « home » retrouvé sous une tente étrangère, que je quitterai demain pour toujours, mais où je suis si bien ce soir étendue sur d'épais haraïr.

Le brave caïd trône au milieu de ses hommes bronzés et passablement déguenillés, après quatre mois de Sud. Assis en demi-cercle, le menton aux genoux, les marabouts écoutent attentivement les histoires que leur conte le caïd et les nouvelles de l'Ouest.

Tous les Arabes de l'Oranie du Sud s'intéressent passionnément aux affaires de la frontière et du Maroc.

Chez ces Trafi et ces Amour, dont Bou-Amama était, il y a vingt ans, le chef plus aucune envie de suivre la fortune du vieux détrousseur. Aujourd'hui ils sont les plus vaillants parmi les soldats musulmans qui combattent là-bas pour la France[1].

On veille tard, pour attendre l'heure du deuxième repas, et un grand murmure de voix monte du campement dans la nuit noire.

On parle bestiaux, moutons, chameaux, alfa et marchés à présent. Et ce sont ces conversations de pasteurs que j'entendrai répéter à toutes les étapes jusqu'à Géryville, jusqu'à Aflou et jusqu'à Boghari…

Enfin, longtemps après minuit, tout se tait, et je m'endors, malgré le froid qui transperce burnous et couvertures, et malgré les étirements félins de Loupiot, pelotonné contre ma poitrine.

Nous entrons dans la plaine au lever du jour.

D'abord, nous suivons une piste pierreuse, dans un terrain dénaturé qui s'irise de teintes violacées. En face de nous, une muraille se dresse, haute, impénétrable, grise : zone de brouillard épais où le soleil, se levant à l'opposé, dessine de pâles arcs-en-ciel et de grands demi-cercles blancs qui semblent des voûtes sous lesquelles

---

[1] Les Trafi et les Amour composaient le goum de Casablanca qui, sous les ordres du capitaine Berriau et du frère de l'agha de Tiout, se signala en 1907 contre les Chaouïa marocains. (note de V. B.)

nous devons passer.

Il fait un froid glacial dans cette brume, et une buée argentée couvre bientôt nos burnous, le poil des chevaux et la barbe des goumiers.

Nous trottons pendant près d'une demi-heure, pour essayer de nous réchauffer, mais le froid augmente toujours, et nous descendons dans un petit cirque de monticules noirs où l'alfa est très épais. Bientôt de hautes fumées grises montent dans la brume, et des flammes claires coulent au ras du sable mouillé[1]. La bonne chaleur nous rend courage, apporte un peu de gaité dans notre petite troupe dont le réveil fut maussade.

Un mokhazni et quelques goumiers nous rejoignent. Le mokhazni Ahmed s'en vient de Taghit, tout seul sur sa jument gris souris, pour revoir ses parents qui campent quelque part près de Brézizina, vers le Sud.

Une heure plus tard, quand la brume s'est dissipée, nous rattrapons les lents chameaux des sokhar Trafi, qui portent les bagages et une dizaine de caisses de cartouches que le goum doit convoyer au bureau arabe de Géryville.

Il est midi, et maintenant le soleil luit, chaud et ardent comme au printemps.

À mesure que nous remontons vers le Nord, le terrain devient plus rouge et plus pierreux, et de longues ondulations traversent la plaine, creusant de larges oueds

---

[1] Dans la région des Hauts-Plateaux oranais, très froide l'hiver, les cavaliers indigènes n'hésitent pas à mettre parfois le feu à la plaine d'alfa pour se réchauffer.

encore à sec. À droite, tout en bas, apparaît un petit ksar très blanc, avec des jardins aux arbres dénudés. Pas un dattier. C'est Chellala Guéblia.

À gauche, sur la colline, au bord de la route, une grande koubba de Sidi Abdelkader Djilani de Bagdad. Un carré de maçonnerie entre de hautes murailles nues et une coupole ovoïde très allongée, le tout d'une blancheur ancienne, vaguement dorée par le soleil.

Nous arrivons au pied de cette montagne aux contours géométriques qu'on apercevait depuis Tiout et qui ressemble au Djebel-Sidi-Moumène.

Dans une petite dépression du sol très rouge, un ksar joli, en toub fauve d'une teinte foncée, et de beaux jardins de palmiers : Chellala Dah-raouïa, où nous allons passer la nuit.

Le ksar est bâti sur un terrain très accidenté, coupé de fondrières profondes. Nous traversons les rues en partie couvertes, les étranges rues ksouriennes pleines d'ombre et de mystère. Nous longeons, sur un étroit sentier, une brèche large comme un précipice, au fond de laquelle il y a des jardins et une vieille koubba dont le revêtement de chaux s'est effrité et dont la coupole fruste rejoint la hauteur du chemin. Des tombes l'entourent, petites pierres grises dressées.

… Nous arrivons chez le caïd Hadj Ahmed, un vieillard accueillant et jovial qui nous reçoit dans la salle des hôtes, une longue pièce blanchie, avec un lit européen dans un coin et des tapis du Djebel-Amour entassés à terre. Pour attendre le magh'reb, nous sortons sur un coteau nu, au-dessus du ksar, et là, nous lézardons longuement au soleil, sur la terre tiède, en compagnie du cadi, du caïd et de quelques lettrés dont un beau jeune homme brun qui chante d'une voix douce, le fils du caïd de Bou-Semghoun, ksar du sud-ouest de la région.

À Chellala, les ksouriens parlent encore « chelh'a » et c'est ici pour la dernière fois que j'entends le vieil idiome berbère, étrange et incompréhensible, qui assombrit encore tout le mystère voulu de la vie indigène à Figuig : plus loin nous rentrerons en pays purement arabe.

Au coucher du soleil, encore une impression du Sud retrouvée.

Tandis que nous regagnons le ksar, nous rencontrons, sur la route des puits, une théorie de femmes en longs voiles rouges ou blancs qui s'en viennent dans le soir doré, avec des amphores et des peaux de boucs ruisselantes sur leurs épaules.

De longues ombres violettes cheminent à leurs pieds sur la terre rose…

… Toute la vie nomade se résume bien dans cette question que le caïd Larbi pose à son collègue de Chellala, au départ :

— Ne pourrais-tu me dire où est campée ma famille, actuellement ?

— Le caïd Hadj Ahmed fait un geste qui, à moi, me semble bien vague : il étend sa main droite vers le Nord-Est. Cela suffit, le caïd des Akkerma a compris, et il trouvera son foyer errant à plus de cent kilomètres de l'endroit où il l'avait laissé au commencement de l'automne…

Douéïs, une vallée entre des collines pierreuses et nues et des montagnes que le caïd me nomme : Djebel-Bessebaa, Ousseïra, Mezrou, Tazina, où coulent d'abondantes fontaines.

Au fond de la vallée, un oued raviné, rouge comme une longue plaie saignante et des « redir » (sortes de mares) qui commencent à s'emplir.

Il est trois heures quand nous approchons du campement du caïd. Deux ou trois coups de fusil partent en l'air, et le you-you argentin des femmes se prolonge aux échos de la montagne. Toute la tribu accourt au-devant du chef, homme simple et rude, sans malice, et des frères revenant du Bled-el-Baroud (pays de la poudre).

Je dois passer ici la journée de demain, puis je quitterai les braves Trafi pour gagner Géryville.

Après le repas du magh'reb, je m'en vais errer seule avec Loupiot dans l'alfa.

Je veux que la griserie de ma tristesse se dissipe, puisque je comprends que, si même je devais retourner un jour là-bas, je n'y retrouverais rien de ce que j'y ai laissé...

La soirée et la nuit se passent sous la tente des hôtes où nous sommes bien une trentaine entassés, ce qui fait que nous ne sentons pas trop le terrible froid d'avant l'aube.

Le matin, vers dix heures, j'ai dit adieu au caïd Larbi et à tous les gens des Akkerma, un adieu fraternel et presque ému. Puis j'ai repris la route de Géryville, seule avec un grand gars nommé Abdesselam, gauche et sauvage, qui commence par garder un silence obstiné pendant plusieurs heures.

Il fait tiède sous un ciel clair.

Après des ravins et des fondrières, nous traversons une grande plaine de sable d'aspect tout à fait saharien.

Le soleil devient presque chaud et la journée s'écoule vite.

Nous avons à franchir quatre-vingt-quinze kilomètres pour arriver à Géryville, et sur cette route il n'y a rien, pas un douar, sauf un « dar-diaf » misérable et à moitié ruiné, qui est gardé par quelques Bédouins de lignée maraboutique, mais qui ressemblent plutôt à des rôdeurs, les Ouled-El-Hadj-ben-Amar.

Le « dar-diaf » est très loin, à soixante kilomètres au moins du campement de Si Larbi, et nous trottons presque toute la journée pour y arriver avant la nuit.

Abdesselam consent peu à peu à causer, mais je constate son incurable bêtise, et je préfère écouter une mélopée monotone et plaintive que mon guide lance à pleine voix aux échos du bled.

Il me confie qu'il n'a jamais été à Géryville ; que, d'ailleurs, il n'a jamais mis les pieds dans un village français, et il me pose les questions les plus saugrenues auxquelles je réponds vaguement, l'esprit ailleurs.

Je regrette mon compagnon du premier jour, Mohammed Naïmi, intelligent et intéressant.

Le soleil se couche. C'est le magh'reb, et j'ai la consolation de pouvoir enfin allumer une cigarette.

Mais du « dar-diaf » et des Ouled-El-Hadj-ben-Amar, toujours pas de trace.

La route file, toute droite, dans la plaine déserte, aboutissant à l'horizon à une chaîne de longues collines basses où quelques oliviers sauvages ont poussé.

– Peut-être est-ce là-bas, au pied de la colline, ce « dar-diaf » ?

– Dieu le sait…

Rien d'autre à tirer de la brute, et je me contente de partir au grand trot.

La nuit va tomber, et nous nous engageons dans un défilé où la route descend et où les ombres violettes du soir embrument déjà les choses.

Enfin voilà le « dar-diaf » déjeté et croulant, dans un terrain marécageux coupé de séguia fraîches. Nous faisons boire les deux vaillantes juments, puis nous cherchons les gardiens.

Ils sont campés dans une sorte de fissure de la montagne sous des tentes déclives et pouilleuses, et ils ont eux-mêmes bien mauvaise mine, avec des figures faméliques et rapaces.

Longs pourparlers pour le prix de la diffa et l'orge. Enfin nous déjeunons d'un peu de mauvais café et de couscous noir sans viande, et nous nous reposons sous l'une des tentes. Par une déchirure du rideau intérieur des yeux curieux de femmes nous guettent.

Abdesselam a envie de coucher là et les « marabouts » voudraient nous retenir.

Mais moi, ce lieu et ces gens me pèsent. Je préfère le silence de la nuit glacée et sans lune et je ne me laisse pas fléchir. Nous remontons à cheval et nous filons, très vite, pour rejoindre la route.

L'obscurité est opaque et un vent froid se lève. Abdesselam maugrée un peu et finit par se taire, voyant que je ne l'écoute pas. Enfin nous trouvons une fontaine et un abreuvoir, au pied d'une haute colline envahie par l'alfa. Nous montons, et nous allumons du feu pour nous chauffer et nous éclairer pendant que nous mangeons un peu de galette bise, le deuxième repas de la nuit de Ramadhane…

… Nous arrivâmes à Géryville. D'autres étapes suivirent…

En passant par Aflou, dans le Djebel-Amour, je recueillis quelques sujets de contes, et je fus vivement frappée par le caractère de la belle population industrieuse et forte de cette région où s'est conservé l'art du tapis. On parlait beaucoup du Sud et de la guerre à Aflou. Les échos des fusillades désertiques s'amplifiaient dans ces montagnes, rapportés et commentés par les goumiers qui rentraient d'une dure campagne dont on n'a jamais écrit les marches pénibles et les journées dangereuses.

Le siège de Taghit, raconté par un rhapsode arabe, passionnait l'auditoire d'un café maure. On eût cru entendre un chant des croisades, quand il était expliqué en vers scandés comment les cavaliers de la harka du Tafilalet étaient venus se faire tuer en cavalcadant sous les meurtrières de la redoute et en provoquant le capitaine de Susbielle en combat singulier…

Un long voile de gaze mauve, transparente, pailletée, d'argent, jeté sur un foulard de soie vert tendre, encadrant un visage pâle, ovale, ombrant la peau veloutée et l'éclat des longs yeux sombres ; dans le lobe délicat des oreilles, deux grands cercles d'or ornés d'une perle tremblante, d'un brillant humide de goutte de rosée ; sur la sveltesse juvénile du corps souple, une lourde robe de velours violet, aux chauds reflets pourpres et, pour en tamiser et en adoucir le luxe pompeux, une mince tunique de mousseline blanche brochée. Finesse des poignets, chargée de bracelets d'or et d'argent ciselé, où saignent des incrustations de corail ; attitudes graves, sourires discrets, beaucoup de tristesse inconsciente souvent, gestes lents et rythmés, balancement voluptueux des hanches, voix de gorge pure et modulée : Fathima-Zohra, danseuse du Djebel-Amour.

Dans une ruelle européenne d'Aflou, près du grand minaret fuselé de la nouvelle mosquée, Fathima-Zohra habitait une boutique étroite châsse hétéroclite et délabrée de sa beauté : lit de France à boules polies, réhabilité par l'écroulement soyeux d'un lourd ferach de haute laine aux couleurs ardentes, laide armoire à glace voilée d'étoffes chatoyantes, coffres du Maroc peints en vert et ornés de ciselures en cuivre massif, petite table basse, historiée de fleurs naïves, superbe aiguière au col élancé, fine, gracile, allumant des feux fauves dans la pénombre violette… Le rideau blanc de la fenêtre brodait de ramages légers le fond bleu du ciel entrevu.

Touhami ould Mohammed, fils du caïd des Ouled-Smaïl, avait transplanté là Fathima-Zohra, fruit savoureux des collines de pierre rose du Djebel-Amour.

Dans la brousse aux thuyas sombres et aux genévriers argentés, dans le parfum pénétrant et frais des thyms et des lavandes, sous une tente noire et rouge, Fathima-Zohra était née, avait grandi, bergère insouciante, fleur hâtive, vite épanouie au soleil dévorateur.

Un jour d'été, près du r'dir[1] rougeâtre où elle emplissait sa peau de bouc, le fils des « djouad » l'avait vue et aimée. Il chassait dans la région, avec les khammès de son père et les minces sloughis fauves. Touhami revint. Il posséda Fathima-Zohra, parce qu'il était parfaitement beau, très jeune, malgré la fine barbe noire qui virilisait sa face régulière aux lignes sobres, parce qu'aussi il était très généreux, très désireux de parer la beauté de la vierge primitive… D'ailleurs c'était écrit.

Elle l'avait suivi dans la corruption de la petite citée prostituée. Elle était partie sans regret, ne laissant sous la tente paternelle qu'une marâtre hostile et l'éternelle misère bédouine.

Passive d'abord, héréditairement Fathima-Zohra était devenue une amoureuse ardente. Pour elle Touhami laissa sa femme, jeune et belle, languir seule dans la

---

[1] *R'dir* : réserve naturelle d'eau de pluie. (note de l'auteure)

smala du caïd Mohammed. Il brava la colère de son père, de ses oncles, la réprobation de tous les musulmans pieux. Il passait des jours et des semaine d'assoupissement voluptueux dans le refuge de Fathima-Zohra, indifférent à tout, tout entier à l'emprise d'une sensualité inassouvie, exaspérée dans l'inaction et la solitude à deux. Il vécut ainsi, avec la grande insouciance de sa race prodigue, s'endettant chez les juifs, comptant sur son père, malgré tout.

Puis, un jour, tout fut anéanti, brisé, balayé : on se battait dans le Sud-Ouest, le beylik[1] avait besoin des goums de toutes les tribus nomades de la région. Le caïd Mohammed saisit celle occasion : il prétexta sa vieillesse et fit désigner son fils aîné pour commander les goums des Ouled-Smaïl.

Fathima-Zohra se lamenta. Touhami devint sombre, partagé entre le regret des griseries perdues et la joie orgueilleuse de partir pour la guerre.

La guerre ! Dans l'esprit de Touhami, ce devait être quelque chose comme une grande fantasia très dangereuse, où on pouvait mourir, mais d'où on revenait aussi couvert de gloire et de décorations. Lui comptait sur la chance.

Il fallait partir tout de suite, et les amants se résignèrent à l'inévitable. Leur dernière nuit fut longue d'extases douloureuses finissant dans les larmes, avec des serments très jeunes, très naïfs, très irréalisables…

---

[1] Beylik, gouvernement.

… Le large disque carminé du soleil nageait, sans rayons, dans l'océan pourpre de l'aube. De petits nuages légers fuyaient, tout frangés d'or, sous le vent frais des premiers matins d'automne, et de grandes ondes de lumière opaline roulaient dans la plaine sur l'alfa houleux.

Les goumiers en burnous blancs ou noirs, encapuchonnés, silhouettes archaïques, traversèrent le village, sur leurs petits chevaux maigres, nerveux, que les longs éperons de fer excitaient à plaisir. En tête, Touhami faisait cabrer son étalon noir.

Il avait grand air, avec ses burnous et son haïk de soie blanche, sa veste bleue toute chamarrée d'or et sa selle en peau de panthère brodée d'argent. Il était heureux maintenant, et son visage rayonnait : il commandait des hommes, il les menait au combat.

Les belles filles ouvraient leurs portes pour dire adieu aux cavaliers qui passaient, amants anciens, amants de la veille, qui leur souriaient, très fiers eux aussi.

Parée et immobile comme une idole, les joues pâles et les paupières gonflées de larmes, Fathima-Zohra attendait sur son seuil depuis une heure, depuis que la destinée de Dieu avait arraché Touhami à sa dernière étreinte.

Ils échangèrent un adieu discret, rapide, poignant… Les yeux de Touhami se voilèrent. Il enleva furieusement son cheval. Tout le goum le suivit, galopade échevelée, animée de grands cris joyeux, accompagnés des you-you déjà lointains des femmes.

… Les mois s'écoulèrent, monotones, mornes pour Fathima-Zohra esseulée, pleins de désillusion pour Touhami.

Au lieu de la guerre telle qu'il l'avait rêvée, telle que la comprennent tous ceux de sa race, au lieu des mêlées audacieuses, des grandes batailles, au lieu des escarmouches hardies, de longues marches à travers les hamada désolées, sur les pistes de pierre du Sud-Oranais.

Tantôt les goums escortaient les lents convois de chameaux, ravitaillant les postes du Sud, tantôt ils se lançaient à la poursuite de djiouch insaisissables, de harka qu'on ne joignait jamais… Quelques rares fusillades avec les bandits faméliques qui se cachaient, quelques captures faciles de tentes en loques, pouilleuses, hantées de vieillards impotents, d'enfants affamés, de femmes qui hurlaient, qui embrassaient les genoux des goumiers et de leurs officiers français, demandant du pain. Pas une bataille, pas même une rencontre un peu sérieuse. Une fatigue écrasante et pas de gloire.

Touhami s'ennuyait ; il s'impatientait, souhaitant le retour aux étreintes de Fathima-Zohra…

… Un défilé aride sous un ciel gris, entre des montagnes aux entablements rectilignes de roches noirâtres, luisantes. Quelques rares buissons, de thuyas, des chevelures grises d'alfa. Un grand vent lugubre glapissant, dans le silence et la solitude. La nuit était prochaine, et le goum se hâtait, maussade, sous la pluie fine : c'était la dure abstinence du Ramadhane, en route et par un froid glacial.

Tout à coup une détonation retentit, sèche, nette, toute proche. Une balle siffla ; l'officier cria ; « Au trot ! » Le goum fila, pour occuper une colline et se défendre. Une autre détonation, puis un crépitement continu, derrière les dentelures d'une petite arête commandant le défilé. Un cheval tomba. L'homme galopa à pied. Un autre roula à terre. Un cri rauque, et un bras brisé lâcha les rênes d'un cheval qui s'emballa.

L'œuvre de mort était rapide, sans entrain encore, puisque sans action de la part des goumiers. Quand ils eurent abrité leurs chevaux derrière les rochers, les Ouled-Smaïl vinrent se coucher dans l'alfa : enfin ils ripostaient. Et ils tirèrent avec rage, cherchant à deviner la portée des coups, criant des injures au djich invisible. Une joie enfantine et sauvage animait leurs yeux fauves ; ils étaient en fête.

Touhami avait voulu rester à cheval, à côté de l'officier, calme, soucieux, qui allait et venait, songeant aux hommes qu'il perdait, à la situation peut-être désespérée du goum isolé. Il n'avait pas peur, et les goumiers l'admiraient, parce qu'il était très crâne et très simple, et parce qu'ils l'aimaient bien.

Touhami, au contraire, riait et plaisantait, tirant à cheval, maîtrisant sa bête qui, à chaque coup, se cabrait, les yeux exorbités, la bouche écumante. Il ne pensait à rien qu'à la joie de pouvoir dire aux siens, plus tard, qu'il s'était battu.

– Mon lieutenant, tu entends les mouches à miel, qu'elles sifflent autour de nous !

Touhami plaisantait les balles, faisant sourire le chef. Il arma son fusil, tira, visant dans un buisson qui semblait remuer… Puis, tout à coup, il lâcha son arme et porta ses deux mains à sa poitrine, se penchant étrangement sur sa selle. Il vacilla un instant, puis tomba lentement, s'étendant sur le dos, de tout son long, pour une dernière convulsion. Ses yeux restèrent grands ouverts, comme étonnés, dans son visage très calme.

– Pauvre bougre !

Et le lieutenant regretta l'enfant nomade qui désirait tant se battre et à qui cela avait si mal réussi.

L'étalon noir s'était enfui vers la vallée où il sentait les autres chevaux…

… Sous les voûtes basses, blanchies à la chaux, des lampes fumeuses répandent une faible clarté, laissant dans l'ombre les angles de la salle.

Des nomades vêtus de laines blanches, des spahis superbement drapés de rouge, des mokhazni en burnous noir, s'alignent le long des murs, accroupis sur des bancs. Silencieux, attentifs, ils écoutent, ils regardent. Parfois un œil s'allume, une paupière bat, le désir pâlit un visage.

La « rhaïta » bédouine pleure et gémit, tour à tour désolée, déchirante, haletante, râlant… Comme un cœur oppressé, le tambourin accélère son battement, devient frénétique et sourd… Des fumées de tabac, des relents de benjoin, alourdissent l'air tiède.

Parée comme une épousée, toute en velours rouge et en brocart d'or, sous son long voile neigeux, Fathima-Zohra danse, lente, onduleuse, toute en volupté. Ses pieds glissent sur les dalles, avec le cliquetis clair des lourds « khalkhal » d'argent, et ses bras grêles agitent, comme des ailes, deux foulards de soie rouge. La lueur douteuse des lampes jette des traînées de sang, des coulées de rubis, dans les plis de la tunique de la danseuse.

Mais Fathima-Zohra ne sourit pas. Elle reste pâle, muette, avec un regard sombre. Et cependant elle danse, allumant les désirs de tous ces mâles dont l'un sera son amant pour cette nuit. Mais en elle rien ne vibre, rien ne s'émeut…

Un matin trouble de fin d'automne, sous la pluie, une troupe d'hommes en loques, montés sur des chevaux fourbus, à traversé, maussade et silencieuse, le village… Et l'un d'eux a conté comment Touhami ould Mohammed mourut par une soirée néfaste de Ramadhane, dans un défilé désert du Mogh'reb lointain.

Aflou, décembre 1003.

NOTES SUR OUDJDA

Éléments biographiques :

En début de l'année 1904, avant d'entamer en mai son deuxième périple dans le sud oranais qu'elle n'achèvera jamais, Isabelle Eberhardt fait un voyage au Maroc, à Oudjda.

Oudjda

À travers les années errantes, l'œil blasé s'habitue aux plus éclatantes couleurs, aux plus étranges décors. Il finit par découvrir la décevante monotonie de la terre et la similitude des êtres – et c'est un des plus profonds désenchantements de la vie.

Pourtant il est des coins de pays qui semblent échapper à la tyrannie du temps, et qui se conservent presque intacts : ceux-là seuls peuvent rendre aux âmes les plus lasses le frisson et l'ivresse qu'elles croyaient perdus à jamais.

En plein torrent du siècle nivelateur, Oudjda est parmi ces cités oubliées.

L'impression en est d'autant plus intense qu'elle est inattendue, venant après une succession de décors d'une beauté connue, accoutumée, sans rien d'excessif et d'imprévu.

C'est d'abord, en ce terne printemps, une brève vision de Tlemcen embrumée, noyée de pluie, enfouie dans ses jardins très verts et très riants, avec ses hautes murailles grises, ses ruelles et ses boutiques, ses aspects saures et surannés, avec le minaret de Sidi-Bou-Médine se dessinant en noir sur l'horizon éploré...

Puis, au départ, sous un rayon de soleil faible, furtif comme un sourire au milieu des larmes, la grande silhouette de Mansourah ruinée, foudroyée, s'obstinant pourtant à durer, fière toujours sur le seuil de l'anéantissement, dans l'ardente poussée de vie végétale du sol africain.

Au delà de la brousse et des collines paisibles, au delà de la Tafna boueuse et insurgée, Lella Marhnia, petite bourgade militaire, aux rues larges, droites, bordées de fondouks vastes où la vague agitée du Maroc en fermentation vient battre et écumer en d'âpres trafics.

Derrière Marhnia, la plaine immense d'Angad en son large cirque de montagnes.

Là, plus rien que tristesse et monotonie, avec les squelettes gris des jujubiers effeuillés et les longues plaies rouges des oueds ravinés sillonnant l'herbe humide.

Sur la piste capricieuse, des charognes béantes étalent l'effroi de leurs entrailles arrachées, sous la caresse du soleil pâle, voilé de légères vapeurs blanches.

Une ceinture d'oliveraies profondes, des jardins fertiles et le velours vert des petits champs d'orge avec, parfois, au coin d'une muraille de terre, la floraison carminée d'un pêcher : un paysage tranquille qui rappelle le Sahel tunisien.

Mais, tout à coup, les oliviers s'écartent. Un haut rempart d'un blanc terne se dresse, inaccessible, farouche, troué d'une porte voûtée, puissante. C'est Oudjda.

Assis ou à demi couchés à terre, des « asker », soldats du Makhzen, en veste et chéchia écarlates, gardent la porte. Indifférents, l'œil vague, ces hommes nous regardent passer et répondent distraitement à notre salam. Quand le soleil sera couché, au moment où les mouedhen lanceront les notes traînantes de leur appel, les portes d'Oudjda se fermeront, grinçant sur leurs vieux gonds de fer. On portera les clefs dans la kasbah, chez l'amel, où elles resteront jusqu'à l'aube. Du coucher au lever du soleil, Oudjda sera ainsi isolée du restant de la terre, et aucun être humain ne pourra plus y entrer ni en sortir.

Dès que nous avons passé la voûte, une odeur nous prend à la gorge, une odeur violente et composite, faite de relents de pourriture, de musc, de charognes et d'olives macérées.

Et c'est dans la boue et la putréfaction que nous entrons, parmi les mares stagnantes parées d'efflorescences verdâtres, où croupissent des déjections, des bêtes mortes, des débris immondes et des loques.

Au lieu du silence et du recueillement des autres villes de l'Islam, ici, c'est un grouillement compact et bruyant, une tourbe qui se démène et roule dans la vase des rues. On dirait qu'un vent de fièvre a passé sur Oudjda. Les gens semblent se hâter, eux qu'on s'attendait à voir marcher lentement, gravement.

Ils se pressent, se bousculent. Pour quelles affaires urgentes, pour aller où, puisque c'est le soir et que les portes vont être inexorablement closes ?

D'abord quelques ruelles misérables, puis une première place bordée de maisons jadis blanches et qui s'écroulent, étalant de larges lèpres noires, montrant des lézardes profondes comme des blessures. S'ouvrant sur la fange noire du sol, des boutiques, alvéoles étroits où s'entassent des marchandises et des victuailles : olives noires, luisantes, dattes brunes pressées en des peaux tannées, jarres d'huile verdâtre, pains de sucre enveloppés de papiers bleus.

Sur les sentiers un peu secs, la foule se tasse le long

des murs que le continuel frottement des mains polit et souille.

Quel mélange de races, de types, de costumes ! Citadins de Fez ou d'Oudjda, en djellaba de drap fin, le visage blanc et impassible, au regard de ruse et d'orgueil... Nomades en haillons terreux, enturbannés et encapuchonnés, le chapelet au cou, profils réguliers et durs, plus connus pourtant et plus sympathiques... Femmes loqueteuses, minables, roulées dans de vieux haïks de laine sale, traînant leurs savates dans la boue...

Courant entre les piétons, fuyant comme des bandes de souris sous les pieds des chevaux, des nuées d'enfants quémandeurs, effrontés, polis pourtant, avec de doux minois, avec de longs yeux de caresse... Enfin ce sont les soldats et les rôdeurs, à peine distincts les uns des autres, visages de famine et de pillage, les Guéballa du centre surtout, robustes encore après de longs mois d'atroce misère, avec des faces osseuses, des dents aiguës et des yeux luisants. Quelques-uns portent la veste rouge du Makhzen, par-dessus d'indicibles loques.

Tout cela parle à la fois, se dispute, chante, rit, plaisante... Car, dans cette ville de pourriture et de misère, à cette heure dernière du jour, une gaieté règne, une gaieté insolite et sinistre qui achève d'assombrir le spectacle, de le rendre effrayant.

Elle tient de la folie et du désespoir, cette gaieté factice, et les plaisanteries qui sonnent très haut sont atroces ou obscènes. À tous les coins de rues, des colloques brutaux entre les soldats, les gamins et les prostituées, femelles épuisées, décharnées, de ces mâles que tenaillent la faim et la luxure, qu'on a amenés ici de très loin, pour les vouer à une effroyable agonie, dans l'inconscience et le désordre du Mogh'reb en convulsions.

En entrant dans Oudjda, on a la sensation d'un recul subit dans les siècles, d'un brusque retour à la sombre vie du moyen âge.

Les deux cavaliers Beni-Ouassine, de la frontière, et moi, nous traversons toute la ville pour aller en un refuge sûr et calme : la zaouïa de Sidi Abdelkader de Bagdad.

Et tout à coup, comme le soleil se couche, pourpre dans un océan d'or verdâtre, Oudjda, en ces quartiers éloignés où ne grouille plus la plèbe famélique, Oudjda relève ses voiles de deuil et d'épouvante, Oudjda sourit, blanche et rose, enserrée de murailles sarrasines aux créneaux élégants et d'oliveraies murmurantes. Tout se tait : un seul bruit humain, vieux comme l'Islam, l'appel lent des mouedhen tombant de très haut sur le recueillement des êtres.

Sur des arceaux qui s'effritent, où l'herbe a poussé, des ramiers lissent leurs plumes qui s'irisent avec des roucoulements doux.

La grande paix, l'immobilité et la sérénité grave des vieilles cités d'Islam, tout ce qui les fait ensorcelantes et délicieuses, je le retrouve enfin ici, bien inattendu, bien saisissant, après le cauchemar et l'épouvante de l'arrivée.

… Une vision de nuit, plus sombre, sous le ciel qui, de nouveau, se charge de nuages.

Avec un esclave noir de la zaouïa, je retraverse Oudjda, à cheval, pour aller visiter la petite mission française chargée d'instruire les canonniers marocains.

Maintenant, dans l'ombre opaque, elle est plus

hallucinante et plus lugubre, l'étrange ville.

Le va-et-vient continue, plus fiévreux, course fantastique de spectres, avec des vacillements de falots aux vitres colorées, jetant de longues traînées de lumière rouge, verte, bleue, sur la surface unie des mares, d'où montent des bulles qui éclatent, comme si la boue entrait en ébullition.

Au bout de bâtons, les passants agitent leurs lanternes pour ne pas s'enliser. Ils rasent les murs, se courbent, se glissent les uns entre les autres.

Une place, l'un des marchés, irrégulière, coupée de fossés puants, d'amas d'immondices. Dans un coin, en tas, deux ou trois cadavres de chiens que les vivants viennent flairer, pour s'enfuir ensuite, épouvantés, la queue entre les pattes, avec un long hurlement de mort...

Là, dans la boue, des étalages en plein air, sacs, caisses, couffins, et encore des fanaux à la flamme vacillante, faisant danser des ombres démesurées, difformes sur les murs voisins... oh ! le tumulte est assourdissant !

Sous le regard louche des lanternes, on vend des légumes, des oranges, des olives, des citrons, des dattes, même des sucreries ; seul, le pain est introuvable à cette heure tardive, ce pain après quoi soupirent tant de misérables exaspérés, d'êtres usés, enlaidis par la souffrance, et qui se multiplient menaçants, émergeant des coins d'obscurité pour y rentrer aussitôt, laissant l'inquiétude d'un profil sinistre entrevu, puis perdu, et qu'on croit sentir quelque part, tout près, derrière soi.

Mon cheval glisse, frémit. Il a peur de ces fantômes et de ces lumières ; il renifle et se cabre au milieu d'un concert d'imprécations.

Et c'est là, dans la nuit inclémente qu'on sent la

faim, l'affreuse faim qui tenaille, à côté des citadins rassasiés, les lamentables « berrania », soldats, rôdeurs et gens des alentours, fuyant la guerre et réfugiés en ville.

Une clameur monte, gémissante, monotone, de toutes les places, de toutes les ruelles : « Dans le sentier de Dieu, du pain ! » « Pour Sidi Abdelkader Djilani, du pain ! » Et, au delà du marché, dans les ténèbres, une voix qui domine les autres, une voix blanche d'aveugle, martèle à l'infini les mêmes syllabes sur un air monotone et saccadé : « Qui me fera l'aumône d'un pain pour Sidi Yahia ! »

Et ce nom de Sidi Yahia, patron d'Oudjda, revient en refrain, sonne avec une dureté d'expression qui finit par rendre farouche et menaçante cette supplication de mendiant.

Enfin, non sans peine, nous trouvons la kasbah : le nègre connaît à peine les rues, et les passants interrogés se détournent et ne répondent pas. Au delà d'une nouvelle muraille, en pleine ville, dans un quartier plus désert, une haute maison blanche, fermée, barricadée comme tout ici.

Là, abandonnés de leurs élèves depuis que le pain manque, deux officiers et un sergent français, avec deux sous-officiers de tirailleurs indigènes algériens, demeurent seuls, exilés, réduits à l'inaction, dans la morne tristesse de ce coin d'Oudjda. Ils restent à leur poste de soldats et se résignent, dans l'incertitude et l'inutilité de leur présence, pauvres braves gens qui demain peut-être seront les victimes des querelles et des pillages marocains.

Il est trop tard pour retournera la zaouïa, et c'est trop loin, à travers la boue et la foule. Dans une chambre antique, je m'étends sur un tapis.

Comme en rêve, dans mon demi-sommeil, j'entends tout à coup une voix nombreuse et indistincte d'abord, puis qui monte jusqu'à des sonorités limpides de hautbois, pour finir très lentement, très doucement, en un soupir : ce sont des Aïssaouah qui prient et qui psalmodient leur dikr[1] dans la sérénité pudique de la nuit, voilant la pourriture des choses, la souffrance et l'abjection des êtres.

Et là encore, c'est, comme au coucher du soleil, une impression de paix immense, d'immobilité, une impression intense de vieil Islam indifférent devant la mort, insoucieux devant les ruines, poursuivant à travers le tumulte des siècles de guerre et de sang son grand rêve serein d'éternité.

... Le jour s'est levé, clair, radieux, sur le petit jardin de rosiers caché dans la cour de la mission, à l'ombre d'un tremble géant, tout argenté, et des vieux remparts de la kasbah, rongés de mousse.

Retour au marché, toujours à cheval, de peur de marcher sur cette terre empestée.

... Oudjda respire : à l'aube sont sortis les quatre mille hommes affamés et menaçants de l'armée de Taza, recrutés presque tous parmi les terribles Guéballa. La mahalla est partie, droit devant elle, à la recherche du pain promis, et ne revient pas... Malheur à ceux qui rencontreront cette horde famélique sur les routes désertes !

Pourtant, aujourd'hui encore, des hommes courent, vendant à la criée les inutiles fusils et leurs vestes couleur

---

[1] *Dikr*, formule d'invocation spéciale à chaque confrérie.

de sang. Ils vendent ces choses avec une sorte d'acharnement, pour n'importe quel prix, avec des insultes, des moqueries pour le Makhzen impuissant et menteur. Leur haine éclate au grand jour.

Plus on avance, plus les rues deviennent étroites, plus la foule se fait compacte. Çà et là, dans la boue surchauffée, une charogne s'enfle. Une ferrure de cheval, une griffe avide de chien en arrache des lambeaux de chair morte, laissant des coulées de sang noirâtre et de sanie.

Et les gens de la ville, les « khador » propres et distingués, débordés depuis des mois par la horde des « berrania » n'essayent même plus de nettoyer leur ville : ils passent ; devant les immondices et se détournent avec dégoût.

On voit aussi, dans ces rues, coupées à chaque pas de voûtes, d'enceintes successives, une extraordinaire truanderie, des aveugles, des lépreux, des estropiés et des idiots…

Sensations de coupe-gorge, de bouge et de cour des miracles, mélange de dégoût, d'effroi, de pitié, tout s'amalgame en moi et m'oppresse.

Des hommes musclés, presque tous vêtus des défroques rouges du Makhzen, courent à travers la ville, bousculant les gens. Attachées à leur cou par une longue chaînette, une gamelle et une clochette, le tout en cuivre jaune, pendent et tintent. Sur leur dos, ils portent une outre pleine : se sont les guerbadjia, les marchands d'eau, qui, avec leur bruit insolite, ajoutent encore une note de dépaysement.

Tout à coup, parmi les brocanteurs, un grand beau soldat bronzé, en veste écarlate, élève à bras tendus un chien hérissé, hurlant, qu'il tient par la peau du cou. À pleine voix, imitant les vendeurs, il crie, par dérision :

— À cinq sous azizi, le chien ! c'est un bon gardien ; il ne ment pas, celui-là ! Et tous comprennent l'allusion insultante au Makhzen trompeur. C'est un tonnerre de rires, tandis que la bête, délivrée, s'enfuit en aboyant furieusement.

... À la zaouïa, de grandes cours claires, de longues salles nettes et blanches, du silence et du recueillement.

Autour du très jeune fils du cheikh absent, un enfant pâle et maladif en djellaba de drap sombre, des personnages graves, lents, au sourire accueillant, aux manières douces. Ils parlent — comme s'ils récitaient une leçon apprise — du Sultan, de ses idées de réformes bienfaisantes et des crimes du Rogui...

Mais, au fond, ils sont trop intelligents pour épouser toutes ces querelles. Ils veulent s'en abstraire, dans leur monde immuable et fermé, vivre comme vécurent leurs pieux ancêtres et diriger en silence, dans l'ombre, les affaires des croyants, sans s'inquiéter ou non du maître du Mogh'reb, toujours si effacé et si lointain.

De superbes négresses esclaves nous servent le thé et la diffa de lait et de viande poivrée. Sous leur mlahfa de laine sombre, elles ont des corps souples et musclés, d'une perfection de formes qui se devine à chaque mouvement. Et elles sourient à demi, roulant les globes blancs de leurs grands yeux d'une animalité caressante.

Comme elle est loin des horreurs du dehors, cette zaouïa cachée derrière des murs, et des enceintes successives, et des cours, et des corridors ! Comme elle est immaculée et paisible, dans la putréfaction et les hurlements d'Oudjda !

C'est sur cette impression de calme profond, recouvrant du mystère, que je pars.

Pour la dernière fois, nous retraversons encore tout le chaos d'Oudjda, sous le soleil, de midi, et nous ressortons par la même porte de l'Est.

C'est la fin. Le somptueux rideau vert et argent des oliviers s'est refermé sur toutes ces courtes visions, sur ce rêve de quelques heures, tenant de l'ivresse et du cauchemar. Et, malgré tout, avec tous ses contrastes, Oudjda sordide, affamée, prostituée, Oudjda, la ville de la putréfaction et de la mort, m'a laissé une de mes impressions d'Afrique les plus profondes, les plus saisissantes. Je l'ai quittée sans la fuir, presque à contrecœur, gardant le souvenir nostalgique des rares instants où, comme furtivement elle s'est montrée à moi, calme et souriante, d'une beauté mélancolique de princesse déchue, plongée en plein cœur de l'effroi et des ruines marocaines, dans ce pays où tout sommeille et où tout croule, lentement, sous les regards indifférents des hommes qui n'essayent pas de lutter contre l'anéantissement, qui ne croient pas à la force humaine…

Tlemcen, 27 mars 1904

MŒURS TELLIENNES

F ELLAH .

La vie du fellah est monotone et triste, comme les routes poudreuses de son pays, serpentant a l'infini entre les collines arides, rougeâtres, sous le soleil. Elle est faite d'une succession ininterrompue de petites misères, de petites souffrances, de petites injustices. Le drame est rare, et quand, par hasard, il vient rompre la monotonie des jours, il est, lui aussi, réduit à des proportions très nettes et très minimes, dans la résignation quotidienne et prête à tout.

Dans mon récit vrai il n'y aura donc rien de ce que l'on est habitué à trouver dans les histoires arabes, ni fantasias, ni intrigues, ni aventures. Rien que de la misère, tombant goutte à goutte.

Sous la morsure du vent de mer âpre et glacé, malgré le soleil, Mohammed Aïchouba poussait sa charrue primitive, attelée de deux petites juments maigres, de race abâtardie, à la robe d'un jaune sale. Mohammed faisait de grands efforts pour enfoncer le soc obtus dans la terre rouge, caillouteuse. Par habitude, et aussi faute d'outils, et de courage, Mohammed se contentait de contourner les touffes de lentisque et les pierres trop grosses, sans jamais essayer d'en débarrasser son pauvre champ, le « melk » héréditaire et indivis des Aïchouba.

Le petit Mammar, le fils de Mohammed, cramponné à la gandoura terreuse de son père, s'obstinait à suivre le sillon où, un jour, il pousserait probablement à son tour la vieille charrue.

Mohammed approchait de la cinquantaine. Grand et sec, de forte ossature, il avait un visage allongé, tourné, encadré d'une courte barbe noire. Ses yeux d'un brun roux avaient une expression à là fois rusée, méfiante et fermée. Cependant, quand le petit Mammar s'approchait trop de la charrue, le père, le repoussait doucement, et ses yeux changeaient. Un sourire passait dans son regard plein d'une obscurité accumulée par des siècles de servitude.

Un voile déchiré, simplement passé sur la tête, achevait de donner à Mohammed, sous ses haillons, l'air d'un laboureur de la Bible…

Le champ était situé sur le versant d'un coteau aride, au milieu du chaos des collines que dominait de toutes parts une muraille bleuissante de montagnes aux circuits compliqués.

En face, sur l'autre bord d'un ravin, on voyait les gourbis de la fraction des Rabta, de la tribu des Maïne.

Celui des Aïchouba se trouvait un peu à l'écart, au pied de la falaise rouge qui coupait brusquement la montagne. Quatre murs en pierre sèche, aux trous bouchés avec de la terre et de l'herbe, un toit en « diss ». Comme unique ouverture, la porte très basse, telle l'entrée d'une tanière. Une haie d'épines et de branches de lentisque, servant le jour à cacher les femmes et la nuit à abriter le troupeau.

Mohammed était l'aîné, le chef de famille. Ses deux frères, plus jeunes, habitaient sous son toit. Le premier, Mahdjoub, était marié. Se désintéressant du travail au champ, il élevait des brebis et des chèvres, et fréquentait les marchés. Benalia, le cadet, ne ressemblait pas a ses frères. Il avait dix-huit ans, et refusait de se marier.

Il gardait le troupeau et braconnait dans la montagne. Voleur à l'occasion, mauvais sujet irréductible, malgré les corrections fraternelles, il passait ses journées assis sur quelque rocher, en face du grand horizon doré, à jouer de la flûte bédouine ou à improviser des complaintes. Lui seul, peut-être, dans sa tribu, voyait la splendeur des décors environnants, la menace des nuages sur la crête des montagnes obscures et le sourire du soleil dans les vallées.

Au gourbi, Benalia gardait un silence presque dédaigneux. Il ne se mêlait ni aux querelles d'intérêt entre les deux grands frères ni aux interminables discussions des femmes.

Celles-ci étaient nombreuses, dans la demi-obscurité du grand gourbi. Mohammed en avait deux et Mahdjoub une. Il y avait encore là les sœurs non encore nubiles ou divorcées, les vieilles tantes et la mère Aïchouba, l'aïeule décrépite des petits qui pullulaient portés sur le dos des femmes courbées avant l'âge. Et c'était toute une smala exigeante et rusée, quoique craintive.

Pendant que les hommes étaient au dehors, les femmes écrasaient le blé dur dans le vieux petit moulin lourd et faisaient cuire les galettes azymes dans un four en terre ressemblant à une taupinière géante et qu'on fermait au moyen d'une marmite à moitié remplie d'eau.

Quand les travaux rudimentaires du champ et du troupeau ne réclamaient pas leur effort, Mohammed et Mahdjoub allaient, comme les autres hommes de la fraction, s'asseoir sur de vieilles nattes, près d'une hutte où un homme en blouse et en turban vendait du café et du thé.

Là, on parlait lentement, interminablement, des questions d'intérêt, avec la préoccupation des paysans toujours attentifs à la vie de la glèbe. On supputait la récolte ; on rappelait le dernier marché ; on comparait les années.

Le marché joue un grand rôle dans la vie bédouine. Il exerce une sorte de fascination sur les fellah, très fiers du marché de leur tribu. « Il va déjà au marché » se dit du jeune homme parvenu à l'âge de la virilité.

Parfois, quelqu'un racontait une histoire naïve et fruste, la révélation des trésors cachés dans la montagne et surveillés par des génies, des légendes du vieux temps ou bien des histoires merveilleuses sur les panthères, encore nombreuses aujourd'hui, et les lions.

La piété de ces tribus berbères de la montagne dont beaucoup parlent leur idiome, le chelh'a, est tiède, et leur ignorance de l'Islam est profonde. Les vieillards seuls s'acquittent des prières traditionnellement. Par contre, les marabouts sont très vénérés, et il est une infinité de koubba ou simplement de lieux saints où l'on va en pèlerinage, en mémoire de quelque pieux solitaire.

Chez les Aïchouba, seul, Mohammed priait et portait à son cou le chapelet de la confrérie des Chadoulia…

Et les jours s'écoulaient dans la torpeur résignée, dans la monotonie de la misère, endurée depuis toujours.

… L'année s'annonçait mal. Au moment des semailles d'hiver, la pluie avait détrempé la terre et transformé les chemins arabes, sentiers ardus et sinueux, en torrents. En effet, malgré le poids si lourd des impôts arabes, les douars sont encore dépourvus de voies de communication et rien n'est fait pour leur commodité, leur développement ou leur salubrité. Le fellah déshérité paye et se tait.

Les terres de la fraction des Rabta sont pauvres, épuisées encore par la mauvaise culture sans engrais, jamais. La brousse voisine les envahit.

Le pain noir et le maâch, le gros couscous grossier, menaçaient de manquer cette année ; l'impôt serait bien difficile à payer ; et une plainte sourde, un cri d'angoisse commençait a monter des collines et des vallées.

Il n'y avait cependant pas de révolte dans les attitudes et les discours des fellah. Ils avaient toujours été pauvres. Leur terre avait toujours été dure et pierreuse, et il y avait toujours eu un beylik auquel il fallait payer l'impôt. D'un âge d'or les Bédouins ne gardaient aucune souvenance.

Ils vivaient de brèves espérances, en des attentes d'événements prochains, devant apporter un peu de bien-être au gourbi : Si Dieu le voulait, la récolte serait bonne… ou bien les veaux et les agneaux se vendraient, et un peu d'argent rentrerait. Tout cela, même en mettant les choses au mieux, ne changerait rien au cours éternellement semblable de la vie du douar. Mais l'espoir fait passer le temps et supporter la misère.

… Le Bédouin est chicanier et processif de sa nature. Il considère comme une nécessité de la vie, presque comme un honneur, d'avoir des procès en cours, de mêler les autorités à ses affaires, même privées. Mohammed Aïchouba et son frère Mahdjoub avaient plusieurs fois soumis leurs différends au caïd, et même à l'administrateur, tout en continuant cependant à vivre ensemble.

Au gourbi, c'était Aouda, l'aînée des deux femmes de Mohammed, qui suscitait les querelles. Verbeuse et acariâtre, elle, éprouvait le besoin incessant de se disputer et de crier, de rapporter des uns aux autres les propos entendus, habilement surpris. Quand les disputes dépassaient un peu le degré ordinaire, Mohammed prenait une matraque et frappait sa femme à tour de bras, mettant fin aux querelles pour quelques heures. Mais la ruse et la méchanceté d'Aouda n'avaient pas de bornes. Elle en voulait surtout à Lalia, la jeune femme de son mari, douce créature, jolie et à peine nubile, qui se taisait, supportant toutes les vexations d'Aouda et allant jusqu'à l'appeler Lella (madame).

Mohammed, sans tendresse apparente, avait pourtant un faible pour Lalia, et il ne revenait jamais du marché sans rapporter un cadeau quelconque à sa nouvelle épouse, augmentant ainsi la haine et la jalousie d'Aouda. Celle-ci avait deux enfants, deux filles ; et elle comptait sur cette maternité pour empêcher son mari de la répudier. Mais les filles étaient déjà assez grandes, et Mammar, le favori de Mohammed ; était le fils de Khadîdja, la première femme de Mohammed, qui était morte. Les liens qui attachaient Mohammed à Aouda étaient donc bien faibles.

Comme il est d'usage chez les Berbères de la montagne, les parents d'Aouda l'excitaient encore contre son mari pour provoquer un divorce venant de lui car alors il perdait le sedak, la rançon de sa femme, que les parents remariaient ensuite, touchant une autre somme d'argent.

… Mohammed, son labourage fini, mesura le grain, et son cœur se serra en voyant qu'il n'en avait pas assez pour ensemencer. Il en manquait pour une quinzaine de francs. Où prendre cet argent ? Irait-il, comme les années précédentes, s'adresser à M. Faguet, ou aux Kabyles habitant les « centres » de Montenotte et de Cavaignac ? À l'un comme aux autres il devait déjà plusieurs centaines de francs. Son champ et le troupeau de Mahdjoub servaient de garantie.

Il avait déjà vu vendre aux enchères un champ d'orge et trois beaux figuiers, que M. Faguet avait, fait acheter par l'un de ses khammès.

Les usuriers ! Seuls, ils pouvaient le tirer d'affaire. Il fallait bien semer. Et Mohammed calculait, se demandant s'il s'adresserait au roumi de Téhès ou, aux Kabyles des villages. M. Faguet lui prêterait le grain en nature au double du prix courant ; les Kabyles, pour un prêt de quinze francs, lui feraient signer un billet de trente…

Mohammed, lentement, marchait le long de son champ, en songeant aux usuriers. Le vent froid s'engouffrait dans le vieux burnous déchiré, dans la gandoura en loques, et pleurait sa tristesse immense autour de cette tristesse humaine.

… Le « centre » des Trois-Palmiers, en arabe Bouzraïa, est un village de création officielle. Les terrains de colonisation ont été prélevés sur les meilleures parcelles des tribus de Hemis et de Baghadoura, par expropriation ; malgré cela le village européen ne doit sa prospérité relative qu'au grand marché arabe du vendredi.

Sous les eucalyptus au feuillage rougi par l'hiver, sur une côte pulvérulente, une foule compacte se meut : burnous grisâtres, burnous bruns, voiles blancs. Dans les cris des hommes et des bêtes, les Bédouins vont et viennent. Les uns arrivent ; les autres s'installent. Et une grande clameur s'élève, cri rapace de cette humanité dont la pensée unique est le gain. Vendre le plus cher possible, tromper au besoin, acheter à vil prix : tel est le but de cette foule disparate, mélange confus d'Européens, d'Arabes, de Kabyles et de Juifs, tous semblables par leur soif de lucre.

… Mohammed et Mahdjoub étaient descendus au marché dès l'aube. Le long de la route, ils avaient marché ensemble, accompagnés de leur jeune frère Benalia, qui poussait devant lui trois chèvres que Mahdjoub voulait vendre. Mohammed était monté sur sa petite jument, avec Mahdjoub en croupe, tandis que Benalia marchait à pied. Il chantait :

« Le berger était sur la montagne. Il était petit ; il était orphelin. Il jouait de la flûte. Il gardait les moutons et les chèvres de Belkassem. La panthère est venue, à la tombée de la nuit, à l'orée des bois : elle a dévoré le petit berger et le troupeau… Les enfants de Belkassem ont pleuré le beau troupeau, les belles chèvres… Personne n'a pleuré le petit berger, parce qu'il n'avait pas de père… »

Benalia improvisait, et, sa voix jeune et forte s'en allait aux échos de la forêt, dans la montagne pleine d'épouvantement. Poète inconscient, il disait la vérité de sa race et chantait les réalités de la vie des douars… Mais, voleur et mauvais sujet, il n'obtenait pas d'attention et n'avait pas l'estime des hommes de sa tribu.

… Arrivés au marché, les trois frères se séparèrent, selon l'usage arabe. Mohammed n'avait qu'une petite jarre de beurre à vendre, et se mit aussitôt en quête du Kabyle prêteur d'argent, Kaci ou Saïd.

En blouse bleue et turban jaune, grand et maigre, le zouaouï déballait un grand paquet de mouchoirs et de cotonnades claires. En voyant Mohammed Aïchouba, il sourit.

— Te voilà encore ? Ça ne va donc pas ? Qu'y a-t-il ?

— Louange à Dieu dans tous les cas ! Il n'y a que le bien.

— Tu as besoin d'argent ?

— Oui, viens à l'écart ; nous parlerons.

— Tu me dois déjà deux cents francs. Tu en dois à d'autres, et même à M. Faguet.

— Je paye les intérêts. Je ne travaille plus que pour vous et les impôts.

— Je ne te prêterai plus au même intérêt. C'est trop peu, puisqu'il faut tant attendre.

— Tu n'es pas un musulman ! Dieu t'a défendu de prêter même à un centime d'intérêt.

— Nous partageons le péché : nous prêtons, mais vous autres Arabes, vous empruntez. Sans votre rapacité, à qui prêterions-nous ?

— Ce sont les Juifs qui vous ont appris ce métier-là.

— Assez. Veux-tu de l'argent, ou non ? Et combien te faut-il ?

— Au cours du blé dur et de l'orge, il me faut seize francs.

— Seize francs… Tu me feras un billet de trente-deux francs.

— Voilà un trafic de Juif ! Avec quoi payerai-je un intérêt pareil ?

— Arrange-toi.

Le marchandage fut long et âpre. Mohammed se défendait, dans l'espoir de gagner quelques sous. Kaci ou Saïd voyait qu'il tenait sa proie et goguenardait, tranquille. Enfin, sans que l'usurier eût cédé un centime, le marché fut conclu. Le lendemain matin, on irait chez l'interprète, on signerait le billet, et, pour se mettre d'accord avec la loi, on y porterait la mention bénigne « Valeur reçue en grain », écartant l'idée d'usure. Mohammed Aïchouba aurait seize francs pour compléter ses semences et, après la moisson, il rendrait le double.

Il passa la nuit, roulé dans son burnous, près du café maure. Une inquiétude lui venait bien : avec la faible récolte qu'il y aurait sûrement, puisque l'année commençait par un froid excessif et trop de pluie, comment payerait-il toutes les échéances tombant, inexorables, après la moisson, en août ? Mais il se consola en disant : « Dieu y pourvoira ». Et il s'endormit.

… Pendant l'absence des hommes, une vieille femme ridée, au nez crochu, aux petits yeux sans cils, vifs et perçants comme des vrilles, était venue au gourbi des Aïchouba. C'était la mère d'Aouda, femme de Mohammed.

Elle avait pris sa fille à part, dans un coin, et lui parlant à voix basse, avec véhémence, elle faisait sonner ses bracelets d'argent sur ses poignets décharnés, à chaque geste brusque.

— Tu es une ânesse. Pourquoi restes-tu chez ton mari ? Tu sais bien que les autres femmes de ton âge sont bien habillées, choyées par leurs maris. Tu vois bien comment il traite cette chienne de Lalia qu'il te préfère. Pourquoi restes-tu ? Réfugie-toi chez ton père. Si ton mari veut te reprendre de force, va chez l'administrateur. Après cela, Aïchouba te répudiera, car il tient aux usages, et quand tu auras découvert ton visage devant les Roumis, il ne voudra plus de toi… Alors nous te trouverons un autre mari bien meilleur.

— J'ai peur.

– Bête, va ! N'es-tu pas mon foie ? Te ferai-je du mal ? Et de quoi as-tu peur ? N'as-tu pas ton père, et tes frères ne sont-ils pas deux lions ?

Aouda, la joue appuyée dans le creux de sa main, réfléchissait. Elle n'avait aucune affection pour son mari et elle le craignait. Si elle était jalouse de Lalia, ce n'était nullement le sentiment de la femme blessée dans son amour et sa dignité. Seulement Mohammed prodiguait à Lalia les cadeaux et les parures, et Aouda était envieuse.

Aouda se décida.

– Lundi, ils seront au marché de Montenotte. Dis à mon père et à mes frères de venir me chercher avec la mule grise.

– D'abord fais une scène à ton mari. Dis-lui de te donner les mêmes objets qu'à Lalia et de te laisser venir passer quelques jours chez nous. Il refusera, et toi, insiste. Il te battra, et, dès mardi, nous irons nous plaindre à l'administrateur, s'il ne te répudie pas.

Une femme entra, éplorée. C'était Aïcha, une voisine. Elle s'accroupit dans un coin et se mit à se lamenter. Jeune encore, elle eût eu un visage agréable sans les tatouages qui couvraient son front, ses joues et son menton.

– Qu'as-tu, ma fille ? demanda la vieille. Tes enfants sont-ils malades ?

– Oh ! mère, mère ! L'autre jour, comme mon mari labourait chez le caïd, des Zouaoua ont passé. Ils m'ont montré de beaux mouchoirs en soie rose, à quatre francs. J'en ai acheté deux, parce que le Kabyle me promettait d'attendre jusqu'à la fin du mois. Ma mère m'aurait donné l'argent. À présent le Kabyle prétend que je lui dois douze francs, et il m'assigne en justice. Mon mari m'a battue et il veut me répudier. Je ne sais pas s'il aura assez pour payer… Dieu, aie pitié !

— Moi, dit Aouda, je n'achète jamais à crédit. J'ai gardé de la laine pour plus de trois francs, et quand je fais le beurre, j'en cache un peu que je fais vendre par des enfants. Le grain aussi, j'en vends en cachette… comme ça j'ai de l'argent pour m'acheter ce que je veux.

Mais la sœur de Mohammed, Fathma, se rapprochait, et les femmes s'apitoyèrent sur le sort d'Aïcha, la voisine.

— Brûle un peu de corne de bélier de la grande fête et mets la cendre dans le manger de ton mari ; il ne pourra plus te répudier. Garde-toi d'en goûter, ça empêche les femmes de devenir enceintes.

La vieille connaissait les sortilèges.

Aïcha joignit les mains, puis elle embrassa le pan crasseux de la mlahfa de la rusée :

— Mère, je t'en supplie, viens chez moi. Mon mari est parti ; prépare-moi la corne toi-même. J'en ai justement deux.

— Après avoir fait cela, il faut que je parfume mon gourbi au benjoin pendant quatre jours et que je brûle deux bougies de cire vierge pour Sidi-Merouan. Donne-moi six sous ; j'irai.

Des plis de la coiffure d'Aïcha, les six sous passèrent dans un coin de la mlahfa de la vieille, qui se leva alors et prit son haïk et son bâton.

— Lundi, à midi. N'oublie pas la laine, surtout… souffla-t-elle à l'oreille de sa fille.

Mohamed, harassé, trempé par la pluie, rentra le lendemain, à la nuit, avec l'argent du Kabyle touché dans l'antichambre de l'interprète, le billet signé.

Il trouva son petit Mammar brûlant de fièvre, sur les genoux de Lalia qui le berçait.

Aouda vaquant aux soins du ménage, maugréait :

– Toujours c'est moi qui travaille ! L'autre, jamais. On lui a apporté des cadeaux, je parie. Moi, jamais rien !

Mohammed, douloureusement frappé par la maladie subite du petit, se retourna vers Aouda.

– Qu'as-tu à grogner comme une chienne ?

– Je demande à Dieu d'avoir pitié de moi…

Et elle égrena le chapelet de ses récriminations, mais avec une insolence inaccoutumée.

– Tais-toi, disait Lalia conciliante. Tu ne vois pas… le petit est malade, l'homme est fatigué.

– Toi, fille de serpent, tu n'as rien à me dire. Tu es fière, parce que tu es bien habillée, vipère !

Mahdjoub haussait les épaules, impatienté.

– Si tu étais à moi, dit-il, je te mettrais à la porte à coups de pied. Celui-là est trop patient.

Au fond, Mohammed avait bien envie de répudier Aouda, mais il regrettait l'argent de sa rançon, et il se contenta, comme toujours, de la faire taire en la battant.

Le lendemain, l'état de l'enfant empira. Mohammed, désolé, le veillait, morne. Les remèdes des vieilles ne soulagèrent pas le petit et, dans la nuit, il mourut. Quand les menottes convulsées retombèrent inertes, Mohammed crispa ses mains calleuses sur le petit cadavre et resta là, pleurant à gros sanglots, avec des gémissements, comme un enfant.

Autour du tas de chiffons qui avait servi de lit au petit Mammar, les femmes, accroupies, poussaient de longs hurlements lugubres, en se griffant le visage. Aouda, par nécessité et par habitude, imitait les autres, mais, dans ses yeux noirs, une joie mauvaise brillait.

Et Mohammed pleurait là sa dernière misère, la mort de son fils unique, ce petit Mammar si joli, si plein de vie, qui le suivait partout, qui le caressait, qui était sa seule joie.

Peu à peu le fellah cessa de pleurer et resta là, accroupi, immobile, à regarder le cadavre de son enfant... Puis il souleva, les petites mains crispées qui semblaient s'abandonner encore, la petite tête aux yeux clos... Et, avec un long cri de bête blessée, il retomba sur les chiffons et pleura, pleura jusqu'au jour, quand les femmes lui prirent le petit pour le laver et le rouler dans le linceul blanc, étroit comme une serviette.

Mammar fut enterré sur la colline, dans la terre pierreuse. Mohammed, sombre et muet, ramassa des pierres et des branches et bâtit une cahute au pied du figuier où il jouait, tous les jours, avec son fils. Il porta là quelques loques, sur une vieille natte, et s'étendit. Mais une autre semaine commença. L'argent manquait ; il fallait vendre encore du beurre et du miel, et acheter avec l'argent du Kabyle le grain. Puis il faudrait ensemencer. Mahdjoub appela son frère aîné.

– Frère, pour qui travaillerai-je à présent que mon fils est mort ? dit Mohammed en se levant tristement sans force et sans courage, pour la besogne obligée.

– C'est la volonté de Dieu. Il te donnera sans doute un autre fils...

Pendant l'absence de Mohammed, le père et les frères d'Aouda Vinrent la chercher et elle partit, les yeux secs, emportant ses hardes, sans un adieu pour toutes ces femmes qui essayaient de la retenir. Quand elle fut partie, les autres dirent, soulagées pourtant : « Que la mer la noie ! Elle est trop méchante ! »

Mohammed dut aller se plaindre au caïd, réclamant sa femme. Mais le vieux chef lui conseilla de la répudier, lui prédisant de nombreux ennuis s'il la réintégrait au domicile conjugal. Et Mohammed répudia Aouda, instaurant un peu de paix au gourbi en deuil du petit Mammar.

Puis Mohammed ensemença son champ. Il marchait, le long des sillons, en jetant la semence, et il lui était douloureux de regarder cette terre rouge si dure à travailler, et qu'il avait arrosée de tant de sueur… Voilà que, maintenant, elle lui avait pris son fils unique, son petit Mammar, qui, naguère encore, courait comme un joyeux agneau dans ces mêmes sillons.

Tout à coup Mohammed s'arrêta : sur l'argile rouge, une trace, presque effacée, persistait : la trace d'un petit pied nu.

Le fellah s'accroupit là, laissant son travail, et il eut une nouvelle explosion de douleur, – la dernière, car, ensuite, il se résigna à la destinée. Il prit soigneusement l'argile portant l'empreinte du petit pied, la pétrit dans ses doigts, la noua dans un coin de son voile. Le soir, il mit la motte de terre dans un coin de son gourbi, comme un talisman. Puis il courba la tête sous le joug du mektoub inéluctable, et il travailla pour le pain bis de sa famille.

… Le vent et la grêle achevèrent de rendre la moisson presque nulle, et le grande cri, la plainte des fellah qui, au printemps, avait retenti dans les vallées et sur les collines roula d'un horizon à l'autre, de la plaine du Chélif à la mer, comme une clameur d'épouvante devant la famine prochaine.

Les créanciers furent impitoyables. Le champ fut vendu et le produit partagé entre M. Faguet, les Kabyles et le beylik pour les impôts.

Sans labour, sans blé, les Aïchouba en furent réduits à leur petit jardin de melons et de pastèques. Mohammed, sans terre, se trouva tout à coup désœuvré, inutile comme un enfant ou un vieillard impotent. Sombre, il erra le long des routes. Mahdjoub, pour faire vivre la famille, dut vendre peu à peu ses bêtes. Silencieux, lui aussi, courbé sous le joug de la destinée, il devint le chef de la famille, car Mohammed désertait de plus en plus le gourbi pour errer.

Un jour, Benalia vit son frère qui marchait, la tête courbée, dans le champ qui leur avait appartenu. Il cherchait quelque chose.

Timidement, pris de peur, Benalia s'en alla prévenir Mahdjoub, qui s'en vint au champ.

– Si Mohammed, que fais-tu là ? La terre n'est plus à nous telle est la volonté de Dieu. Viens, il ne faut pas qu'on te voie là.

– Laisse-moi.

Mais que cherches-tu là ?

– Je cherche la trace des pas de mon fils.

Et Mahdjoub connut que son frère était devenu derouich.

Peu de jours après, comme Mohammed était assis, silencieux comme toujours désormais, devant sa cahute, et que Mahdjoub menait les bêtes à l'abreuvoir, Benalia, assis devant le gourbi, jouait de la flûte. Tout à coup, Mahdjoub revint en courant.

– Si Mohammed ! les gendarmes viennent vers le

gourbi !

Par habitude, il demandait aide et protection à l'aîné, mais Mohammed répondit :

– Que nous prendraient-ils encore, puisque mon fils est mort et que le champ est vendu ?

Devant le gourbi, guidés par le garde champêtre à burnous bleu, les gendarmes mirent pied à terre. Ils entrèrent tous deux. L'un portait des papiers à la main.

– Où est Aïchouba Benalia ben Ahmed ?

Benalia avait pâli.

– C'est moi…, murmura-t-il.

Le gendarme s'approcha et lui passa les menottes. Alors, comme Mohammed, les yeux grands ouverts, se taisait, Mahdjoub s'avança tremblant.

– Si Ali, dit-il au garde champêtre, pourquoi arrête-t-on mon frère ?

– Il était absent cette nuit ?

– Oui…

– Eh bien, il est allé à Timezratine, et il a volé un fusil chez M. Gonzales, le colon. Comme le colon l'a surpris, ton frère lui a tiré dessus. M. Gonzales est blessé, et on l'a porté à l'hôpital. Il a reconnu ton frère.

Et on emmena Benalia, tandis que les femmes se lamentaient comme sur le cadavre d'un mort.

Mohammed ne proféra pas une parole.

Mahdjoub, après un instant, ramassa le bidon et reprit la longe des chevaux, qu'il mena à l'abreuvoir.

De caractère morose et dur, âpre au gain, sans jamais un mot affectueux pour les siens, Mahdjoub avait au fond l'amour du foyer et de la famille, un amour jaloux de ceux de son sang, et le malheur de son frère l'accablait. Il n'éprouvait pas de honte, le brigandage étant considéré comme un acte de courage, illicite, certes, mais point honteux. Il souffrait seulement de la souffrance de son frère, car ils étaient sortis du même ventre et avaient tété la même mamelle.

Pourquoi Benalia avait-il si mal tourné, quand tous les Aïchouba étaient des laboureurs paisibles ? Et comment en était-il arrivé à une audace semblable ?

Et la ruine de la famille apparaissait à Mahdjoub consommée maintenant.

Et quelle année ! L'enfant mort, le champ vendu, l'aîné devenu fou, le cadet enchaîné et certainement condamné ! La colère de Dieu s'appesantissait sur leur race, et il n'y avait qu'à s'incliner : « Louange à Dieu, dans tous les cas !

Mohammed semblait devenu muet. Il prenait la nourriture qu'on lui présentait sans rien dire.

Lalia, dans les coins obscurs, pleurait son malheur. Ses belles-sœurs lui reprochaient d'avoir apporté avec elle le malheur et les calamités. Mais elle attendait patiemment, ne voulant pas s'en aller. Dans son cœur d'enfant, une sorte d'attachement était né pour Mohammed, qui avait été bon pour elle et qui souffrait.

Après plusieurs mois de silence, quand Mahdjoub rapporta la nouvelle de la condamnation de Benalia à cinq ans de réclusion, Mohammed ne dit rien ; mais, le lendemain, quand Lalia lui porta son écuelle, elle ne le trouva plus dans sa cahute : dès l'aube, Mohammed était parti, avec son bâton d'olivier, droit devant lui, vers l'Ouest, mendiant son pain dans le sentier de Dieu.

Ce jour-là, Lalia, devenue veuve, rassembla ses

bardes. Dans le coffre de bois vert, avec les gandoura et les melhfa, il y avait deux robes et une paire de souliers qui avaient appartenu au petit Mammar. Lalia les regarda et puis, avec des larmes dans les yeux, elle les serra sous son linge, en murmurant : « Petit agneau, depuis ta mort, le malheur est entré dans cette maison… »

Et elle partit chez ses parents.

… De jour en jour la misère augmentait, car il est difficile à l'homme faible de remonter la pente du malheur, et un jour, dégoûté, Mahdjoub vendit ses dernières bêtes et le jardin.

Puis il répudia sa femme restée sans enfants, et il partit pour la ville, où il s'engagea comme garçon d'écurie chez un marchand de vin en gros.

… Un jour, assis devant la porte de son écurie, Mahdjoub travaillait, avec son couteau, le manche de sa canne. L'hiver touchait à sa fin, et une année s'était écoulée depuis la dispersion des Aïchouba. Mahdjoub avait beaucoup changé. Il savait maintenant un peu parler le français. Il s'habillait proprement en citadin, risquant même le costume européen avec une simple chéchia, et il buvait de l'absinthe tout comme un autre dans les cafés ; d'Orléansville.

… Un mendiant passait, les cheveux longs et gris, sous un vieux voile en lambeaux, le corps couvert de loques, un haut bâton à la main.

– Au nom de Dieu et de son Prophète, faites l'aumône !

Mahdjoub tressaillit, se leva, laissant son travail.

– Si Mohammed ! Si Mohammed ! Je suis ton frère… Mahdjoub… Ou vas-tu ?

Mais le vieillard passait. Aucune lueur d'intelligence

ne brilla dans ses yeux ternes. Alors Mahdjoub lui mit tout ce qu'il avait de monnaie dans la main, le baisa au front et rentra dans l'écurie. Là, appuyé contre un pilier, il se mit à pleurer.

Et le vieillard passa, s'en allant plus loin, dans la nuit de son intelligence éteinte, demander au nom d'Allah, le Clément et le Miséricordieux, le pain que la terre rouge et caillouteuse de son pays lui avait refusé.

Ténès, 1902.

Nous avons achevé ainsi la retranscription de l'ouvrage « Notes de route » édité par Victor Barrucand.

NOTES CENSURÉES

Victor Barrucand n'a pas retenu dans son livre deux notes appartenant à la série « Sud Oranais » 1903, notes que vous trouverez ci-dessous. Les parties illisibles sont indiquées entre crochet et les mots reconstitués (notamment par les éditeurs de « Écrit sur le sable ») sont mis en italique.

Visite à Abdesselam, l'amel de Figuig. Sous le soleil ardent, au delà des terrains vagues semés de tombes [*illisible*].

[*illisible*] muraille blanche crénelée : le ksar d'Oudarhir, *relevant du gouverneur* marocain.

Au delà des murailles, une vingtaine de tentes nomades [*illisible*] prostituées.

À l'intérieur d'une grande cour où le vent soulève de petits nuages de poussière, une demi-douzaine de soldats sommeillent à terre devant leurs fusils en faisceaux.

Ils sont grands, robustes, coiffés de la chéchia rouge sur leurs têtes énergiques de Marocains du Nord.

En face, une autre muraille plus neuve et plus blanche [*illisible*]

À droite une petite pièce nue qui sert de poste aux soldats, au plafond voûté où l'amel reçoit les gens du commun et rend la justice.

On nous introduit dans la cour intérieure où de jeunes figuiers jettent leurs taches vertes sur les couleurs laiteuses des murs et du riad, le grand portique à arceaux [*illisible*] où des tapis sont étendus.

C'est là qu'on nous reçoit.

L'amel Si Abdesselam vient à notre rencontre avec

son secrétaire et interprète.

C'est un homme d'une cinquantaine d'années, robuste, au visage bronzé et énergique, avec de beaux yeux tour à tour caressants ou perçants, intelligents et profonds.

Il nous accueille avec une parfaite bonne grâce et des gestes lents sous les plis mous de sa large djellaba en fin drap noir.

Ami de Mohamed el Guebbas, Si Abdesselam fut revêtu de l'autorité presque illusoire d'amel du Sultan à Figuig, quand, installés à Djenan-ed-Dar, et plus tard à Beni-Ounif, les Français furent à la porte de l'oasis.

Le pacha comme on dit ici, ne gouverne réellement que le ksar d'Oudarhir.

Les autres ksour ne reconnaissent son autorité que sur paroles et sans le voisinage du Commissariat français de Figuig, à Beni-Ounif, [*illisible*] ils se révolteraient immédiatement.

Si Abdesselam a séjourné en Angleterre et sait parler anglais. Il *comprend* le français, sans le parler.

Pour les conversations européennes, il a un interprète, personnage *aux manières correctes*, un peu prétentieuses, insinuantes [*illisible*] qui parle longuement de Paris à mes confrères français.

Comme tout ce qui est marocain, la petite cour qui environne [*illisible*] a des airs de dignité et de mystère…

Parmi les officiers, il en est un qui semble le plus important.

[*illisible*] *grand* et très maigre aux membres anguleux sous une djellaba [*illisible*] c'est un sombre et dur visage aux yeux de [*illisible*], encadré de quelques longues ondes de cheveux gris sous une chéchia rouge pliée par le milieu.

Cet officier ferait très bien en bourreau et je me le représente détachant des têtes [*illisible*] avec sa large koumia[1] à manche doré.

Il se contente pourtant de servir paisiblement le thé, les pâtisseries et les dattes…

On parle, en termes mesurés et courtois, des affaires du jour, on glorifie le Sultan, on maudit le Prétendant, on accable Bou-Amama d'injures…

De longs silences lourds coupent cet entretien par trop officiel et cérémonieux, qui me pèse d'autant plus que mes confrères se mettent, par habitude, à prendre des notes sous les regards tout de suite méfiants des Marocains.

… Encore des politesses, puis la séance est finie. Nous repartons. Vamel nous accompagne jusqu'à la porte de son palais. L'interprète jusqu'à celle du ksar.

J'emporte en somme de cette casba blanche et somnolente une impression poignante d'irrémédiable décrépitude, de fin des [*illisible*] magh'reb pourri et croulant…

[*illisible*] il fait si bon, au grand soleil du Sud, dans l'*immense* [*illisible*]

aux aspects éternels, après la langueur et [*illisible*] le refuge d'une nation finie…

---

[1] Koumia, coutelas marocain à lame recourbée. (note de l'auteure)

Le mokhazni Abdelkader et moi, nous demandons au [*illisible*] la permission d'aller passer la journée à Zenaga...

Après un déjeuner chez un notable nous allons faire la *fête* chez les hétaïres...

Nous longeons des rues à ciel ouvert, des rues désertes où coule *le sable* de la plaine. Enfin nous nous arrêtons au pied d'un mur qui s'effrite, devant une porte basse et branlante.

Prestement Abdelkader enlève son burnous bleu : si on voyait cet insigne du makhzen français, jamais on ne nous ouvrirait, car la djemââ interdit aux prostituées de recevoir des soldats de Beni-Ounif, sous peine de bastonnade. La raison avouée de cette mesure, c'est la crainte des rixes avec le makhzen marocain, mais, au fond, c'est bien encore là la haine profonde des Marocains pour les m'zanat[1].

Nous frappons.

Au bout d'un instant nous apercevons deux yeux chassieux de vieille qui nous observent par une fente. Abdelkader s'impatiente : lui, ce n'est pas une curiosité

---

[1] M'zanat, corrompus, pervertis, traîtres, nom que les Marocains donnent aux musulmans d'Algérie qu'ils détestent profondément. (note de l'auteure)

d'artiste qui l'amène là…

D'autres yeux, très grands et très noirs ceux-là, apparaissent dans la pénombre.

– Qui êtes-vous ?

– Des Trafi… ouvrez, filles du péché, ou nous enfonçons la porte !

– Que voulez-vous ? C'est une voix jeune et chantante qui, par *la fente, entame* les pourparlers.

Abdelkader ébranle la porte à coups de poings.

– Que [*illisible*] ! Nous sommes en plein soleil ! Ouvrez !

[*illisible*] voyant que nous sommes décidés à ne pas nous [*illisible*] consent à ouvrir.

La porte fermée Abdelkader étale son burnous bleu *devant les* femmes épouvantées.

– Demain vous recevrez la bastonnade, aujourd'hui, remerciez Dieu que nous n'ayons pas cassé la porte.

Elles sont trois jeunes femmes et une affreuse vieille guenon aux chairs flasques qui se lamente et nous maudit.

La cour est grande, à moitié pleine de décombres, avec des murs peu élevés qui tombent en ruine et où s'enfoncent deux longues pièces noires comme des antres aux portes basses.

Au milieu de la cour, une petite tente de nomades est dressée. Là, s'entassent de vieux tapis, de belles loques écarlates, vertes, jaunes, des ustensiles en terre enfumée, un superbe plateau en cuivre ciselé, un tambourin.

Le long du mur quatre hommes sont assis. L'un d'eux coud une chemise, retenant l'étoffe avec l'orteil de son pied droit. Les trois autres rêvent, l'œil mi-clos, comme des chats heureux. À Figuig, il n'y a point de cafés maures et les maisons de joie servent de lieu de réunion aux nomades, excepté les chefs et les vieillards.

Ceux que nous trouvons chez nos hôtesses sont des sokhar, Ouled Bou-Ouanane, des Douï Menia ralliés qui nous accueillent [*illisible*].

Nous nous installons sur les tapis râpés. *Je joue* mon rôle de fils de grande tente, je me laisse *faire par les* femmes qui s'empressent, un peu timides.

[*illisible*] mlahfa jaune citron, Reguia, l'aînée, drape *son corps* mince, mais souple. Elle a une petite figure [*illisible*] aux lèvres charnues, aux larges yeux roux qui [*illisible*]

[*illisible*] ronde, aux formes plus amples, mieux dessinées, une étrange beauté tout égyptienne de son visage ovale, aux [*illisible*], aux lèvres arquées, éclairé par de longs yeux d'ombre [*illisible*].

[*illisible*] graves, des mouvements félins et quand elle marche, ses hanches pleines ont des ondulations d'une grâce parfaite, sous les longs plis de ses voiles pourpres.

Au repos, très chargée de lourds bijoux, elle ressemble à une idole lointaine.

Elle s'appelle Marhnia et est née dans la plaine d'Angad, près d'Oudjda. Des soldats marocains l'ont amenée à Figuig et l'y ont laissée.

… La troisième, Khedidja, presque une enfant, est mulâtresse, avec d'admirables dents d'émail sous de fortes lèvres rouges.

C'est Marhnia qui prépare le thé et fait les honneurs du logis. Je vois avec soulagement que, malgré les tas de loques et le désordre de la cour, ces hétaïres de Zenaga sont moins sales et moins pouilleuses que leurs sœurs plus pauvres qui gîtent sous les tentes d'Oudarhir… Elles sont aussi plus aimables, moins quémandeuses.

Comme toutes les prostituées arabes, quand elles n'ont pas été contaminées par le contact des soldats, ces trois femmes se tiennent bien, sans obscénité de gestes et de langage.

Elles sont gaies pourtant et nous prodiguent tantôt des *caresses* très réservées tantôt des agaceries enfantines et des allusions [*illisible*], mais très voilées.

Des chameliers, attirés par le thé, viennent se joindre à nous [*illisible*] Abdelkader, après de longues hésitations, s'est *éclipsé avec Reguia* non sans s'excuser auprès de moi, très [*illisible*]

Je m'étends sur le tapis et je regarde les jeux enfantins *des nomades* avec Marhnia et Khedidja.

Ils se bousculent, se pincent, luttent avec de grands éclats de rires et des cris perçants.

Leurs ceintures hérissées de cartouches, leurs burnous terreux, leurs voiles en lambeaux encadrant de belles têtes énergiques, les Ouled Bou-Ouanane ressemblent à des bandits.

Leurs armes sont là, à portée de leurs mains, sur le tapis. Ils ont certainement fait plus d'un coup d'audace dans leur vie…

Et voilà que, maintenant, ils jouent comme des enfants insouciants, rieurs, et ils chantent.

Ils ont l'air tout à fait rassurant et bon enfant, et on s'en irait avec eux à travers le Maroc sans méfiance… C'est bien là tout le caractère des nomades, la grande insouciance, la mobilité extrême de l'esprit, l'instabilité des passions tantôt puériles et superficielles, tantôt profondes, mais jamais bien durables.

Le moindre incident se produirait ici, dans cet asile de leurs plaisirs, la moindre querelle, et ces hommes qui paraissent si inoffensifs se lèveraient d'un bond et reprendraient leurs fusils. Ils redeviendraient tout à coup menaçants, prêts au meurtre.

… Marhnia, avec son petit accent gazouillant de Marocaine, me parle d'Oudjda qu'elle voudrait bien revoir et où elle a pourtant souffert, avec les soldats du makhzen et les jeunes débauchés des écoles.

Elle me conte sa vie là-bas, dans un taudis de la casbah, au milieu des querelles et des rixes souvent sanglantes, passant, [illisible] de l'un à l'autre, tiraillée, ballottée comme une pauvre chose [illisible] tant bien que mal à travers les tourmentes.

Maintenant, dans le calme et la sécurité relative de Figuig *elle* s'ennuie et soupire après cette terrible vie *marocaine où les histoires* d'amours finissent dans le sang.

[*illisible*] les Douï Ménia se mettent à raconter les [*illisible*], les coups de main, les razzia, les disputes, [*illisible*] les meurtres et les amours, dans le désert [*illisible*] ksour de l'oued Ghir.

Toutes ces histoires de poudre sont empreintes du *mépris* complet de la vie humaine, même de la leur, de l'insouciance absolue des nomades habitués à vivre [*illisible*], sans songer au lendemain.

Ou bien, alors *ils rient* de vieilles facéties risquées parfois, des plaisanteries de jadis, mille fois répétées, colportées à travers les campements dans tout le Sud-Ouest.

Les femmes rient se couvrant pudiquement la moitié du visage, avec les pans de leurs voiles…

Les heures s'écoulent, lentes, paisibles, dans ce coin d'amour arabe, au fond de Zenaga silencieuse.

Le soleil descend à l'horizon et une grande ombre bleue envahit la cour.

C'est l'heure de Vasr, la prière de l'après-midi. Les chameliers se lèvent et se reculent au fond de la cour. Marhnia elle aussi nous quitte et disparaît derrière un pan de mur, avec un vase en terre plein d'eau.

Quand elle revient, son visage, ses bras et ses pieds nus sont humides et des gouttes claires coulent encore sur le bronze doré de sa peau.

Très grave et très lointaine de ce qu'elle était tout à l'heure, l'insouciante amie des chameliers et des soldats marocains, elle se tourne vers la guebla[1] et prie, à voix basse, se prosterne [*illisible*] dans la poussière avec un cliquetis sonore de *ses bracelets*.

---

[1] Direction de La Mecque. (note de l'auteur)

Au Pays des Sables

1896 · 1906

DOCTORAT

Genève, avril 189...

Aujourd'hui, la soirée était tiède et de longs nuages blancs flottaient au-dessus des dentelures encore neigeuses du Jura. Il y avait pourtant dans l'air une grande langueur, une paix *d'attente,* avant la grande poussée de vie de mai.

Je sais bien qu'en passant les heures indéfiniment prolongées assise à ma fenêtre, à contempler, à travers le paysage familier de cette banlieue mélancolique, ma propre tristesse, je perds les fruits du labeur acharné, presque sincère de tout le semestre d'hiver... Mais l'ennui du présent et sa monotonie m'accablent et, comme toujours, je me plonge dans la vie contemplative.

... Tandis que je réfléchissais à toutes les inutilités morales s'accumulant de plus en plus autour de moi, on frappa.

C'était une jeune fille inconnue, petite et frêle, avec un pâle visage triste encadré de cheveux bruns et bouclés, coupés d'assez près.

Elle m'aborda en russe, avec un sourire doux : « Je viens de la part du Comité de secours des étudiants russes. Je viens d'arriver de Russie pour terminer mes études médicales et suis sans aucunes ressources. On m'a dit que, comme secrétaire du Comité, vous pourriez vous occuper de me trouver un logement. »

Dans ce petit monde très à part des étudiants russes, épris du rêve socialiste ou de celui, plus vaste, de l'anarchie, il est une grande sincérité de convictions : le devoir social de l'aide mutuelle est envisagé franchement et comme une nécessité absolue de la vie. La fausse et inique honte du pauvre est anéantie, remplacée par le sentiment du droit absolu à la vie.

Chouchina m'adressa donc sa demande sans gêne ni réticences, simplement.

Je lui offris une chambrette attenante à la mienne et elle y restera jusqu'à la fin de ses études.

Elle est Sibérienne, fille de petits bourgeois d'Ienisseïsk. Son but est de passer au plus vite son doctorat et de retourner là-bas secourir ses frères, dont elle parle avec attendrissement.

Elle se reconnaît un très humble, un très obscur soldat de la grande armée des précurseurs. Ce rôle la fait vivre et elle est heureuse.

Ah ! ce bonheur des fanatiques qui passent leur existence dans un rêve d'absolu !

Dans l'univers, Chouchina ne voit que l'homme – la bête aussi – au second plan. Il y a tout un monde de sensations – les plus subtiles – qu'elle n'a jamais abordé et qui lui est indifférent.

Comme caractère, beaucoup de sérieux, de modestie et de douceur. En résumé, charmante petite camarade avec laquelle je ne serai jamais en conflit.

3 mai.

Chouchina est d'une discrétion, d'un tact parfait dans la vie commune. Elle respecte mes rêveries, supporte mes trop fréquentes sautes d'humeur qu'elle accueille en souriant, tâchant de m'adoucir les heures noires d'angoisse provenant tellement de causes diverses et ténues qu'elle semble ne pas en avoir du tout… ces heures lourdes que je traverse depuis quelque temps.

Sous notre familiarité discrète de langage, il n'y en a pas d'esprit, car nous sommes très différentes, mais Chouchina est l'une des rares natures dont la présence autour de moi ne m'irrite ni ne m'ennuie. Mon attachement pour elle est basé, certes, sur un sentiment très égoïste de bien-être personnel… Mais le sait-elle seulement ?

Pour elle, cette médecine que nous étudions ensemble n'est ni un métier, ni un art : c'est un sacerdoce. Pour elle, Chouchina servira l'humanité. Parfois, elle s'étonne de me voir sourire de ses théories, quand elle sait que toute souffrance m'affecte profondément, quand elle voit que je souffre plus intensément qu'elle-même, peut-être, de voir souffrir.

… Elle est très frêle. Il semblerait que le moindre souffle devrait faire vaciller la petite flamme vive de son existence… Et cependant, elle est d'une activité menue et silencieuse de fourmi, d'un dévouement perpétuel et patient. Elle semble aussi inaccessible au découragement qu'à l'enthousiasme.

Chouchina m'inquiète. Sa santé est bien plus chancelante que je ne le croyais. Elle a depuis quelques jours des faiblesses. Son sommeil est troublé et elle se réveille baignée de sueur froide. Elle tousse...

Et, parfois, depuis que, plus attentivement, je l'observe, je surprends dans le regard jadis si calme de ses grands yeux gris lilas, une expression de crainte, presque d'angoisse. Mais elle ne se plaint pas, elle se soigne consciencieusement et continue son travail obstiné : en octobre, elle doit passer son doctorat.

À l'inquiétude réelle que j'éprouve, je vois que, peu à peu, inconsciemment, je me suis attachée à ce petit être qui tient si peu de place et qui, sous des dehors de faiblesse et d'effacement, est vaillant et bon.

Je lui ai parlé de sa santé. Alors, avec un sourire très calme, elle m'a répondu :

– Mais oui : je suis phtisique... il y a longtemps. Quand j'étais infirmière au dépôt de Tioumène, où passent les émigrants russes s'en allant en Sibérie, j'ai ressenti les premiers symptômes. Seulement, depuis lors, je m'observe et je me soigne. Je voudrais passer mon doctorat avec succès et, après, avoir quelques années devant moi pour travailler.

À ces derniers mots, une ombre grise passa dans son regard... Elle ne veut pas approfondir cette question. Elle ne *veut* pas laisser son angoisse se *formuler*... Elle en a peur.

Il y a une douloureuse incompatibilité entre les exigences contraires de son état de santé, car elle traverse une crise dangereuse, et celles aussi tyranniques du travail assidu et complexe qui lui incombe.

Et moi, admirant ce courage tranquille et ce vouloir de vivre et d'être utile, je ne puis rien pour elle, car elle n'a besoin ni d'encouragement, ni de consolations.

Elle ne veut pas consulter un médecin, disant qu'elle sait très bien ce qu'elle a et ce qu'elle doit faire… Et là encore, je devine une secrète faiblesse : n'a-t-elle pas peur d'entendre un autre dire tout haut, avec des mots d'une désespérante netteté, ce qu'elle pense ?

Octobre.

Pendant ces trois mois qui viennent de s'écouler, son état a été stationnaire. Par des prodiges de soins et surtout d'énergie, malgré le prorata très restreint de nos ressources – une brouille passagère avec ma famille me laisse sans subsides pour le moment – Chouchina s'est maintenue sur pied et à l'œuvre. Seulement, l'inquiétude de son regard s'accentuait souvent et semblait presque de l'épouvante.

Cependant, la sérénité de son caractère ne diminuait point, ni son assiduité au travail.

Visiblement, elle maigrissait. La petite toux brève et sèche était devenue presque continuelle.

Il y a peu de jours, elle se décida à consulter notre

amie, Marie Edouardowna, doctoresse experte et bienveillante…

– Soignez-vous bien. Pas de coups de froid. Mangez beaucoup et prenez des fortifiants. Prenez aussi de la créosote.

À moi, Marie Edouardowna dit avec une gravité attristée :

– La fin est très proche. Cette fille a une force de volonté peu commune et c'est ce qui enraye un peu les progrès du mal. Elle mourra presque à la peine. C'est navrant, cette mort juste au moment où elle touche à la fin de son dur labeur, où elle croit pouvoir commencer le *vrai* travail, celui qui était le but de sa vie !

– Croyez-vous qu'elle le passera, son doctorat ?

Marie Edouardowna hocha la tête dubitativement.

Quand je rejoignis Chouchina, elle était assise sur son lit, inactive par extraordinaire, m'attendant. Je fus frappée du regard anxieux, interrogateur, presque sévère qu'elle darda sur moi, me révélant la lutte atroce qui s'était engagée en elle entre la certitude dictée par son intelligence lucide, savoir et le vouloir de vivre, obstiné, et l'espérance vivace.

J'eus de la peine à dominer l'émotion qui m'envahit sous ce regard et à lui dire :

– Marie Edouardowna vous trouve affaiblie. Mais, pour le moment, il n'y a d'après elle aucun danger si vous ne perdez pas courage et si vous vous soignez bien.

Pour la première fois devant moi, Chouchina eut un mouvement de révolte à la fois et de faiblesse.

Elle joignit convulsivement les mains :

– Oh ! encore, encore quelques années ! Tant de

travail, tant d'efforts…

Elle se tut et, après un long silence, elle se leva, souriante de nouveau.

– Je suis de garde cette nuit à la Maternité pour un accouchement qui s'annonce mal. Ne vous inquiétez pas.

– Mais faites-vous donc remplacer ! J'irai, si vous voulez.

– Oh ! non. Vous savez que je prépare ma thèse et je ne veux pas perdre des observations déjà assez rares sans cela.

Depuis lors, elle dure, toujours semblable, quoique d'heure en heure plus faible… Et je sens que le vide qu'elle laissera auprès de moi sera profond… bien plus profond que je ne l'aurais supposé avant la certitude de sa mort prochaine.

Mardi, 28 octobre.

Chouchina est morte vendredi à la nuit.

Elle est restée alitée huit jours. Le vendredi, très faible, oppressée et toussant beaucoup, elle avait voulu assister à un cours qui l'intéressait. Elle rentra assez tard et me dit :

– Je suis bien lasse. Je vais me coucher. Demain, je vais commencer à récapituler tout ce dont j'aurai besoin pour l'examen… Plus que huit jours !

Je lisais.

Tout à coup, j'entendis un râle étouffé dans la

chambre de Chouchina dont la porte restait entr'ouverte.

J'entrai.

Assise sur le lit, les mains crispées sur la couverture, les yeux brillants, elle regardait dans le vague. Elle me vit.

– Quand ?… Quand ?… Quelle date avons-nous ?

Je fus effrayée du changement de sa voix, saccadée et fébrile.

– C'est le 6, aujourd'hui. Mais pourquoi ? Couchez-vous, il fait si froid.

Mais son agitation croissait.

– Le 6 ! Le 6 ! Mais il n'y a plus que huit jours… et je n'ai rien fait, rien fait…

Elle avait le délire. Brusquement, elle retomba sur son oreiller, les yeux clos, tranquille… Profitant de cette accalmie, je montai chercher un camarade interne à l'Hôpital cantonal et nous passâmes la nuit au chevet de Chouchina, tantôt agitée, tantôt plongée en un marasme qui nous effrayait.

Elle ne reprit plus connaissance que pour de courts instants, redevenant tout de suite la proie des hallucinations sombres qui crispaient d'effroi les muscles de son visage décoloré, tout semblable à une fleur fanée et qui voilaient le regard plus bleu, plus immatériel.

Toutes les fois qu'elle sortait de ce cauchemar pesant, elle manifestait une croissante angoisse, réclamant désespérément les journaux du jour pour voir la date, démêlant, à travers le brouillard qui troublait déjà son intelligence, notre supercherie.

– Mon Dieu ! Mais vous me dites des mensonges ! Voilà deux jours que vous me dites que nous sommes le

7 !… Oh ! donnez-moi les journaux ! Ne me faites pas manquer mes examens…

Une fois qu'elle était plus calme, elle prit la main de l'interne Vlassof, et lui dit d'un ton suppliant, avec un regard d'une tristesse infinie : « Vlassof ! Cher ami… Dites-moi la vérité ! Vous savez que je ne vivrai plus longtemps… Il ne faut pas me faire manquer cette session… L'autre est si loin. Prévenez-moi la veille, et je serai sur pied, je vous assure… »

La volonté de durer, de parfaire son œuvre était si forte en elle qu'elle s'illusionnait sur son état, croyant en la toute-puissance de la volonté.

Mais ces accalmies étaient brèves, et le sombre délire de la fin la reprenait presque aussitôt.

Elle craignait surtout la solitude. Elle voulait être veillée, comme si elle eût redouté l'apparition d'un fantôme déjà entrevu, mais que notre présence éloignait…

Parfois, elle croyait être aux examens et, dans le silence des nuits angoissées, elle répétait des formules, s'efforçant de les expliquer, de tirer une à une, péniblement, ses idées du grand vague, où son esprit flottait déjà.

Chose étrange, pas un seul instant elle ne perdit la notion très nette de la nécessité de se soigner et elle se laissait faire avec une soumission absolue.

Le dernier jour, elle fut plus calme, silencieuse, son regard déjà atone et indifférent flottait au loin. Sans nous voir, elle fixait ses yeux sur nous, et semblait regarder à travers nos corps, très loin.

Son corps décharné, son visage devenu anguleux paraissaient à peine dans les draps blancs du grand vieux lit à deux places, sur l'oreiller où sa tête légère faisait une presque imperceptible dépression.

Marie Edouardowna nous dit :

– Il ne faut pas la quitter. C'est tout à fait la fin.

Et Vlassof et moi nous demeurions là, assis près d'elle, silencieux comme ceux qui veillent les morts.

La journée fut longue dans cette attente d'une chose redoutée, inexorable.

Depuis plusieurs jours, Chouchina n'avait plus parlé des examens, ni demandé les dates des jours qui s'écoulaient.

C'était le jour des examens, et nous nous réjouissions de cet oubli où Chouchina semblait être plongée.

Vers cinq heures, tandis que le crépuscule froid d'automne assombrissait la chambre, Chouchina commença à parler. Ce fut d'abord un murmure inintelligible, entrecoupé. Puis, rapprochés, attentifs, nous entendîmes :

– Dimanche, c'était, c'était le 8... le 8... oui. Lundi ? lundi, le 9...

Avec une lucidité surprenante, malgré nos supercheries, elle se souvint des jours et des dates... Plus elle approchait de cette date fatale du 15, et plus son agitation grandissait.

Tout à coup, elle se souleva, s'assit, étendant les bras devant elle... Ses yeux étaient grands ouverts, ses joues colorées, ses lèvres sèches tremblaient.

– Mais alors... alors... C'est le 15, aujourd'hui... le jour des examens. Et c'est le soir... Et vous ne me l'avez pas dit... Méchants, oh ! méchants... Mais je vais leur dire... Je vais... Donnez-moi mes vêtements...

Elle rejeta les couvertures et voulut se lever. Mais elle retomba sur le lit, d'une pâleur livide, les yeux clos.

Un hoquet bref et fréquent la secoua tout entière.

– Elle meurt... dit Vlassof penché sur elle.

Puis Chouchina se calma. Elle rouvrit les yeux... nous regarda et, pour la première fois depuis qu'elle était alitée, son regard fut, comme jadis, pleinement conscient et profond... d'une profondeur d'abîme.

Elle nous sourit, doucement, tristement.

– Voilà... c'est fini... Et moi qui aurais tant voulu vivre... travailler... C'est fini...

Après un long silence, elle ajouta, avec une ironie d'une amertume affreuse :

– Le doctorat est passé maintenant...

Puis, sa main blanche, allongée, sa petite main de morte se tendit vers les livres que, sur ses instances, nous avions dû laisser près de son lit... Elle prit un mince traité et, d'un grand effort, l'attira sur sa poitrine... Elle ferma les yeux et garda le silence, serrant le livre comme une chose chère, contre sa poitrine oppressée.

Lentement, deux larmes, lourdes, des larmes d'enfant, coulèrent de dessous ses paupières closes, sur ses joues creuses... son visage exprimait une désolation sans bornes, mais sans révolte, douce et résignée...

Son corps se tendit un peu, ses mains se crispèrent sur le livre, puis devinrent inertes. Ses yeux s'ouvrirent à demi-vides...

Un grand silence régna dans la chambre étroite où, silencieusement, Vlassof pleurait, dans la lueur rose de la lampe à abat-jour...

Dans la rue, des étudiants allemands passèrent en chantant un air alerte, fêtant leurs probables succès aux examens...

YASMINA

CONTE ALGÉRIEN

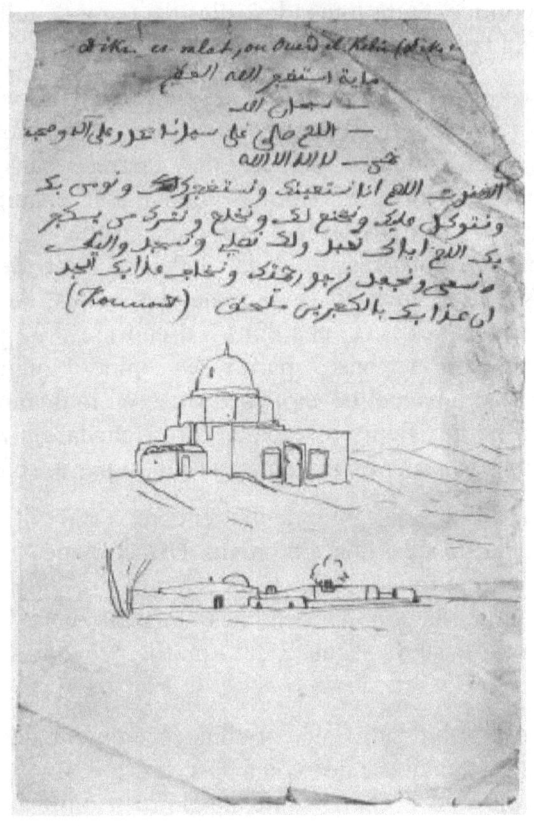

Dessin d'Isabelle Eberhardt

Elle avait été élevée dans un site funèbre où, au sein de la désolation environnante, flottait l'âme mystérieuse des millénaires abolis.

Son enfance s'était écoulée là, dans les ruines grises, parmi les décombres et la poussière d'un passé dont elle ignorait tout.

De la grandeur morne de ces lieux, elle avait pris comme une surcharge de fatalisme et de rêve. Étrange, mélancolique, entre toutes les filles de sa race : telle était Yasmina la Bédouine.

Les *gourbis* de son village s'élevaient auprès des ruines romaines de Timgad, au milieu d'une immense plaine pulvérulente, semée de pierres sans âge, anonymes, débris disséminés dans les champs de chardons épineux d'aspect méchant, seule végétation herbacée qui pût résister à la chaleur torride des étés embrasés. Il y en avait là de toutes les tailles, de toutes les couleurs, de ces chardons : d'énormes, à grosses fleurs bleues, soyeuses parmi les épines longues et aiguës, de plus petits, étoilés d'or… et tous rampants enfin, à petites fleurs rose pâle. Par-ci par-là, un maigre buisson de jujubier ou un lentisque roussi par le soleil.

Un arc de triomphe, debout encore, s'ouvrait en une courbe hardie sur l'horizon ardent. Des colonnes géantes, les unes couronnées de leurs chapiteaux, les autres brisées, une légion de colonnes dressées vers le ciel, comme en une rageuse et inutile révolte contre l'inéluctable Mort…

Un amphithéâtre aux gradins récemment déblayés, un forum silencieux, des voies désertes, tout un squelette de grande cité défunte, toute la gloire triomphante des Césars vaincue par le temps et résorbée par les entrailles jalouses de cette terre d'Afrique qui dévore lentement, mais sûrement, toutes les civilisations étrangères ou hostiles à son âme…

Dès l'aube quand, au loin, le Djebel Aurès s'irisait de lueurs diaphanes, Yasmina sortait de son humble *gourbi* et s'en allait doucement, par la plaine, poussant devant elle son maigre troupeau de chèvres noires et de moutons grisâtres.

D'ordinaire, elle le menait dans la gorge tourmentée et sauvage d'un oued, assez loin du douar.

Là se réunissaient les petits pâtres de la tribu. Cependant, Yasmina se tenait à l'écart, ne se mêlant point aux jeux des autres enfants.

Elle passait toutes ses journées, dans le silence menaçant de la plaine, sans soucis, sans pensées, poursuivant des rêveries vagues, indéfinissables, intraduisibles en aucune langue humaine.

Parfois, pour se distraire, elle cueillait au fond de l'oued desséché quelques fleurettes bizarres, épargnées du soleil, et chantait des mélopées arabes.

Le père de Yasmina, El hadj Salem, était déjà vieux et cassé. Sa mère, Habiba, n'était plus, à trente-cinq ans, qu'une vieille momie sans âge, adonnée aux durs travaux du gourbi et du petit champ d'orge.

Yasmina avait deux frères aînés, engagés tous deux aux Spahis. On les avait envoyés tous deux très loin, dans le désert. Sa sœur aînée, Fathma, était mariée et habitait le *douar* principal des Ouled-Mériem. Il n'y avait plus au gourbi que les jeunes enfants et Yasmina, l'aînée, qui avait environ quatorze ans.

Ainsi, d'aurore radieuse en crépuscule mélancolique, la petite Yasmina avait vu s'écouler encore un printemps, très semblable aux autres, qui se confondaient dans sa mémoire.

Or, un soir, au commencement de l'été, Yasmina rentrait avec ses bêtes, remontant vers Timgad illuminée des derniers rayons du soleil à son déclin. La plaine resplendissait, elle aussi, en une pulvérulence rose d'une infinie délicatesse de teinte... Et Yasmina s'en revenait en chantant une complainte saharienne, apprise de son frère Slimène qui était venu en congé un an auparavant, et qu'elle aimait beaucoup :

« Jeune fille de Constantine, qu'es-tu venue faire ici, toi qui n'es point de mon pays, toi qui n'es point faite pour vivre dans la dune aveuglante...

« Jeune fille de Constantine, tu es venue et tu as pris mon cœur, et tu l'emporteras dans ton pays... Tu as juré de revenir, par le Nom très haut... Mais quand tu reviendras au pays des palmes, quand tu reviendras à El Oued, tu ne me retrouveras plus dans la DEMEURE DES PLEURS... Cherche-moi dans la DEMEURE DE L'ÉTERNITÉ... »

Et doucement, la chanson plaintive s'envolait dans l'espace illimité... Et doucement, le prestigieux soleil s'éteignait dans la plaine...

Elle était bien calme, la petite âme solitaire et naïve de Yasmina... Calme et douce comme ces petits lacs purs que les pluies laissent au printemps pour un instant dans les éphémères prairies africaines, et où rien ne se reflète, sauf l'azur infini du ciel sans nuages...

Quand Yasmîna rentra, sa mère lui annonça qu'on allait la marier à Mohammed Elaour, cafetier à Batna.

D'abord, Yasmina pleura, parce que Mohammed était borgne et très laid et parce que c'était si subit et si imprévu, ce mariage.

Puis, elle se calma et sourit, car c'était écrit. Les jours se passèrent. Yasmina n'allait plus au pâturage. Elle cousait, de ses petites mains maladroites, son humble trousseau de fiancée nomade.

Personne, parmi les femmes du douar, ne songea à lui demander si elle était contente de ce mariage. On la donnait à Elaour, comme on l'eût donnée à tout autre Musulman. C'était dans l'ordre des choses, et il n'y avait là aucune raison d'être contente outre mesure, ni non plus de se désoler.

Yasmina savait même que son sort serait un peu meilleur que celui des autres femmes de sa tribu, puisqu'elle habiterait la ville et qu'elle n'aurait, comme les Mauresques, que son ménage à soigner et ses enfants à élever.

Seuls les enfants la taquinaient parfois, lui criant : « Marte-el-Aour ! – La femme du borgne ! » Aussi évitait-elle d'aller, à la tombée de la nuit, chercher de l'eau à l'oued, avec les autres femmes. Il y avait bien une fontaine dans la cour du « bordj » des fouilles, mais le gardien Roumi, employé des Beaux-Arts, ne permettait point aux gens de la tribu de puiser l'eau pure et fraîche dans cette fontaine. Ils étaient donc réduits à se servir de l'eau saumâtre de l'oued où piétinaient, matin et soir, les troupeaux. De là, l'aspect maladif des gens de la tribu continuellement atteints de fièvres malignes.

Un jour, Elaour vint annoncer au père de Yasmina qu'il ne pourrait, avant l'automne, faire les frais de la noce et payer la dot de la jeune fille.

Yasmina avait achevé son trousseau et son petit frère

Ahmed qui l'avait remplacée au pâturage, étant tombé malade, elle reprit ses fonctions de bergère et ses longues courses à travers la plaine.

Elle y poursuivait ses rêves imprécis de vierge primitive, que l'approche du mariage n'avait en rien modifiés.

Elle n'espérait ni même ne désirait rien. Elle était inconsciente, donc heureuse.

Il y avait alors à Batna un jeune lieutenant, détaché au Bureau Arabe, nouvellement débarqué de France. Il avait demandé à venir en Algérie, car la vie de caserne qu'il avait menée pendant deux ans, au sortir de Saint-Cyr, l'avait profondément dégoûté. Il avait l'âme aventureuse et rêveuse.

À Batna, il était vite devenu chasseur, par besoin de longues courses à travers cette âpre campagne algérienne qui, dès le début, l'avait charmé singulièrement.

Tous les dimanches, seul, il s'en allait à l'aube, suivant au hasard les routes raboteuses de la plaine et parfois les sentiers ardus de la montagne.

Un jour, accablé par la chaleur de midi, il poussa son cheval dans le ravin sauvage où Yasmina gardait son troupeau.

Assise sur une pierre, à l'ombre d'un rocher rougeâtre où des genévriers odorants croissaient, Yasmina jouait distraitement avec des brindilles vertes et chantait une complainte bédouine où, comme dans la vie, l'amour et la mort se côtoient.

L'officier était las et la poésie sauvage du lieu lui plut.

Quand il eut trouvé la ligne d'ombre pour abriter son cheval, il s'avança vers Yasmina et, ne sachant pas un mot d'arabe, lui dit en français :

– Y a-t-il de l'eau, par ici ?

Sans répondre, Yasmina se leva pour s'en aller, inquiète, presque farouche.

– Pourquoi as-tu peur de moi ? Je ne te ferai pas de mal, dit-il, amusé déjà par cette rencontre.

Mais elle fuyait l'ennemi de sa race vaincue et elle partit.

Longtemps, l'officier la suivit des yeux.

Yasmina lui était apparue, svelte et fine sous ses haillons bleus, avec son visage bronzé, d'un pur ovale, où les grands yeux noirs de la race berbère scintillaient mystérieusement, avec leur expression sombre et triste, contredisant étrangement le contour sensuel à la fois et enfantin des lèvres sanguines, un peu épaisses. Passés dans le lobe des oreilles gracieuses, deux lourds anneaux de fer encadraient cette figure charmante. Sur le front, juste au milieu, la croix berbère était tracée en bleu, symbole inconnu, inexplicable chez ces peuplades autochtones qui ne furent jamais chrétiennes et que l'Islam vint prendre toutes sauvages et fétichistes, pour sa grande floraison de foi et d'espérance.

Sur sa tête aux lourds cheveux laineux, très noirs, Yasmina portait un simple mouchoir rouge, roulé en forme de turban évasé et plat.

Tout en elle était empreint d'un charme presque mystique dont le lieutenant Jacques ne savait s'expliquer la nature.

Il resta longtemps là, assis sur la pierre que Yasmina avait quittée. Il songeait à la Bédouine et à sa race tout entière.

Cette Afrique où il était venu volontairement lui apparaissait encore comme un monde presque chimérique, inconnu profondément, et le peuple arabe, par toutes les manifestations extérieures de son caractère, le plongeait en un constant étonnement. Ne fréquentant presque pas ses camarades du Cercle, il n'avait point encore appris à répéter les clichés ayant cours en Algérie et si nettement hostiles, *a priori,* à tout ce qui est arabe et musulman.

Il était encore sous le coup du grand enchantement, de la griserie intense de l'arrivée, et il s'y abandonnait voluptueusement.

Jacques, issu d'une famille noble des Ardennes, élevé dans l'austérité d'un collège religieux de province, avait gardé, à travers ses années de Saint-Cyrien, une âme de montagnard ; encore relativement très fermée à cet « esprit moderne », frondeur et sceptique de parti pris, qui mène rapidement à toutes les décrépitudes morales.

Il savait donc encore voir *par lui-même,* et s'abandonner sincèrement à ses propres impressions.

Sur l'Algérie, il ne savait que l'admirable épopée de la conquête et de la défense, l'héroïsme sans cesse déployé de part et d'autre pendant trente années.

Cependant, intelligent, peu expansif, il était déjà porté à analyser ses sensations, à classifier en quelque sorte ses pensées.

Ainsi, le dimanche suivant, quand il se vit reprendre le chemin de Timgad, eut-il la sensation très nette qu'il n'y allait que pour revoir la petite Bédouine.

Encore très pur et très noble, il n'essayait point de *truquer* avec sa conscience. Il s'avouait parfaitement qu'il n'avait pu résister à l'envie d'acheter des bonbons, dans l'intention de lier connaissance avec cette petite fille, dont la grâce étrange le captivait si invinciblement et à laquelle, toute la semaine durant, il n'avait fait que penser.

… Et maintenant, parti dès l'aube par la belle route de Lambèse, il pressait son cheval, pris d'une impatience qui l'étonnait lui-même… Ce n'était en somme que le vide de son cœur à peine sorti des limbes enchantés de l'adolescence, sa vie solitaire loin du pays natal, la presque virginité de sa pensée que les débauches de Paris n'avait point souillée, ce n'était que ce vide profond qui le poussait vers l'inconnu troublant qu'il commençait à entrevoir au-delà de cette ébauche d'aventure bédouine.

… Enfin, il s'enfonça dans l'étroite et profonde gorge de l'oued desséché.

Çà et là, sur les grisailles fauves des broussailles, un troupeau de chèvres jetait une tache noire à côté de celle, blanche, d'un troupeau de moutons.

Et Jacques chercha presque anxieusement celui de Yasmina.

– Comment se nomme-t-elle ? Quel âge a-t-elle ?

Voudra-t-elle me parler, cette fois, ou bien s'enfuira-t-elle comme l'autre jour ?

Jacques se posait toutes ces questions avec une inquiétude croissante. D'ailleurs, comment allait-il lui parler, puisque, bien certainement, elle ne comprenait pas un mot de français et que lui ne savait pas même le *sabir ?*…

Enfin, dans la partie la plus déserte de l'oued, il découvrit Yasmina, couchée à plat ventre parmi ses agneaux, et la tête soutenue par ses deux mains.

Dès qu'elle l'aperçut, elle se leva, hostile de nouveau.

Habituée à la brutalité et au dédain des employés et des ouvriers des ruines, elle haïssait tout ce qui était chrétien.

Mais Jacques souriait, et il n'avait pas l'air de lui vouloir du mal. D'ailleurs, elle voyait bien qu'il était tout jeune et très beau sous sa simple tenue de toile blanche.

Elle avait auprès d'elle une petite *guerba* suspendue entre trois piquets formant faisceau.

Jacques lui demanda à boire, par signes. Sans répondre, elle lui montra du doigt la *guerba*.

Il but. Puis il lui tendit une poignée de bonbons roses. Timidement, sans oser encore avancer la main, elle dit en arabe, avec un demi-sourire et levant pour la première fois ses yeux sur ceux du Roumi :

– *Ouch-noua ?* Qu'est-ce ?

– C'est bon, dit-il, riant de son ignorance, mais heureux que la glace fût enfin rompue.

Elle croqua un bonbon, puis, soudain, avec un accent un peu rude, elle dit :

– Merci !

– Non, non, prends-les tous !

– Merci ! Merci ! Msiou ! merci !

– Comment t'appelles-tu ?

Longtemps, elle ne comprit pas. Enfin, comme il s'était mis à lui citer tous les noms de femmes arabes qu'il connaissait, elle sourit et dit : « Smina » (Yasmina).

Alors, il voulut la faire asseoir près de lui pour continuer la conversation. Mais, prise d'une frayeur subite, elle s'enfuit.

Toutes les semaines, quand approchait le dimanche, Jacques se disait qu'il agissait mal, que son devoir était de laisser en paix cette créature innocente dont tout le séparait et qu'il ne pourrait jamais que faire souffrir… Mais il n'était plus libre d'aller à Timgad ou de rester à Batna et il partait…

Bientôt, Yasmina n'eut plus peur de Jacques. Toutes les fois, elle vint d'elle-même s'asseoir près de l'officier, et elle essaya de lui faire comprendre des choses dont le sens lui échappait la plupart du temps, malgré tous les efforts de la jeune fille. Alors voyant qu'il ne parvenait pas à la comprendre, elle se mettait à rire… Et alors, ce rire de gorge qui lui renversait la tête en arrière, découvrait ses dents d'une blancheur laiteuse, donnait à Jacques une sensation de désir et une prescience de volupté grisantes…

En ville, Jacques s'acharnait à l'étude de l'arabe algérien… Son ardeur faisait sourire ses camarades qui disaient, non sans ironie : « Il doit y avoir une *bicotte* là-dessous. »

Déjà, Jacques aimait Yasmina, follement, avec toute l'intensité débordante d'un premier amour chez un homme à la fois très sensuel et très rêveur en qui l'amour de la chair se spiritualisait, revêtait la forme d'une tendresse vraie…

Cependant, ce que Jacques aimait en Yasmina, en son ignorance absolue de l'âme de la Bédouine, c'était un être purement imaginaire, issu de son imagination, et bien certainement fort peu semblable à la réalité…

Souriante, avec, cependant, une ombre de mélancolie dans le regard, Yasmina écoutait Jacques lui chanter, maladroitement encore, toute sa passion qu'il n'essayait même plus d'enchaîner.

— C'est impossible, disait-elle avec, dans la voix, une tristesse déjà douloureuse. Toi, tu es un Roumi, un *Kéfer,* et moi, je suis Musulmane. Tu sais, c'est *haram* chez nous, qu'une Musulmane prenne un chrétien ou un juif ; et pourtant, tu es beau, tu es bon. Je t'aime...

Un jour, très naïvement, elle lui prit le bras et dit, avec un long regard tendre : « Fais-toi Musulman... C'est bien facile ! Lève ta main droite, comme ça, et dis, avec moi : « *La illaha illa Allah, Mohammed raçoul Allah* » : « Il n'est point d'autre divinité que Dieu, et Mohammed est l'envoyé de Dieu. »

Lentement, par simple jeu, pour lui faire plaisir, il répéta les paroles chantantes et solennelles qui, prononcées *sincèrement,* suffisent à lier irrévocablement à l'Islam... Mais Yasmina ne savait point que l'on peut dire de telles choses sans y croire, et elle pensait que *l'énonciation* seule de la profession de foi musulmane par son Roumi en ferait un croyant... Et Jacques, ignorant des idées frustes et primitives que se fait de l'Islam le peuple illettré, ne se rendait point compte de la portée de ce qu'il venait de faire.

Ce jour-là, au moment de la séparation, spontanément, avec un sourire heureux, Yasmina lui donna un baiser, le premier... Ce fut pour Jacques une ivresse sans nom, infinie...

Désormais, dès qu'il était libre, dès qu'il disposait de quelques heures, il partait au galop pour Timgad.

Pour Yasmina, Jacques n'était plus un Roumi, un *Kéfer*... Il avait attesté l'unité absolue de Dieu et la mission de son Prophète... Et un jour, simplement, avec toute la passion fougueuse de sa race, elle se donna...

Ils eurent un instant d'anéantissement ineffable,

après lequel ils se réveillèrent, l'âme illuminée d'une lumière nouvelle, comme s'ils venaient de sortir des ténèbres.

… Maintenant, Jacques pouvait dire à Yasmina presque toutes les choses douces ou poignantes dont était remplie son âme, tant ses progrès en arabe avaient été rapides… Parfois, il la priait de chanter. Alors, couché près de Yasmina, il mettait sa tête sur ses genoux et, les yeux clos, il s'abandonnait à une rêverie imprécise, très douce.

Depuis quelque temps, une idée singulière venait le hanter et quoique la sachant bien enfantine, bien irréalisable, il s'y abandonnait, y trouvant une jouissance étrange… Tout quitter, à jamais, renoncer à sa famille, à la France, rester pour toujours en Afrique avec Yasmina… Même démissionner et s'en aller, avec elle toujours, sous le burnous et le turban, mener une existence insoucieuse et lente, dans quelque Ksar du Sud… Quand Jacques était loin de Yasmina, il retrouvait toute sa lucidité et il souriait de ces enfantillages mélancoliques… Mais dès qu'il se retrouvait auprès d'elle, il se laissait aller à une sorte d'assouplissement intellectuel d'une douceur indicible. Il la prenait dans ses bras, et, plongeant son regard dans l'ombre du sien, il lui répétait à l'infini ce mot de tendresse arabe, si doux :

– Aziza ! Aziza ! Aziza !

Yasmina ne se demandait jamais quelle serait l'issue de ses amours avec Jacques. Elle savait que beaucoup d'entre les filles de sa race avaient des amants, qu'elles se cachaient soigneusement de leurs familles, mais que, généralement, cela finissait par un mariage.

Elle *vivait.* Elle était heureuse simplement, sans réflexion et sans autre désir que celui de voir son bonheur durer éternellement.

Quant à Jacques, il voyait bien clairement que leur amour ne pouvait que durer ainsi, indéfiniment, car il concevait l'impossibilité d'un mariage entre lui qui avait une famille, là-bas, au pays, et cette petite Bédouine qu'il ne pouvait même songer à transporter dans un autre milieu, sur un sol lointain et étranger.

Elle lui avait bien dit que l'on devait la marier à un *cahouadji* de la ville, vers la fin de l'automne.

Mais c'était si loin, cette fin d'automne... Et lui aussi, Jacques s'abandonnait à la félicité de l'heure...

– Quand ils voudront me donner au borgne, tu me prendras et tu me cacheras quelque part dans la montagne, loin de la ville, pour qu'ils ne me retrouvent plus jamais. Moi, j'aimerais habiter la montagne, où il y a de grands arbres qui sont plus vieux que les plus anciens des vieillards, et où il y a de l'eau fraîche et pure qui coule à l'ombre... Et puis, il y a des oiseaux qui ont des plumes rouges, vertes et jaunes, et qui chantent...

« Je voudrais les entendre, et dormir à l'ombre, et boire de l'eau fraîche... Tu me cacheras dans la montagne et tu viendras me voir tous les jours... J'apprendrai à chanter comme les oiseaux et je chanterai pour toi. Après je leur apprendrai ton nom pour qu'ils me le redisent quand tu seras absent. »

Yasmina lui parlait ainsi parfois, avec son étrange regard sérieux et ardent...

– Mais, disait-elle, les oiseaux du Djebel Touggour sont des oiseaux musulmans... Ils ne sauront pas chanter ton nom de Roumi... Ils ne sauront te dire qu'un nom musulman... et c'est moi qui dois te le donner, pour le leur apprendre... Tu t'appelleras *Mabrouk,* cela nous portera bonheur.

... Pour Jacques, cette langue arabe était devenue

une musique suave, parce que c'était sa langue à elle, et que tout ce qui était elle l'enivrait. Jacques ne pensait plus, il vivait.

Et il était heureux.

Un jour, Jacques apprit qu'il était désigné pour un poste du Sud-Oranais.

Il lut et relut l'ordre implacable, sans autre sens pour lui que celui-ci, partir, quitter Yasmina, la laisser marier à ce cafetier borgne et ne plus jamais la revoir...

Pendant des jours et des jours, désespérément, il chercha un moyen quelconque de ne pas partir, une permutation avec un camarade... mais en vain.

Jusqu'au dernier moment, tant qu'il avait pu conserver la plus faible lueur d'espérance, il avait caché à Yasmina le malheur qui allait les frapper...

Pendant ses nuits d'insomnie et de fièvre, il en était arrivé à prendre des résolutions extrêmes : tantôt il se décidait à risquer le scandale retentissant d'un enlèvement et d'un mariage, tantôt il songeait à donner sa démission, à tout abandonner pour sa Yasmina, à devenir en réalité ce *Mabrouk* qu'elle rêvait de faire de lui... Mais toujours une pensée venait l'arrêter : il y avait là-bas, dans les Ardennes, un vieux père et une mère aux cheveux blancs qui mourraient certainement de chagrin si leur fils, « le beau lieutenant Jacques », comme on l'appelait au pays, faisait toutes ces choses qui passaient par son cerveau embrasé, aux heures lentes des nuits mauvaises.

Yasmina avait bien remarqué la tristesse et l'inquiétude croissante de son *Mabrouk* et, n'osant encore lui avouer la vérité, il lui disait que sa vieille mère était bien malade, là-bas, *fil Fransa...*

Et Yasmina essayait de le consoler, de lui inculquer son tranquille fatalisme.

— *Mektoub,* disait-elle. Nous sommes tous sous la main de Dieu et tous nous mourrons, pour retourner à Lui... Ne pleure pas ; *Ya Mabrouk,* c'est écrit.

— « Oui, songeait-il amèrement, nous devons tous, un jour ou l'autre, être à jamais séparés de tout ce qui nous est cher... Pourquoi donc le sort, ce *Mektoub* dont elle me parle, nous sépare-t-il donc prématurément, tant que nous sommes en vie tous deux ? »

Enfin, peu de jours avant celui fixé irrévocablement pour son départ, Jacques partit pour Timgad... Il allait, plein de crainte et d'angoisse, dire la vérité à Yasmina. Cependant, il ne voulait point lui dire que leur séparation serait probablement, certainement même, éternelle...

Il lui parla simplement d'une mission devant durer trois ou quatre mois.

Jacques s'attendait à une explosion de désespoir déchirant...

Mais, debout devant lui, elle ne broncha pas. Elle continua de le regarder bien en face, comme si elle eût voulu lire dans ses pensées les plus secrètes... et ce regard lourd, sans expression compréhensible pour lui, le troubla infiniment... Mon Dieu ! allait-elle donc croire qu'il l'abandonnait volontairement ?

Comment lui expliquer la vérité, comment lui faire comprendre qu'il n'était pas le maître de sa destinée ? Pour elle, un officier français était un être presque tout-puissant, absolument libre de faire tout ce qu'il voulait.

... Et Yasmina continuait de regarder Jacques bien

en face, les yeux dans les yeux. Elle gardait le silence…

Il ne put supporter plus longtemps ce regard qui semblait le condamner.

Il la saisit dans ses bras :

– Ô Aziza ! Aziza ! dit-il. Tu te fâches contre moi !

Ne vois-tu donc pas que mon cœur se brise, que je ne m'en irais jamais, si seulement je pouvais rester !

Elle fronça ses fins sourcils noirs.

– Tu mens ! dit-elle. Tu mens ! Tu n'aimes plus Yasmina, ta maîtresse, ta femme, ta servante, celle à qui tu as pris sa virginité. C'est bien toi qui tiens à t'en aller !… Et tu mens encore quand tu me dis que tu reviendras bientôt… Non, tu ne reviendras jamais, jamais, jamais !

Et ce mot, obstinément répété sur un ton presque solennel, sembla à Jacques le glas funèbre de sa jeunesse.

Abadane ! Abadane ! Il y avait, dans le *son* même de ce mot, quelque chose de *définitif,* d'inexorable et de fatal.

– Oui, tu t'en vas… Tu vas te marier avec une *Roumia,* là-bas, en France…

Et une flamme sombre s'alluma dans les grands yeux roux de la nomade. Elle s'était dégagée presque brusquement de l'étreinte de Jacques, et elle cracha à terre, avec dédain, en un mouvement d'indignation sauvage.

– Chiens et fils de chiens, tous les Roumis !

– Oh ! Yasmina, comme tu es injuste envers moi ! Je te jure que j'ai supplié tous mes camarades l'un après l'autre de partir au lieu de moi… et ils n'ont pas voulu.

— Ah ! tu vois bien toi-même que, quand un officier ne veut pas partir, il ne part pas !

— Mais mes camarades, *c'est moi* qui les ai priés de partir à ma place, et ils ne dépendent pas de moi… tandis que moi je dépends du général, du ministre de la Guerre…

Mais Yasmina, incrédule, demeurait hostile et fermée.

Et Jacques regrettait que l'explosion de désespoir qu'il avait tant redoutée en route n'eût pas eu lieu.

Ils restèrent longtemps ainsi, silencieux, séparés déjà par tout un abîme, par toutes ces choses européennes qui dominaient tyranniquement sa vie à lui et qu'elle, Yasmina, ne comprendrait jamais…

Enfin, le cœur débordant d'amertume, Jacques pleura, la tête abandonnée sur les genoux de Yasmina.

Quand elle le vit sangloter si désespérément, elle comprit qu'il était sincère… Elle serra la chère tête aimée contre sa poitrine, pleurant elle aussi, enfin.

— *Mabrouk !* Prunelle de mes yeux ! Ma lumière ! Ô petite tache noire de mon cœur ! Ne pleure pas, mon seigneur ! Ne t'en va pas, *Ya Sidi.* Si tu veux partir, je me coucherai en travers de ton chemin et je mourrai. Et alors, tu devras passer sur le cadavre de ta Yasmina. Ou bien, si tu dois absolument partir, emmène-moi avec toi. Je serai ton esclave. Je soignerai ta maison et ton cheval… Si tu es malade, je te donnerai le sang de mes veines pour te guérir… ou je mourrai pour toi. *Ya Mabrouk ! Ya Sidi !* emmène-moi avec toi…

Et comme il gardait le silence, brisé devant l'impossibilité de ce qu'elle demandait, elle reprit :

— Alors, viens, mets des vêtements arabes. Sauvons-nous ensemble dans la montagne, ou bien, plus loin, dans le désert, au pays des *Chaâmba* et des *Touareg*... Tu deviendras tout à fait Musulman, et tu oublieras la France...

– Je ne puis pas... Ne me demande pas l'impossible. J'ai de vieux parents, là-bas, en France, et ils mourront de chagrin... Oh ! Dieu seul sait combien je voudrais pouvoir te garder auprès de moi, toujours.

Il sentait les lèvres chaudes de Yasmina lui caresser doucement les mains, dans le débordement de leurs larmes mêlées... Ce contact réveilla en lui d'autres pensées, et ils eurent encore un instant de joie si profonde, si absolue qu'ils n'en avaient jamais connue de semblable même aux jours de leur tranquille bonheur.

– Oh ! comment nous quitter ! bégayait Yasmina, dont les larmes continuaient de couler.

Deux fois encore, Jacques revint et ils retrouvèrent cette indicible extase qui semblait devoir les lier l'un à l'autre, indissolublement et à jamais.

Mais enfin, l'heure solennelle des adieux sonna... de ces adieux que l'un savait et que l'autre *pressentait* éternels...

Dans leur dernier baiser, ils mirent toute leur âme...

Longtemps, Yasmina écouta retentir au loin le galop cadencé du cheval de Jacques... Quand elle ne l'entendit plus, et que la plaine fut retombée au lourd silence accoutumé, la petite Bédouine se jeta la face contre terre et pleura...

Un mois s'étant écoulé depuis le départ de Jacques, Yasmina vivait en une sorte de torpeur morne.

Toute la journée, seule désormais dans son oued sauvage, elle demeurait couchée à terre, immobile.

En elle, aucune révolte contre *Mektoub* auquel, dès sa plus tendre enfance, elle était habituée à attribuer tout ce qui lui arrivait, en bien comme en mal… Simplement une douleur infinie, une souffrance continue, sans trêve ni repos, la souffrance cruelle et *injuste* des êtres inconscients, enfants ou animaux, qui n'ont même pas l'amère consolation de *comprendre* pourquoi et comment ils souffrent…

Comme tous les nomades, mélange confus où le sang asiatique s'est perdu au milieu des tribus autochtones, *Chaouïya,* Berbères, etc., Yasmina n'avait de l'Islam qu'une idée très vague. Elle savait – sans toutefois se rendre compte de ce que cela signifiait – qu'il y a un Dieu, seul, unique, éternel, qui a tout créé et qui est Rab-el-Alémine – Souverain des Univers – que Mohammed est son Prophète et que le Coran est l'expression écrite de la religion. Elle savait aussi réciter les deux ou trois courtes sourates du Coran qu'aucun Musulman n'ignore.

Yasmina ne connaissait d'autres Français que ceux qui gardaient les ruines et travaillaient aux fouilles, et elle savait bien tout ce que sa tribu avait eu à en souffrir. De là, elle concluait que tous les Roumis étaient les ennemis irréconciliables des Arabes. Jacques avait fait tout son possible pour lui expliquer qu'il y a des Français qui ne haïssent point les Musulmans… Mais en lui-même, il savait bien qu'il suffit de quelques fonctionnaires ignorants et brutaux pour rendre la France haïssable aux yeux de pauvres villageois illettrés et obscurs.

Yasmina entendait tous les Arabes des environs se

plaindre d'avoir à payer des impôts écrasants, d'être terrorisés par l'administration militaire, d'être spoliés de leurs biens… Et elle en concluait que probablement ces Français bons et humains dont lui parlait Jacques ne venaient pas dans son pays, qu'ils restaient quelque part au loin.

Tout cela, dans sa pauvre intelligence inculte, dont les forces vives dormaient profondément, était très vague et ne la préoccupait d'ailleurs nullement.

Elle n'avait commencé à penser, très vaguement, que du jour où elle avait aimé.

Jadis, quand Jacques la quittait pour rentrer à Batna, elle restait songeuse. Qu'y faisait-il ? Où vivait-il ? Voyait-il d'autres femmes, des *Roumia* qui sortent sans voile et qui ont des robes de soie et des chapeaux comme celles qui venaient visiter les ruines ? Et une vague jalousie s'allumait alors dans son cœur.

Mais, depuis que Jacques était parti pour l'Oranie lointaine, Yasmina avait beaucoup souffert et son intelligence commençait à s'affirmer.

Parfois, dans sa solitude désolée, elle se mettait à chanter les complaintes qu'il avait aimées, et alors elle pleurait, entrecoupant de sanglots déchirants les couplets mélancoliques, appelant son *Mabrouk* chéri par les plus doux noms qu'elle avait coutume de lui donner, le suppliant de revenir, comme s'il pouvait l'entendre.

Elle était illettrée, et Jacques ne pouvait lui écrire, car elle n'eût osé montrer à qui que ce soit les lettres de l'officier pour se les faire traduire.

Elle était donc restée sans nouvelles de lui.

Un dimanche, tandis qu'elle rêvait tristement, elle vit arriver du côté de Batna un cavalier indigène, monté sur un fougueux cheval gris. Le cavalier, qui portait la tenue des officiers indigènes de spahis, poussa son cheval dans le lit de l'oued. Il semblait chercher quelqu'un. Apercevant la petite fille, il l'interpella :

— N'es-tu point Smina ben Hadj Salem ?

— Qui es-tu, et comment me connais-tu ?

— Alors, c'est bien toi ! Moi, je suis Chérif ben Aly Chaâmbi, sous-lieutenant de spahis, et ami de Jacques. C'est bien toi qui étais sa maîtresse ?

Épouvantée de voir son secret en possession d'un Musulman, Yasmina voulut fuir. Mais l'officier la saisit par le poignet et la retint de force.

— Où vas-tu, fille du péché ? J'ai fait toute cette longue course pour voir ta figure et tu te sauves ?

Elle faisait de vains efforts pour se dégager.

— Lâche-moi ! Lâche-moi ! Je ne connais personne, je n'étais la maîtresse de personne !

Chérif se mit à rire.

— Si, tu étais sa maîtresse, fille du péché ! Et je devrais te couper la tête pour cela, bien que Jacques soit un frère pour moi. Viens là-bas, au fond de l'oued. Personne ne doit nous voir. J'ai une lettre de Jacques pour toi et je vais te la lire.

Joyeusement, elle battit des mains.

Jacques lui faisait savoir qu'elle pouvait avoir toute confiance en Chérif et que, s'il lui arrivait jamais malheur, elle devrait s'adresser à lui. Il lui disait qu'il ne pensait qu'à elle, qu'il lui était toujours resté fidèle. Il terminait en lui jurant de toujours l'aimer, de ne jamais l'oublier et de revenir un jour la reprendre.

… Beaux serments, jeunes résolutions *irrévocables*, et que le temps efface et anéantit bien vite, comme tout le reste !…

Yasmina pria Chérif de répondre à Jacques qu'elle aussi l'aimait toujours, qu'elle lui resterait fidèle tant qu'elle vivrait, qu'elle restait son esclave soumise et aimante, et qu'elle aimerait *être le sol sous ses pieds*.

Chérif sourit.

— Si tu avais aimé un Musulman, dit-il, il t'aurait épousée selon la loi, et tu ne serais pas ici à pleurer…

— *Mektoub !*

Et l'officier remonta sur son étalon gris et repartit au galop, soulevant un nuage de poussière.

Jacques craignait d'attirer l'attention des gens du *douar* et il différa longtemps l'envoi de sa seconde lettre à Yasmina… si longtemps que quand il voulut lui écrire, il apprit que Chérif était parti pour un poste du Sahara.

Peu à peu, après le grand désespoir de la première heure, la paix s'était faite dans le cœur de Jacques.

Dans le Ksar oranais où il vivait, il avait trouvé des camarades français très distingués, très lettrés, et dont l'un possédait une assez vaste bibliothèque. Jacques s'était mis à lire, à étudier des questions qui, jusque-là, lui étaient demeurées absolument étrangères… De nouveaux horizons s'ouvrirent à son esprit…

Plus tard, il changea de poste. À Géryville, il fit la connaissance d'une jeune Espagnole, très belle, dont il devint amoureux.

Et ainsi, l'image charmante de Yasmina se recula dans ces lointains vagues du souvenir, où tout s'embrume et finit de sombrer dans les ténèbres de l'oubli définitif…

Mohammed Elaour vint enfin annoncer qu'il pouvait subvenir aux frais de la noce.

L'on fixa pour celle-ci une date très rapprochée.

Yasmina, passive, s'abandonnait à son sort...

Par instinct d'amoureuse passionnée, elle avait bien senti que Jacques l'avait oubliée, et tout lui était désormais devenu égal.

Cependant, une angoisse étreignait son cœur à la pensée de ce mariage, car elle connaissait trop bien les mœurs de son peuple pour ne pas prévoir la colère de son mari quand il s'apercevrait qu'elle n'était plus intacte.

Elle était déjà certaine de devenir la femme du cahouadji borgne quand, brusquement, survint une querelle d'intérêts entre Hadj Salem et Elaour.

Peu de jours après, Yasmina apprit qu'on allait la donner à un homme qu'elle n'avait entrevu qu'une fois, un spahi, Abd-el-Kader ben Smaïl, tout jeune et très beau, qui passait pour un audacieux, un indomptable, mal noté au service pour sa conduite, mais estimé de ses chefs pour son courage et son intelligence.

Il prit Yasmina par amour, l'ayant trouvée très belle, dans l'épanouissement de ses quinze ans... Il avait offert à Hadj Salem une rançon supérieure à celle que promettait Elaour. D'ailleurs, cela flattait l'amour-propre du vieillard de donner sa fille à ce garçon, issu d'une bonne famille de Guelma, quoique brouillé avec ses parents à la suite de son engagement.

Les fêtes de la noce durèrent trois jours, au douar d'abord, ensuite en ville.

Au douar, l'on avait tiré quelques coups de fusil, fait

partir beaucoup de pétards, fait courir les faméliques chevaux, avec de grands cris qui enivraient hommes et bêtes.

À la ville, les femmes avaient dansé au son des *benadir* et de la *r'aïta* bédouines...

Yasmina, vêtue de plusieurs chemises en mousseline blanche à longues et larges manches pagode, d'un kaftan de velours bleu galonné d'or, d'une gandoura de soie rose, coiffée d'une petite chéchia pointue, cerise et verte, parée de bijoux d'or et d'argent, trônait sur l'unique chaise de la pièce, au milieu des femmes, tandis que les hommes s'amusaient dans la rue et sur les bancs du café maure d'en face.

Par les femmes, Yasmina avait appris le départ de Chérif Chaâmbi, et la dernière lueur d'espoir qu'elle avait encore conservée s'éteignit : elle ne saurait donc plus jamais rien de son Jacques.

Le soir, quand elle fut seule avec Abd-el-Kader, Yasmina n'osa point lever ses yeux sur ceux de son mari. Tremblante, elle songeait à sa colère imminente et au scandale qui en résulterait s'il ne la tuait pas sur le coup.

Elle aimait toujours son Roumi, et la substitution du spahi à Elaour ne lui causait aucune joie... Au contraire, elle savait qu'Elaour passait pour très bon enfant, tandis qu'Abd-el-Kader avait la réputation d'un homme violent et terrible...

... Quand il apprit ce que Yasmina ne put lui cacher, Abd-el-Kader entra dans une colère d'autant plus terrible qu'il était très amoureux d'elle. Il commença par la battre cruellement, ensuite il exigea qu'elle lui livrât le nom de son amant.

– C'était un officier... un Musulman... il y a longtemps... et il est parti...

Épouvantée par les menaces de son mari, elle dit le nom du lieutenant Chaâmbi : puisqu'il n'y était plus, qu'importait ? Elle n'avait pas voulu avouer la vérité, dire qu'elle avait été la maîtresse d'un Roumi, ce qui eut encore aggravé sa faute aux yeux d'Abd-el-Kader...

Mais la passion du spahi avait été plus forte que sa colère... Après tout, le lieutenant n'avait certainement pas parlé, il était parti, et personne ne connaîtrait jamais ce secret.

Abd-el-Kader garda Yasmina, mais il devint la terreur du douar de Hadj Salem où il allait souvent réclamer de l'argent à ses beaux-parents qui le craignaient, regrettant déjà de n'avoir pas donné leur fille au tranquille Mohammed Elaour.

Yasmina, toujours triste et silencieuse, passait toutes ses journées à coudre de grossières chemises de toile que *Doudja,* la vieille tante du spahi, portait à un marchand M'zabi.

Il y avait encore, dans la maison, la sœur d'Abd-el-Kader, qui devait sous peu épouser l'un des camarades de son frère.

Quand le spahi n'était pas ivre, il rapportait à sa femme des cadeaux, des chiffons pour sa toilette, voire même des bijoux, des fruits et des gâteaux... Toute sa solde y passait. Mais d'autres fois, Abd-el-Kader rentrait ivre, et alors il battait sa femme sans rime ni raison.

Yasmina restait aussi indifférente aux caresses qu'aux coups, et gardait le silence. Seulement, elle étouffait entre les quatre murs blancs de la cour mauresque où elle était enfermée, et elle regrettait amèrement l'immensité libre de sa plaine natale, et les grandes ruines menaçantes, et son oued sauvage.

Abd-el-Kader voyait bien que sa femme ne l'aimait

point, et cela l'exaspérait.

Alors, il se mettait à la battre férocement.

Mais, dès qu'il voyait qu'elle pleurait, il la prenait dans ses bras et la couvrait de baisers pour la consoler.

Et Yasmina, obstinément, continuait à aimer son Roumi, son *Mabrouk*... et sa pensée s'envolait sans cesse vers ce Sud-Oranais qu'elle ne connaissait point et où elle le croyait encore...

Elle se demandait avec angoisse si jamais son *Mabrouk* allait revenir et dès que personne ne l'observait, elle se mettait à pleurer, longuement, silencieusement.

Jacques avait oublié depuis longtemps le rêve d'amour qu'il avait fait, à l'aube de sa vie, dans la plaine désolée de Timgad, et qui n'avait duré qu'un été.

À peine une année après son mariage, Abd-el-Kader se fit condamner à dix ans de travaux publics pour voies de fait envers un supérieur en dehors du service... Sa sœur avait suivi son mari dans le Sud, et la vieille tante était morte.

Yasmina resta seule et sans ressources.

Elle ne voulut point retourner dans sa tribu.

Elle avait gardé cet étrange caractère sombre et silencieux qui était devenu le sien depuis le départ de Jacques... Elle ne voulait pas qu'on la remariât encore, puisqu'elle était veuve... Elle voulait être libre pour attendre son Mabrouk.

Chez elle aussi, le temps eût dû adoucir la souffrance du cœur... mais elle n'avait rien trouvé, en échange de son amour, et elle continuait à aimer l'absent que, depuis longtemps, elle n'osait plus espérer revoir.

Quand les derniers sous que lui avait laissés Abd-el-Kader furent épuisés, Yasmina fit un paquet de ses hardes et rendit la clé au propriétaire de la maison.

À la tombée de la nuit, elle s'en alla vers le *Village-Noir*, distant de Batna d'à peine cinq cents mètres – un terrain vague où se trouve la mosquée.

Ce village est un amas confus de masures en bois ou en pisé, sales et délabrées, habitées par un peuple de prostituées, négresses, bédouines, mauresques, juives et maltaises, vivant là, entassées pêle-mêle avec toutes sortes d'individus plus ou moins suspects, souteneurs et repris de justice pour la plupart.

Il y a là des cafés maures où les femmes dansent et chantent jusqu'à dix heures du soir, et où l'on fume le Kif toute la nuit, portes closes. Tel est le lieu de divertissement des militaires de la garnison.

Yasmina, depuis qu'elle était restée seule, avait fait la connaissance d'une Mauresque qui vivait au Village-Noir, en compagnie d'une négresse de l'Oued Rir'.

Zohra et Samra étaient employées dans un beuglant tenu par un certain Aly Frank qui se disait Musulman et Tunisien, mais le nom semblait indiquer une autre origine. C'était d'ailleurs un repris de justice surveillé par la police.

Les deux chanteuses avaient souvent conseillé à Yasmina de venir partager leur chambre, faisant miroiter à ses yeux les soi-disant avantages de leur condition.

Et quand elle se sentit définitivement seule et

abandonnée, Yasmina se rendit chez ses deux amies qui l'accueillirent avec joie.

Ce soir-là, Yasmina dut paraître au café et chanter.

C'était dans une longue salle basse et enfumée dont le sol, hanté par les scorpions, était en terre battue, et dont les murs blanchis à la chaux étaient couverts d'inscriptions et de dessins, la plupart d'une obscénité brutale, œuvre des clients. Le long des deux murs parallèles, des tables et des bancs étaient alignés, laissant au milieu un espace assez large. Au fond, une table de bois servait de comptoir. Derrière, il y avait une sorte d'estrade en terre battue, recouverte de vieilles nattes usées.

Les chanteuses étaient accroupies là. Il y en avait sept : Yasmina, ses deux amies, une Bédouine nommée Hafsia, une Bônoise, Aïcha, et deux Juives, Stitra et Rahil. La dernière, originaire du Kef, portait le costume des danseuses de Tunis, vêtues à la mode d'Égypte : large pantalon blanc, petite veste en soie de couleur et les cheveux flottants, noués seulement par un large ruban rouge. Elle était chaussée de petits souliers de satin blanc, sans quartier, à talons très hauts.

Toutes avaient des bijoux en or et de lourds anneaux passés dans les oreilles. Cependant, la Bédouine et la négresse portaient le costume saharien, une sorte d'ample voile bleu sombre, agrafé sur les épaules et formant tunique. Sur leur tête, elles portaient une coiffure compliquée, composée de grosses tresses en laine rouge tordues avec les cheveux sur les tempes, des mouchoirs superposés, de bijoux attachés par des chaînettes. Quand l'une d'elles se levait pour danser dans la salle, entre les spectateurs, les autres chantaient sur l'estrade, battant des mains et du tambour, tandis qu'un jeune garçon jouait de la flûte arabe et qu'un juif grattait sur une espèce de mandoline…

Leurs chansons et les gestes de leur danse étaient d'une impudeur ardente qui enflammait peu à peu les spectateurs très nombreux ce soir-là.

Les plaisanteries et les compliments crus pleuvaient, en arabe, en français, plus ou moins mélangés de sabir.

— T'es tout d'même rien gironde, la môme ! dit un *Joyeux,* enfant de Belleville exilé en Afrique, qui semblait en admiration devant Yasmina, quand, à son tour, elle descendit dans la salle.

Sérieuse et triste comme toujours, enveloppée dans sa résignation et dans son rêve, elle dansait, pour ces hommes dont elle serait la proie dès la fermeture du bouge.

Un brigadier indigène de spahis, qui avait connu Abd-el-Kader ben Smaïl et qui avait vu Yasmina, la reconnut.

Tiens ! dit-il. Voilà la femme d'Abd-el-Kader. L'homme aux *Traves,* la femme en boîte… ça roule, tout de même !

Et ce fut lui qui, ce soir-là, rejoignit Yasmina dans le réduit noir qui lui servait de chambre.

La pleine lune montait, là-bas, à l'Orient, derrière les dentelures assombries des montagnes de l'Aurès…

Une lueur bleuâtre glissait sur les murs et les arbres, jetant des ombres profondes dans tous les renfoncements et les recoins qui semblaient des abîmes.

Au milieu du terrain vague et aride qui touche d'un

côté à la muraille grise de la ville et à la Porte de Lambèse, et de l'autre aux premières pentes de la montagne, la mosquée s'élevait solitaire… Sans style et sans grâce de jour, dans la lumière magique de la lune, elle apparaissait diaphane et presque translucide, baignée d'un rayonnement imprécis.

Du côté du Village-Noir, des sons assourdis de *benadir* et de *gasba* retentissaient… Devant le café d'Aly Frank, une femme était assise sur le banc de bois, les coudes aux genoux, la tête entre les mains. Elle guettait les passants, mais avec un air d'indifférence profonde, presque de dégoût.

D'une maigreur extrême, les joues d'un rouge sombre, les yeux caves et étrangement étincelants, les lèvres amincies et douloureusement serrées, elle semblait vieillie de dix années, la charmante et fraîche petite Bédouine des ruines de Timgad…

Cependant, dans ce masque de douleur, presque d'agonie, déjà, l'existence qu'elle menait depuis trois années n'avait laissé qu'une ombre de tristesse plus profonde… Et, malgré tout, elle était belle encore, d'une beauté maladive et plus touchante…

Souvent, sa poitrine était douloureusement secouée par une toux prolongée et terrible qui teintait de rouge son mouchoir…

Le chagrin, l'alcool et les mille agents délétères au milieu desquels elle vivait avaient eu raison de sa robuste santé de petite nomade habituée à l'air pur de la plaine.

Cinq années après le départ de Jacques pour le Sud-Oranais, les fluctuations de la vie militaire l'avaient ramené à Batna.

Il y vint avec sa jeune femme, délicate et jolie Parisienne : ils s'étaient connus et aimés sur la Côte d'Azur, un printemps que Jacques, malade, était venu à Nice, en congé de convalescence.

Jacques s'était bien souvenu de ce qu'il appelait maintenant « son idylle bédouine » et en avait même parlé à sa femme… Mais tout cela était si loin et l'homme qu'il était devenu ressemblait si peu au jeune officier d'autrefois…

– J'étais alors un adolescent rêveur et enthousiaste.

Si tu savais, ma chère, quelles idées ridicules étaient alors les miennes ! Dire que j'ai failli tout abandonner pour cette petite sauvagesse... Si je m'étais laissé aller à cette folie, que serait-il advenu de moi ? Dieu seul le sait !

Ah ! comme il lui semblait ridicule, à présent, le petit lieutenant sincère et ardent des débuts !

Et il ne comprenait plus combien cette première forme de son *moi* conscient avait été meilleure et plus belle que la seconde, celle qu'il devait à l'esprit moderne vaniteux, égoïste et frondeur qui l'avait pénétré peu à peu.

Or, ce soir-là, comme il était sorti avec sa femme qui trouvait les quatre ou cinq rues rectilignes de la ville absolument dépourvues de charme, Jacques lui dit :

– Viens, je vais te montrer l'Éden des troupiers… Et surtout, beaucoup d'indulgence, car le spectacle te semblera parfois d'un naturalisme plutôt cru.

En route, ils rencontrèrent l'un des camarades de Jacques, également accompagné de sa femme. L'idée d'aller au Village-Noir leur plut, et ils se mirent en route.

Soucieux, à juste raison, d'éclairer le chemin, Jacques avait un peu pris les devants, laissant sa femme au bras de son amie.

Mais, comme il passait devant le café d'Aly Frank, Yasmina bondit et s'écria :

– Mabrouk ! Mabrouk ! Toi !

Jacques avait, lui aussi, rien qu'à ce nom, reconnu Yasmina. Et un grand froid glacé avait envahi son cœur… Il ne trouvait pas un mot à lui dire, à celle que son retour réjouissait si follement.

Il se maudissait mentalement d'avoir eu la mauvaise idée d'amener là sa femme… Quel scandale ne ferait pas, en effet, cette créature perdue de débauche quand elle saurait qu'elle n'avait plus rien à espérer de lui !

– Mabrouk ! Mabrouk ! Tu ne me reconnais donc plus ? Je suis ta Smina ! Regarde-moi donc, embrasse-moi ! Oh ! je sais bien, j'ai changé… Mais cela passera, je guérirai pour toi, puisque tu es là !…

Il préféra en finir tout de suite, pour couper court à cette aventure désagréable. Maintenant, il possédait presque en perfection cette langue arabe dont elle lui avait appris, jadis, les premières syllabes, et lui dit :

– Écoute… Ne compte plus sur moi. Tout est fini entre nous. Je suis marié et j'aime ma femme. Laisse-moi et ne cherche plus à me revoir. Oublie-moi, cela vaudra mieux pour nous deux.

Les yeux grands ouverts, stupéfaite, elle le regardait… Alors, c'était donc vrai ! La dernière espérance qui la faisait vivre venait de s'éteindre.

Il l'avait oubliée, il était marié et il aimait la Roumia, sa *femme !*… Et elle, elle qui l'avait adoré, il ne lui restait plus qu'à se coucher dans un coin et à y mourir comme un chien abandonné.

Dans son âme obscure, une révolte surgit contre l'injustice cruelle qui l'accablait.

Elle se redressa soudain, hardie, menaçante.

— Alors, pourquoi es-tu venu me chercher au fond de *l'oued,* dans mon *douar,* où je vivais paisiblement avec mes chèvres et mes moutons ? Pourquoi m'y avoir poursuivie ? Pourquoi as-tu usé de toutes les ruses, de tous les sortilèges pour me séduire, m'entraîner, me prendre ma virginité ? Pourquoi avoir répété traîtreusement avec moi les paroles qui font Musulman celui qui les prononce ? Pourquoi m'avoir menti et promis de revenir un jour me reprendre pour toujours ? Oh ! j'ai toujours sur moi avec mes amulettes la lettre que m'avait apportée le lieutenant Chaâmbi !... (Et elle tira de son sein une vieille enveloppe toute jaunie et déchirée, qu'elle brandit comme une arme, comme un irréfutable témoignage...) Oui, pourquoi, Roumi, chien, fils de chien, viens-tu encore à cette heure, avec ta femme trois fois maudite, me narguer jusque dans ce bouge où tu m'as jetée, en m'abandonnant pour que j'y meure ?

Des sanglots et une toux rauque et caverneuse l'interrompirent et elle jeta à la figure de Jacques son mouchoir ensanglanté.

— Tiens, chacal, bois mon sang ! Bois et sois content, assassin !

Jacques souffrait... Une honte et un regret lui étaient venus en face de tant de misère. Mais que pouvait-il faire, à présent ? Entre la nomade et lui, l'abîme s'était creusé, plus profond que jamais.

Pour le combler et, en même temps, pour se débarrasser à jamais de la malheureuse créature, il crut qu'il suffisait d'un peu d'or... Il tendit sa bourse à

Yasmina :

– Tiens, dit-il... Tu es pauvre et malade, il faut te soigner. Prends ce peu d'argent... et adieu.

Il balbutiait, honteux tout à coup de ce qu'il venait d'oser faire.

Yasmina, immobile, muette, le regarda pendant une minute, comme jadis, là-bas, dans l'oued desséché de Timgad, à l'heure déchirante des adieux. Puis, brusquement, elle le saisit au poignet, le tordant et dispersant dans la poussière les pièces jaunes.

– Chien ! lâche ! Kéfer !

Et Jacques, courbant la tête, s'en alla pour rejoindre le groupe qui attendait non loin de là, masqué par des masures...

Yasmina était alors retombée sur son banc, secouée par des sanglots convulsifs... Samra, la négresse, était accourue au bruit et avait soigneusement recueilli les pièces d'or de l'officier. Samra enlaça de ses bras noirs le cou de son amie.

– Smina, ma sœur, mon âme, ne pleure pas... Ils sont tous comme ça, les Roumis, les chiens fils de chiens... Mais avec l'argent qu'il t'a donné, nous achèterons des robes, des bijoux et des remèdes pour ta poitrine. Seulement, il ne faut rien dire à Aly, qui nous prendrait l'argent.

Mais rien ne pouvait plus consoler Yasmina.

Elle avait cessé de pleurer et, sombre et muette, elle avait repris sa pose d'attente... Attente de qui, de quoi ?

Yasmina n'attendait plus que la mort, résignée déjà à son sort.

C'était écrit, et il n'y avait point à se lamenter. Il

fallait attendre la fin, tout simplement... Tout venait de s'écrouler en elle et autour d'elle, et rien n'avait plus le pouvoir de toucher son cœur, de le réjouir ou de l'attrister.

Sa douleur était cependant infinie... Elle souffrait surtout de savoir Jacques vivant et si près d'elle... si près, et en même temps si loin, si loin !...

Oh ! comme elle eût préféré le savoir mort, et couché là-bas dans ce cimetière des Roumis, derrière la Porte de Constantine.

Elle eût pu – inconsciemment – revivre là les heures charmantes de jadis, les heures d'ivresse et d'amour vécues dans l'oued desséché.

Elle eût encore goûté là une joie douce et mélancolique, au lieu de ressentir les tourments effroyables de l'heure présente...

Et surtout, il n'eût point aimé une autre femme, une Roumia !

Elle sentait bien qu'elle en mourrait de douleur atroce : jusque-là, seule l'espérance obstinée de revoir un jour Jacques, seule la volonté farouche de vivre encore pour le revoir lui avaient donné une force factice pour lutter contre la phtisie dévorante, rapide.

Maintenant, Yasmina n'était plus qu'une loque de chair abandonnée à la maladie et à la mort, sans résistance... D'un seul coup, le ressort de la vie s'était brisé en elle.

Mais aucune révolte ne subsistait plus en son âme presque éteinte.

C'était écrit, et il n'est point de remède contre ce qui est écrit.

Vers onze heures, un spahi permissionnaire passa. Il s'étonna de la voir encore là, le dos appuyé contre le mur, les bras ballants, la tête retombant.

– Hé, Smina ! Que fais-tu là ? Je monte ?

Comme elle ne répondit pas, le beau soldat rouge revint sur ses pas.

– Hé bien ! dit-il, surpris. À quoi penses-tu, ma fille… Ou bien tu es soûle ?

Il prit la main de Yasmina et se pencha sur elle…

Le Musulman se redressa aussitôt, un peu pâle.

– Il n'y a de force et de puissance qu'en Dieu ! dit-il.

Yasmina la Bédouine n'était plus.

Batna, juillet 1899.
Mahmoud Saadi.

AU PAYS DES SABLES[1]

Il est des heures à part, des instants très mystérieusement privilégiés où certaines contrées nous révèlent, en une intuition subite, *leur âme,* en quelque sorte leur *essence* propre, où nous en concevons une vision juste, unique et que des mois d'étude patiente ne sauraient plus ni compléter, ni même modifier. Cependant, en ces instants furtifs, les *détails* nous échappent nécessairement et nous ne saurions apercevoir que l'ensemble des choses… État particulier de notre âme, ou aspect spécial des lieux, saisi au passage et toujours *inconsciemment ?*

Je ne sais…

Ainsi, ma *première* arrivée à El Oued, il y a deux ans, fut pour moi une révélation complète, définitive de ce pays âpre et splendide qui est le Souf, de sa beauté particulière, de son immense tristesse aussi.

Après la sieste dans les jardins ombreux de l'oasis d'Ourmès, l'âme tout à l'*attente* anxieuse, irraisonnée d'une vision que je pressentais devoir dépasser en

---

[1] Sources indiquées par René-Louis Doyon : plaquette in-4⁰ de 8 pages éditée à Bône fin 1914 (imp. Thomas) ainsi que : *L'apparition d'Eloued* dans *l'Akhbar* du 8 avril. Il relève des différences mineures entre les deux textes. (note des éd. de la BNR)

splendeur tout ce que j'avais vu jusqu'alors, je repris avec mon petit convoi bédouin la route de l'est, sentier ardu qui tantôt serpente dans les défilés fuyants des dunes, tantôt grimpe sur les arêtes aiguës, à d'invraisemblables altitudes, hasardeusement.

Après avoir traversé, lentement et comme en rêve les petites cités caduques enserrées autour d'El Oued : Kouïnine, Teksébett, Gara, nous atteignîmes la crête fuyante et oblique de la haute dune dite de Si Ammar ben Ahsène, du nom d'un mort qui y est enterré à la place où il fut tué jadis.

C'était l'heure élue, l'heure merveilleuse au pays d'Afrique, quand le grand soleil de feu va disparaître enfin, laissant reposer la terre dans l'ombre bleue de la nuit.

Du sommet de cette dune, on découvre toute la vallée d'El Oued, sur laquelle semblent se resserrer les vagues somnolentes du grand océan de sable gris.

Étagée sur le versant méridional d'une dune, El Oued, l'étrange cité aux innombrables petites coupoles rondes, changeait lentement de teinte.

Au sommet de la colline, le minaret blanc de Sidi Salem s'élevait, déjà irisé, déjà tout rose dans le reflet occidental.

Les ombres des choses s'allongeaient démesurément, se déformaient et pâlissaient sur le sol, devenu vivant alentour, pas une voix.

Toutes les cités des pays de sable, bâties en plâtras léger, ont un aspect sauvage, délabré et croulant.

Et, tout près, des tombeaux et des tombeaux, toute une autre ville, celle des morts attenante à celle des vivants.

Les dunes allongées et basses de Sidi-Mestour qui dominent la ville vers le sud-est semblaient maintenant autant de coulées de métal incandescent, de foyers embrasés, d'un rouge violacé d'une invraisemblable intensité de couleur.

Sur les petits dômes ronds, sur les pans de murs en ruines, sur les tombeaux blancs, sur les couronnes échevelées des grands dattiers, des lueurs d'incendie rampaient, magnifiant la ville grise en un flamboiement d'apothéose.

Le dédale marin des dunes géantes de l'autre route déserte qui mène à Touggourt, d'où nous venons par Taïbett-Guéblia, se dessinait, irisé, noyé en des reflets d'une teinte de chamois argenté, sur la pourpre sombre du couchant.

Jamais, en aucune contrée de la terre, je n'avais vu le soir se parer d'aussi magiques splendeurs !

À El Oued, pas de forêt de dattiers obscurs enserrant la ville, comme dans les oasis des régions pierreuses ou salées…

La ville grise perdue dans le désert gris, participant tout entière de ses flamboiements et de ses pâleurs, comme lui et en lui, rose et dorée aux matins enchantés, blanche et aveuglante aux midis enflammés, pourpre et violette aux soirs irradiés… et grise, grise comme le sable dont elle est née, sous les ciels blafards de l'hiver !

Quelques vapeurs blanches qui flottaient, légères, dans l'embrasement du zénith profond, s'en allaient maintenant, pourpres et frangées d'or, vers d'autres horizons, tels les lambeaux d'un impérial manteau disséminés au souffle capricieux de la brise…

Et toujours encore, pendant toutes ces métamorphoses, pendant toute cette grande féerie des choses, pas un être, pas un son.

Les ruelles étroites aux maisons caduques s'ouvraient, désertes, sur l'immensité en feu des cimetières vagues, sans murs et sans limites.

Cependant, la teinte pourpre du ciel, qui semblait se refléter dans le chaos des dunes, devenait de plus en plus sombre, de plus en plus fantastique.

Le disque démesuré du soleil, rouge et sans rayons, achevait de sombrer derrière les dunes basses de l'horizon occidental, du côté *d'Allennda* et d'*Araïr*.

Tout à coup, de toutes les ruelles mortes sortirent en silence de longues théories de femmes, voilées à l'antique de haillons sombres, bleus et rouges, et portant, sur leur tête ou sur leur épaule, de grandes amphores frustes en terre cuite… avec le même geste sculptural que devaient avoir, des milliers d'années auparavant, les femmes de la race prédestinée de Sem, quand elles allaient puiser l'eau des fontaines chananéennes.

Dans l'océan illimité de lumière rouge inondant la ville et les cimetières, elles ressemblaient à des fantômes glissant au ras du sol, les femmes drapées d'étoffes sombres, aux plis helléniques, qui s'en allaient en silence vers les jardins profonds, cachés en les dunes de feu.

Très loin, une petite flûte en roseau commença de pleurer une tristesse infinie et cette plainte ténue, modulée, traînante à la fois et entrecoupée comme un sanglot, était le seul son qui animait un peu cette cité de rêve.

Mais voilà que le soleil a disparu et, presque aussitôt, lentement, le flamboiement des dunes et des coupoles commence à se foncer jusqu'au violet marin, et ces ombres profondes, qui semblent sortir de la terre assombrie, remontent, rampent, éteignent progressivement les lueurs qui allument encore les sommets.

La petite flûte enchantée s'est tue…

Soudain, de toutes les mosquées nombreuses, une autre voix s'élève, solennelle et lente :

– *Allahou Akbar ! Allahou Akbar !* Dieu est le plus grand ! clame le *mueddine* aux quatre vents du ciel.

Oh ! comme ils sonnent étrangement, ces rappels millénaires de l'Islam, comme déformés et assombris par les voix plus sauvages et plus rauques, par l'accent traînant des *mueddines* du désert !

De toutes les dunes, de tous les vallons cachés, qui semblaient déserts, tout un peuple uniformément vêtu de blanc descend, silencieux et grave, vers les *zaouïyas* et les mosquées.

Ici, loin des grandes villes du Tell, point de ces êtres hideux, produits bâtards de la dégénérescence et d'une race métissée, que sont les rôdeurs, les marchands ambulants, les portefaix, le peuple crasseux et ignoble des Ouled-el-Blassa.

Ici, le Sahara âpre et silencieux, avec sa mélancolie éternelle, ses épouvantes et ses enchantements, a conservé jalousement la race rêveuse et fanatique venue jadis des déserts lointains de sa patrie asiatique.

Et ils sont très grands et très beaux ainsi, les nomades aux vêtements et aux attitudes bibliques, qui s'en vont prier le Dieu unique, et dont aucun doute n'effleura jamais les âmes saines et frustes.

Et ils sont bien à leur place là, dans la grandeur vide de leur horizon illimité où règne et vit, splendide, la souveraine lumière…

Sur le minaret blanc de Sidi Salem, sur la crête des dunes de Tréfaouï, d'Allenda et de Débila, les dernières lueurs violettes se sont éteintes. Maintenant, tout est uniformément bleu, presque diaphane, et les coupoles arrondies et basses se confondent avec les sommets arrondis des dunes, de proche en proche, comme si la ville s'était étendue soudain jusqu'aux confins extrêmes de l'horizon.

La nuit d'été achève de tomber, sur la terre qui s'endort… Les femmes au costume de jadis sont rentrées dans les ruelles en ruines, et le grand silence lourd, que quelques rumeurs humaines étaient venues troubler pour un très court instant, descend de nouveau sur El Oued…

Le Sahara immense semble reprendre son rêve mélancolique, son rêve éternel.

Deux années plus tard, il m'a été donné, pendant des mois, d'assister chaque jour aux joies douces des aurores et aux apothéoses des soirs, jamais semblables… Chaque reflet revenant tous les soirs sur tel pan de mur, chaque ombre s'allongeant au même endroit et à la même heure, chaque dôme de la ville et chaque pierre des cimetières, tous les plus humbles détails de cette patrie d'élection, aimée profondément, me sont devenus familiers et restent maintenant présents à mon souvenir nostalgique d'exilé.

Mais jamais plus, l'âme du Pays du Sable ne s'est révélée à moi aussi profondément, aussi mystérieusement comme ce premier soir déjà lointain dans le recul des jours.

De telles heures, de telles ivresses, ressenties une fois, par un hasard unique, ne se retrouveront jamais…

AMARA LE FORÇAT[1]

Un peu par nécessité, un peu par goût, j'étudiais alors les mœurs des populations maritimes des ports du Midi de l'Algérie.

Un jour, je m'embarquai à bord du *Félix-Touache,* en partance pour Philippeville.

Humble passager du pont, vêtu de toile bleue et coiffé d'une casquette, je n'attirais l'attention de personne. Mes compagnons de voyage, sans méfiance, ne changeaient rien à leur manière d'être ordinaire.

C'est une grave erreur, en effet, que de croire que l'on peut faire des études de mœurs populaires sans se mêler aux milieux que l'on étudie, sans vivre de leur vie…

C'était par une claire après-midi de mai, ce départ, joyeux pour moi, comme tous les départs pour la terre aimée d'Afrique.

On terminait le chargement du *Touache* et, une fois

---

[1] René-Louis Doyon indique que ce texte est daté dans *les Journaliers* : « *Nuit du* 13 *au* 14 *en mer. Passé la nuit à bord avec Amara des Ouled-Aly condamné du pénitencier de Chiavari… »*, soit quelques jours avant son procès et son expulsion.

de plus, j'assistais au grand va-et-vient des heures d'embarquement.

Sur le pont, quelques passagers attendaient déjà le départ, ceux qui, comme moi, n'avaient point d'adieux à faire, point de parents à embrasser…

Quelques soldats, en groupe, indifférents… Un jeune caporal de zouaves, ivre-mort, qui, aussitôt embarqué, était tombé de tout son long sur les planches humides et qui restait là, sans mouvement, comme sans vie…

À l'écart, assis sur des cordages, je remarquai un tout jeune homme qui attira mon attention par l'étrangeté de toute sa personne.

Très maigre, au visage bronzé, imberbe, aux traits anguleux, il portait un pantalon de toile trop court, des espadrilles, une sorte de gilet de chasse rayé s'ouvrant sur sa poitrine osseuse, et un mauvais chapeau de paille. Ses yeux caves, d'une teinte fauve changeante, avaient un regard étrange : un mélange de crainte et de méfiance farouche s'y lisait.

M'ayant entendu parler arabe avec un maquignon bônois, l'homme au chapeau de paille, après de longues hésitations, vint s'asseoir à côté de moi.

– D'où viens-tu ? me dit-il, avec un accent qui ne me laissa plus aucun doute sur ses origines.

Je lui racontai une histoire quelconque, lui disant que je revenais d'avoir travaillé en France.

– Loue Dieu, si tu as travaillé en liberté et non en prison, me dit-il.

– Et toi, tu sors de prison ?

– Oui. J'ai fait huit ans à Chiavari, en Corse.

– Et qu'avais-tu fait ?

– J'ai tué une créature, entre Sétif et Bou-Arreridj.

– Mais quel âge as-tu donc ?

– Vingt-six ans… Je suis libéré conditionnel de trois mois… C'est beaucoup trois mois.

Pendant le restant de la traversée, nous n'eûmes plus le loisir de parler, le forçat de Chiavari et moi.

… La mer démontée s'était un peu calmée. La nuit tombait et à l'approche de la côte d'Afrique l'air était devenu plus doux… Une tiédeur enivrante flottait dans la pénombre du crépuscule.

À l'horizon méridional, une bande un peu plus sombre et un monde de vapeurs troubles indiquaient la terre.

Bientôt, quand il fut nuit tout à fait, les feux de Stora apparurent.

Le forçat, appuyé contre le bastingage, regardait fixement ces lumières encore lointaines et ses mains se crispaient sur le bois glissant.

– C'est bien Philippeville, là-bas ? me demanda-t-il à plusieurs reprises, la voix tremblante d'émotion…

… Dans le port désert, près du quai, où quelques portefaix dormaient sur les dalles, après le débarquement, le *Félix-Touache* immobile semblait, lui aussi, dormir, dans la lumière vaguement rosée de la lune décroissante.

Il faisait tiède. Un parfum indéfinissable venait de la terre, grisant.

Oh ! ces heures joyeuses, ces heures enivrantes des *retours* en Afrique, après les exils lointains et mornes !

J'avais résolu d'attendre à bord le lever du jour, pour

poursuivre mon voyage sur Constantine, où je devais, pour la forme, assister au jugement de l'homme qui, six mois auparavant, avait tenté de m'assassiner, là-bas, dans le Souf lointain.

… Et j'avais étendu mes couvertures sur le pont, à bâbord, du côté de l'eau qui bruissait à peine.

Je m'étais étendue, en un bien-être profond, presque voluptueux. Mais le sommeil ne venait pas.

Le libéré conditionnel qui, lui aussi, passait la nuit à bord, vint me rejoindre. Il s'assit près de moi.

– Dieu te garde et te protège de la prison, toi et tous les Musulmans, me dit-il, après un long silence.

– Raconte-moi ton histoire.

– Dieu soit loué, car je pensais que je mourrais là-bas… Il y a un cimetière où l'on met les nôtres et plusieurs qui sont venus devant moi y sont morts… Ils n'ont pas même un tombeau en terre musulmane.

– Mais comment, si jeune, as-tu pu tuer, et pourquoi ?

– Écoute, dit-il. Tu as été élevé dans les villes et tu ne sais pas… Moi, je suis du douar des Ouled-Ali, dépendant de Sétif. Nous sommes tous bergers, chez nous. Nous avons beaucoup de troupeaux, et aussi des chevaux. À part ça, nous avons des champs que nous ensemençons d'orge et de blé. Mon père est vieux et je suis, son fils unique. Parmi notre troupeau, il y avait une belle jument grise, qui n'avait pas encore les dents de la quatrième année. Mon père me disait toujours : « Amara, cette jument est pour toi. » Je l'avais appelée « Mabrouka » et je la montais souvent. Elle était rapide comme le vent et méchante comme une panthère. Quand on la montait, elle bondissait et hennissait, entraînant tous les étalons du pays. Un jour, ma jument disparut. Je la cherchai pendant une semaine et je finis par apprendre que c'était un berger des Ouled-Hassène, nos voisins du nord, qui me l'avait prise. Je me plaignis à notre Cheikh et je lui portai en présent un mézouïd de beurre pour qu'il me fasse justice.

« Apprenant que les gens du makhzen allaient venir chercher la jument, Ahmed, le voleur, ne pouvant la vendre, car elle était connue, la mena dans un ravin et l'égorgea. Quand j'appris la mort de ma jument, je pleurai. Puis, je jurai de me venger.

« Une nuit obscure, je quittai furtivement notre douar et j'allai chez les Ouled-Hassène. Le gourbi d'Ahmed, mon ennemi, était un peu isolé et entouré d'une petite clôture en épines. J'attendis le lever de la lune, puis, je m'avançai. Pour apaiser les chiens, j'avais apporté les entrailles d'un mouton qu'on avait tué dans la journée. À la lueur de la lune, j'aperçus Ahmed, couché devant son gourbi, pour garder ses moutons. Son fusil était posé sous sa tête. Son sommeil était profond. Je ceignis ma gandoura de mon mouchoir, pour n'accrocher à rien. J'entrai dans l'enclos. Mes jambes étaient faibles et une chaleur terrible brûlait mon corps. J'hésitais, songeant au danger. Mais c'était écrit, et les chiens, repus, grondèrent. Alors je saisis le fusil d'Ahmed, le retirai brusquement de dessous sa tête et le lui déchargeai à bout portant dans la poitrine. Puis, je m'enfuis. Les hommes et les chiens du douar me poursuivirent, mais ne m'atteignirent pas. Alors, je commis une faute : personne ne m'avait vu et j'eusse dû rentrer chez mon père. Mais la crainte de la justice des chrétiens me fit fuir dans le maquis, sur les coteaux. Pendant trois jours et trois nuits, je me cachai dans les ravins, me nourrissant de figues de Barbarie. J'avais peur. La nuit, je n'osais dormir. Le moindre bruit, le souffle du vent dans les buissons me faisaient trembler. Le troisième jour, les gendarmes m'arrêtèrent. L'histoire de la jument et mon départ avaient tout révélé et, malgré que je n'aie jamais avoué, je fus condamné.

« Les juges m'ont fait grâce de la vie, parce que j'étais jeune. Pendant trois mois, je suis resté dans les prisons à Sétif, à Constantine, ici à Philippeville. Puis, on m'a embarqué sur un navire, et on m'a mené en Corse. Au pénitencier où nous étions presque tous Musulmans, on n'est pas trop malheureux, avec l'aide de Dieu et si on se conduit bien. Mais c'est toujours la prison, et loin de la famille, en pays infidèle. Grâce à Dieu, on m'a libéré.

« C'est beaucoup, *trois mois* !

– Tu regrettes, maintenant, d'avoir tué cet homme ?

– Pourquoi ? J'étais dans mon droit, puisqu'il m'avait tué ma jument, à moi qui ne lui avais jamais fait de mal ! Seulement, je n'aurais pas dû m'enfuir.

– Alors, ton cœur ne se repent pas de ce que tu as fait, Amara ?

– Si je l'avais tué sans raison, ce serait un grand péché.

Et je vis que, sincèrement, le Bédouin ne concevait pas, malgré toutes les souffrances endurées jusque-là, que son acte avait été un crime.

– Que feras-tu, maintenant ?

– Je resterai chez mon père et je travaillerai. Je ferai paître notre troupeau. Mais si jamais, la nuit, dans le maquis, je rencontre l'un de ceux des Ouled-Ali qui m'ont fait prendre, je le tuerai.

À tous mes raisonnements, Amara répondait :

– Je n'étais pas leur ennemi. Ce sont eux qui ont

semé l'inimitié. Celui qui sème des épines ne peut récolter une moisson de blé.

Le matin, dans le train de Constantine.

Les prunelles élargies par la joie et une sorte d'étonnement, Amara regardait le pays qui défilait lentement sous nos yeux.

– Regarde, me dit-il tout à coup, regarde : voilà du blé… Et ça, là-bas, c'est un champ d'orge… Oh ! regarde, frère, les femmes musulmanes qui ramassent les pierres de ce champ !

Il était en proie à une émotion intense. Ses membres tremblaient et, à la vue de ces céréales si aimées, si vénérées par le Bédouin et de ces femmes de sa race, Amara se mit à pleurer comme un enfant.

– Vis en paix comme tes ancêtres, lui dis-je. Tu auras la paix du cœur. Laisse les vengeances à Dieu.

– Si l'on ne peut se venger, on étouffe, on souffre. Il faut que je me venge de ceux qui m'ont fait tant de mal !

… À la gare de Constantine, nous nous séparâmes en frères. Amara prit le chemin de Sétif pour regagner son douar.

Je ne l'ai plus revu.

LE MAGICIEN[1]

Si Ab-es-Selem habitait une petite maison caduque, en pierre brute grossièrement blanchie à la chaux, sur le toit de laquelle venait s'appuyer le tronc recourbé d'un vieux figuier aux larges feuilles épaisses.

Deux pièces de ce refuge étaient en ruines. Les deux autres, un peu surélevées, renfermaient la pauvreté fière et les étranges méditations de Si Ab-es-Selem le Marocain.

Dans la cour délabrée, autour du grand figuier abritant le puits et le dallage disjoint, il y avait quelques pieds de jasmin, seul luxe de cette singulière demeure.

Alentour, c'était le prestigieux décor des collines et les vallons verdoyants sertissant comme un joyau la blanche Anneba... Le soleil s'était couché derrière le grand Idou' morose et l'incendie pourpre de tous les soirs d'été s'était éteint sur la campagne alanguie. Si Ab-es-Selem se leva.

---

[1] Nouvelle parue dans *le Petit Journal Illustré* (hebdomadaire supplément du quotidien *le Petit Journal*), le dimanche 2 novembre 1902, n° 624, écrit René-Louis Doyon qui indique que cette nouvelle est ici dans sa « version originale » alors qu'elle a paru dans *Pages d'Islam*, « *mais dans une leçon fort différente, étendue, expliquée* ».

C'était un homme d'une trentaine d'années, de haute taille, svelte dans les vêtements larges dont la blancheur s'éteignait sous un burnous noir. Un voile blanc encadrait son visage bronzé, émacié par les veilles, mais dont les traits et l'expression étaient d'une grande beauté. Le regard de ses longs yeux noirs était grave et triste. Il sortit dans la cour pour les ablutions de la prière du Mogh'reb.

— La nuit sera sereine et belle, et j'irai réfléchir sous les eucalyptus de la Rivière d'Or.

Quand il eut achevé la prière et le *dikr* du bienheureux cheikh Sidi Abd-el-Kader Djilani de Bagdad, Si Ab-es-Selem sortit de sa maison. La pleine lune se levait là-bas au-dessus de la haute mer calme, à l'horizon à peine embruni de vapeurs légères d'un gris de lin.

Tout à coup, les féroces petits chiens des demeures bédouines proches du cimetière grondèrent, sourdement d'abord, puis coururent, hurlant, vers la route de Sidi-Brahim. Alors Si Ab-es-Selem perçut un appel effrayé, une voix de femme. Surpris, quoique sans hâte, le solitaire traversa la prairie et arrivant vers la route il vit une femme, une Juive richement parée, qui, tremblante, s'appuyait contre le tronc d'un arbre.

— Que fais-tu ici la nuit ? dit-il.

— Je cherche le *sahâr* (sorcier) Si Ab-es-Selem le Marocain. J'ai peur des chiens et des tombeaux… Protège-moi.

— C'est donc moi que tu cherches à cette heure tardive, et seule. Viens. Les chiens me connaissent et les esprits ne s'approchent pas de celui qui marche dans le sentier de Dieu.

La Juive le suivit en silence. Ab-es-Selem entendait le claquement des dents de la jeune femme et se demandait comment cette créature parée et timide avait pu venir là, seule, après la tombée de la nuit.

Ils entrèrent dans la cour et Si Ab-es-Selem alluma une vieille petite lampe bédouine fumeuse. Alors s'arrêtant, il considéra son étrange visiteuse. Svelte et élancée, la Juive, sous sa robe de brocart bleu pâle, avec sa gracieuse coiffure mauresque, était belle, d'une troublante et étrange beauté. Elle était très jeune.

— Que veux-tu ?

— On m'a dit que tu sais prédire l'avenir... J'ai du chagrin et je suis venue...

— Pourquoi n'es-tu pas venue de jour comme les autres ?

— Que t'importe ? Écoute-moi et dis-moi quel sera mon sort.

— Assieds-toi, dit-il.

Alors la Juive parla :

— J'aime, dit-elle, un homme qui a été cruel envers moi et qui m'a quittée. Je suis restée seule et je souffre. Dis-moi s'il reviendra.

— Donne-moi son nom et celui de sa mère et laisse-moi faire le calcul que m'ont appris les sages du Mogh'reb, ma patrie.

— El Moustangar, fils de Fathima.

Sur une planchette, Si Ab-es-Selem traça des chiffres et des lettres, puis, avec un sourire, il dit :

— Juive, ce Musulman qui s'est laissé prendre à ton charme trompeur et qui a eu le courage louable de te fuir, reviendra.

La Juive eut une exclamation de joie :

– Oh ! dit-elle, je te récompenserai généreusement.

– Toutes les richesses ne récompenseraient point dignement le trésor inestimable et amer que je t'ai donné : la connaissance de l'avenir…

– À présent, Sidi, j'ai quelque chose encore à demander à ta science. Je suis Rahil, fille de Ben-Ami.

Et elle prit le roseau qui servait de plume au taleb et l'appuya contre son cœur tandis que ses lèvres murmuraient des paroles rapides indistinctes.

– Il vaudrait mieux pour toi ne pas tenter de savoir plus entièrement ce qui t'attend.

– Pourquoi ? Oh ! réponds, réponds !

– Soit.

Et Si Ab-es-Selem reprit son grimoire mystérieux. Tout à coup, un violent étonnement se peignit sur ses traits et il considéra attentivement la femme. Si Ab-es-Selem était poète et il se réjouissait du hasard étrange qui mettait en contact avec son existence celle de cette Juive qui, selon son calcul, devait être tourmentée et singulière, et finir tragiquement.

– Écoute, dit-il, et n'accuse que toi-même de ta curiosité. Tu as causé l'infortune de celui que tu aimes. Il l'ignore, mais d'instinct peut-être il a fui. Mais il reviendra et il saura. Ô Rahil, Rahil ! En voilà-t-il assez ou faut-il tout te dire ?

Tremblante, livide, la Juive fit un signe de tête affirmatif.

– Tu auras encore avec celui qui doit venir une heure de joie et d'espérance. Puis, tu périras dans le sang.

Ces paroles tombèrent dans le grand silence de la nuit sans écho.

La Juive cacha son visage dans les coussins, anéantie.

— C'est donc vrai ! Tout à l'heure, au Mogh'reb, j'ai interrogé la vieille Tyrsa, la gitane de la Porte du Jeudi… et je ne l'ai pas crue. Je l'ai insultée. Et toi, tu me répètes plus horriblement encore ta sentence… Mourir ? Pourquoi ? Je suis jeune… Je veux vivre.

— Voilà… C'est ta faute ! Tu étais le papillon éphémère dont les ailes reluisent des couleurs les plus brillantes et qui voltigent sur les fleurs, ignorant de son heure… Tu as voulu savoir et te voilà devenue semblable au héron mélancolique qui rêve dans les marécages enfiévrés.

La Juive, affalée sur le tapis, sanglotait.

Si Ab-es-Selem la regardait et réfléchissait avec la curiosité profonde de son esprit scrutateur affiné dans la solitude. Il n'y avait pas de pitié dans son regard. Pourquoi plaindre cette Rahil ? Tout ce qui allait lui arriver n'était-il pas écrit, inéluctable ? Et ne prouvait-elle pas la vulgarité et l'ignorance de son esprit en se lamentant de ce que la destinée lui avait donné en partage, un sort moins banal que celui des autres, plus de passion, plus de vicissitudes en moins d'années la sauvait du dégoût et de l'ennui.

— Rahil, dit-il, Rahil ! Écoute… Je suis celui qui blesse et qui guérit, celui qui réveille et qui endort. Écoute, Rahil.

Elle releva la tête. Sur ses joues pâlies, des larmes coulaient.

— Cesse de pleurer et attends-moi. Il est l'heure de la prière.

Si Ab-es-Selem prit dans une niche élevée un livre

relié en soie brodée d'or et l'ayant pieusement baisé, l'emporta dans une autre pièce. Puis, dans la cour, il pria l'acha.

Rahil, seule, s'était relevée et, accroupie, elle songeait et sa pensée était lugubre... Elle regrettait amèrement d'avoir voulu tenter le sort et savoir ce qui devait lui arriver...

Si Ab-es-Selem rentra avec un sourire.

— Eh bien ! dit-il, ne savais-tu pas que, tôt ou tard, tu allais mourir ?

— J'espérais vivre, être heureuse encore et mourir en paix.

Si Ab-es-Selem haussa les épaules dédaigneusement.

Rahil se leva.

— Que veux-tu comme salaire ?

La voix de la Juive était devenue dure.

Il resta silencieux, la regardant. Puis après un instant, il répondit :

— Me donneras-tu ce que je te demanderai ?

— Oui, si ce n'est pas trop.

— Je prendrai comme salaire ce que je voudrai.

Il lui prit les poignets.

Elle fut insolente.

— Laisse-moi partir ! Je ne suis pas pour toi. Lâche-moi.

— Tu es comme la grenade mûre tombée de l'arbre : pour celui qui la ramasse ; le bien trouvé est le bien de

Dieu.

– Non, laisse-moi partir.

Et elle se dégagea.

Si Ab-es-Selem hocha la tête.

– Va à ton destin, j'irai au mien.

Rouge et ardent, baigné d'or pourpré, le soleil se levait au-dessus de la mer d'une nuance lilacée, nacrée, où de légers serpents d'argent couraient rapides, fugitifs.

Le long de l'oued Deheb limpide et tranquille, sous les eucalyptus bleuâtres, Si Ab-es-Selem s'avançait lentement, rêveur.

Tout à coup, sur la plage déserte, parmi les herbes longues et verdâtres, les coquillages blancs et les galets noirs, Si Ab-es-Selem aperçut un corps de femme couché sur le dos, vêtu d'une robe de brocart rose et enveloppé d'un grand châle de cachemire.

Il s'approcha et se pencha, soulevant le châle.

Il reconnut la Juive, jeune et belle, les yeux clos, les lèvres retirées dans un sourire douloureux.

Deux coups de baïonnette avaient transpercé son corps et le sang inondait sa poitrine.

Si Ab-es-Selem se redressa.

Il regarda le cadavre un instant et, dans sa pensée, il détailla les souvenirs doux d'une nuit lointaine, puis, du même pas tranquille, il reprit sa promenade dans la splendeur plus ardente du jour éblouissant.

OUM ZAHAR

Dans la vaste chambre basse aux murailles irrégulières en argile jaune, on avait couché la mère sur une natte. On l'avait recouverte d'un voile bleu sombre qui dessinait en des angles raides la forme immobile.

Elle était morte.

À côté, dans une petite lampe de terre de forme antique, une mèche brûlait, et la petite flamme falote, étrange, éclairait d'un jour douteux les murailles où oscillaient de grandes ombres funèbres.

Accroupies sur la natte, plusieurs femmes se lamentaient avec un balancement rythmique de leurs corps maigres.

C'était la veillée mortuaire.

Dans le grand silence mystique de l'oasis, seule cette voix lugubre retentissait, s'entendait de très loin et troublait les âmes superstitieuses et sombres des Rouaras.

Parmi les femmes, il y avait Oum-Zahar et Messaouda, les deux filles de la défunte.

Oum-Zahar était l'aînée. Elle avait douze ans et son père lui cherchait un mari.

Mais elle était triste. Grande et svelte sous ses voiles bleus, elle semblait l'incarnation de l'âme étrangement tourmentée et assombrie de cette race métis de l'oued Rir, mélange de Berbères et de nègres sahariens sur laquelle la tristesse immense et les effluves hallucinants et fiévreux de leur pays a jeté à jamais une ombre morne.

Oum-Zahar avait un visage ovale et régulier d'une teinte bronzée très foncée. Ses yeux étaient trop *grands* et leur regard avait, à la fois, une fixité et une ardeur inquiétantes.

Depuis toute petite, elle ne se mêlait jamais aux jeux de ses compagnes et passait des journées entières à l'ombre chaude, dans l'humidité fiévreuse des jardins inondés d'eau salée où le salpêtre dessine des arabesques singulières sur la terre rouge isolée des canaux.

Messaouda plus blanche, plus douce, était dans sa onzième année. Rieuse et légère, seule la grande épouvante de la mort avait pu l'assombrir pour un temps, et elle se lamentait là, tremblante.

L'âme des Rouaras n'est point semblable à l'âme arabe. La grande lumière de l'Islam n'a pu dissiper les ténèbres de la superstition et de la terreur mystique dans ce pays où tout porte au rêve morne.

En présence de la mort, le Rir'i n'a pas la résignation sereine de l'Arabe, et, pour lui, le tombeau n'est point un lieu de repos que rien ne saurait plus troubler, un acheminement radieux vers l'avenir éternel.

De l'antiquité païenne, ces peuplades primitives ont conservé la peur des ténèbres et des fantômes, l'épouvante des choses de la nuit et de la mort.

Mais Oum-Zahar semblait sentir plus profondément cette terreur sombre et ses prunelles d'or bruni se dilataient étrangement.

Toutes les deux cependant sentaient bien qu'elles avaient perdu le seul être qui les avait aimées, qui s'était penché pitoyable et doux sur leur enfance de petites

Bédouines pauvres assujetties presque dès leur premier pas aux rudes travaux de la maison, sous l'autorité toute-puissante du père toujours sombre et impénétrable qu'elles voyaient rarement, car il travaillait au dehors dans les jardins, et devant qui, comme leur mère, elles avaient appris à trembler…

Et dans la nuit chaude, dans le silence lourd, Oum-Zahar et Messaouda pleuraient, inconscientes presque encore, le seul rayon de soleil, le seul semblant de bonheur qui soit donné à une femme bédouine : l'amour de la mère douloureuse et idolâtre, plus violent, plus immense que chez toutes les autres femmes…

Leur père était parti la veille pour les jardins, laissant aux femmes le soin de pleurer celle qui n'était plus.

L'avait-il aimée ?

Peut-être El Hadj Saad lui-même n'eut-il pas su le dire. Quinze années durant, pourtant, elle avait été pour lui une esclave soumise.

Elle certainement l'avait aimé, avant son premier enfantement. Après, tout son amour s'était reporté sur sa fille, Oum-Zahar, la petite consolation, la compagne intelligente, si vite femme dans la tristesse ambiante.

Puis Messaouda était venue jeter dans la vieille maison d'argile une lueur de joie – la joie naïve des petits oiseaux simplement heureux de vivre.

Maintenant Oum-Zahar et Messaouda serviraient leur père seules. Puis, l'une après l'autre, il les donnerait à des hommes que lui-même aurait choisis et dont elles deviendraient les servantes… Puis, pour elles aussi, se lèverait le grand jour de la maternité.

Et ainsi toujours, de génération en génération.

Le jour se leva enfin limpide et des lueurs roses se glissèrent sur les cimes bleuâtres de dattiers, sur les murailles ocreuses, sur le sol salé, lépreux, de l'oasis d'Ourlana, dans l'oued Rir'.

Alors laissant les femmes continuer leur plainte dans la chambre où la petite lampe de jadis finissait de mourir, Oum-Zahar et Messaouda sortirent dans la cour et, à la place traditionnelle où leur mère avait laissé un monceau de cendres grises, elles rallumèrent le feu du foyer : il fallait préparer le café, car le père allait rentrer.

Messaouda plissa soigneusement les *gandouras* blanches, le turban de mousseline et le burnous neuf de son père et les posa sur une natte propre dans une petite chambre haute où l'on accédait par quelques marches de terre : le père s'habillerait pour l'enterrement.

Après, elles attendirent, mornes.

El Hadj Saad entra. Il était grand et mince comme tous les Rouaras. Il pouvait avoir quarante ans et son visage allongé et sec avait une expression fermée et sombre. Il s'assit dans la cour sur une natte. Oum-Zahar lui présenta le café en silence.

Puis il monta s'habiller. Pas une parole ne fut échangée dans la demeure *où était entrée la Mort.*

Avant les heures accablantes du milieu du jour, les hommes emportèrent sur un brancard le corps raidi de la mère… Dès qu'ils furent devant la porte, El Hadj Saad ordonna à ses filles de se retirer dans la chambre haute et de baisser le rideau…

La mère partie, accompagnée par le chant cadencé des *tolba,* qui disaient sur elle, insensible, les paroles de promesse et d'éternité…

Après, tout rentra dans l'ordre monotone… Chaque

matin, les deux jeunes filles se levaient à l'aube, et, après avoir fait le déjeuner modeste du père, elles s'accroupissaient devant le moulin à bras primitif qu'elles mettaient en branle au moyen d'un bâton… Et, pendant des heures, elles tournaient la pierre lourde avec un chant très bas, monotone comme leur existence.

Depuis la mort de la mère, Oum-Zahar avait encore maigri, et le feu étrange de son regard s'était encore assombri…

Messaouda, après avoir beaucoup pleuré, avait semblé s'accoutumer au grand vide de la maison où, elle le savait, une marâtre viendrait bientôt sans doute…

Dans un coin écarté de l'oasis, sur la route de Sidi-Amrane, il est une sorte de clairière entourée de jardins. Au milieu, une koubha en argile s'élève, irrégulière et étrange, un cube jaunâtre surmonté d'un dôme allongé et pointu en haut. Aux quatre coins des murs et au sommet du dôme, déformant ainsi cet édifice de l'Islam, des figures barbares, grimaçantes, sont placées – formes léguées par l'antiquité fétichiste…

À l'entour, quelques tombeaux également en terre marqués par une branche tordue et noire de buisson saharien où des chiffons multicolores, ex-voto sauvages, s'effilochent au vent, déteignent au soleil.

Là, à l'ombre protectrice de la koubha, on avait mis Elloula, la mère d'Oum-Zahar et de Messaouda. Elles-mêmes avaient pétri en argile ocreuse une sorte de monument fruste, un tertre allongé, terminé à chaque bout par une tuile dressée.

Et tous les vendredis, elles venaient, se tenant par la main, visiter leur mère. Elles s'accroupissaient et regardaient en silence la terre d'Elloula. Où était-elle ? Les voyait-elle ?

Quand elles avaient du chagrin, quand leur père les avait battues, elles venaient là et, tout bas, contaient leur peine.

Un jour, quand elles vinrent, elles trouvèrent, assise près de la tombe, une femme inconnue, vêtue de haillons sombres, qui tenait sur ses genoux un enfant d'environ un an enveloppé dans des loques. Cette femme était d'une maigreur surprenante, très jeune encore, et elle eût été belle sans le regard fixe, comme enfiévré, de ses énormes yeux noirs et le désordre sauvage de ses cheveux très longs, à peine retenus sur sa tête par un chiffon noir.

Messaouda, effrayée, se serra contre sa sœur, mais Oum-Zahar fixa son regard sérieux sur l'étrangère et lui dit :

– Qui es-tu et que fais-tu là près de notre mère ?

La femme ne répondit pas, mais élevant ses bras maigres au-dessus de sa tête, elle clama ce seul mot :

– Orpheline ! Orpheline ! Orpheline !

– Elle est folle ; c'est une *maraboute,* murmura Messaouda qui tremblait de tous ses membres.

Dans le Sahara, les fous inoffensifs vivent et errent en liberté. Ils sont innombrables et ils jouissent de l'amour et de la vénération du peuple.

Cette femme n'avait ni le type ni l'accent de l'oued Rir'.

– D'où es-tu ? continua Oum-Zahar.

– Loin !

– Es-tu du Souf ?

L'inconnue hocha la tête.

– De Biskra ?

Elle répéta le même geste négatif.

– Elle ressemble à Saharia, la sage-femme, qui est des Ouled-Amor des Zibans, murmura Messaouda.

Oum-Zahar s'était rapprochée. Cette créature étrange, effrayante, l'attirait singulièrement. Attaché dans un coin du voile, Oum-Zahar avait un morceau de galette. Elle le tendit à l'étrangère et s'assit en face d'elle, tout près.

– Dieu est le plus grandi dit la femme, et elle commença à manger.

– Comment t'appelles-tu ? demanda la jeune fille après un long silence.

La femme comprit :

– Keltoum !

Sa parole était brève et saccadée, sa respiration haletante. L'enfant semblait dormir, d'une effrayante maigreur… Puis elle se leva, et d'un pas rapide, mais mal assuré, elle s'en alla. Depuis ce jour, Oum-Zahar devint encore plus silencieuse et plus sombre. Parfois, la nuit, en dormant, elle bondissait en poussant de grands cris.

– La femme t'a ensorcelée, disait Messaouda qui, maintenant, avait peur d'Oum-Zahar.

El Hadj Saad, remarquant enfin la maladie de sa fille, envoya Messaouda quérir la sorcière du village Saharia. La vieille hocha la tête, et quand Messaouda lui eut dit leur étrange rencontre, elle dit :

– Elle a ensorcelé la jeune fille. À présent, elle est là-bas à Ayela, et elle a jeté le trouble et la frayeur dans l'oasis. On dit qu'elle erre la nuit dans les cimetières en poussant des hurlements lugubres. On dit aussi que l'enfant qu'elle porte est mort depuis longtemps et que c'est par ses sortilèges qu'elle empêche le corps de se corrompre… Elle est venue de l'ouest, du pays de Metlili, seule et à pied, derrière une caravane de Mozabites.

Saharia était une petite vieille très insinuante, très douce, bien raisonnable… Mais elle avait beau prodiguer à Oum-Zahar des caresses, la jeune fille éprouvait pour elle une violente répulsion et refusait même de lui adresser la parole.

De tout temps, El Hadj Saad, qui regrettait amèrement de ne pas avoir de fils – l'honneur et la gloire du foyer patriarcal, avait préféré Oum-Zahar.

– Elle a l'intelligence et le courage d'un homme, disait-il.

Et il était très affligé de la voir malade.

Cependant, El Hadj Saad avait résolu de se remarier ; peut-être cette fois, Dieu bénirait-il son union et lui donnerait-il un fils.

Depuis que Oum-Zahar avait appris qu'une étrangère allait entrer dans la famille, elle s'était encore assombrie.

En son cœur étrange, un amour infini pour la mère morte était né et la venue de l'étrangère lui semblait une injure. Elle porterait les robes de la défunte, elle prendrait sa place au métier à tisser les burnous, elle trairait la chèvre, elle sécherait les dattes et elle battrait Oum-Zahar et Messaouda, car elle serait leur marâtre.

À cette idée, le cœur d'Oum-Zahar se remplissait d'amertume et, très étrangement, elle se mettait à songer à Keltoum. Elle avait trouvé cette femme près du tombeau de sa mère ; donc, *c'était elle qui l'avait envoyée…* Et la pensée de la folle ne quitta plus Oum-Zahar.

Un jour, Messaouda lui demanda timidement à quoi elle pensait durant ces journées de silence qui assombrissait la vieille maison caduque.

– Je pense à ma *mère Keltoum,* avait répondu Oum-Zahar.

Et Messaouda était restée interdite ; à elle, la folle inspirait une terreur profonde.

El Hadj Saad demanda et obtint la fille d'un voisin, Saadia, et la noce fut fixée au *Mouled,* l'anniversaire de la naissance du prophète, en août. Il restait encore quinze jours jusqu'à cette date, mais Oum-Zahar ressentit une émotion douloureuse et, le soir, avant le coucher du soleil, elle s'en alla au tombeau.

Elle était grande et ne devait plus sortir ; mais quand son père avait essayé de l'empêcher d'aller visiter la tombe de sa mère, elle était tombée à terre avec un grand cri et, pendant une demi-heure, elle s'était roulée avec des contorsions terribles. Alors Saharia avait dit à El Hadj Saad que sa fille était atteinte du mal sacré et qu'il ne fallait plus l'empêcher : elle était devenue *maraboute.*

Depuis le petit cimetière mélancolique, la vue s'étendait très loin dans la plaine désolée où les *sebkha* salées jetaient des taches blanches, livides sur le sol humide.

Sous les palmiers, la *séguia* salée, les canaux qui fertilisent l'oasis et qui engendrent la fièvre et les visions, murmurait doucement, dans l'ombre et le mystère de la futaie sombre, enclose de murs en argile…

Oum-Zahar s'était assise près du tertre et la joue appuyée sur sa main était demeurée immobile… Mais un balbutiement à peine distinct remuait ses lèvres.

– Mère, mère ! Petite mère amie ! Où es-tu allée ?

Pourquoi as-tu laissé orpheline ta petite fille Zaheïra ?

Et par moments, entre ses sanglots et ses phrases sans suite, l'on eût pu entendre le nom de Keltoum.

Très étrangement, dans l'imagination de l'enfant, l'image de Keltoum s'était mêlée à celle de la morte, et en l'appelant Keltoum, Oum-Zahar croyait voir apparaître celle qui l'avait bercée et aimée !

Soudain, sortant de derrière la muraille en terre, Keltoum parut, portant son nourrisson lamentable : elle s'avança vers Oum-Zahar et la prit par la main. Comme en rêve, la jeune fille se leva et suivit la folle qui l'entraîna hors de l'oasis sur la route des grands *chotts* salés.

Sous un ciel presque noir d'hiver où traînent des nuées déchiquetées d'un gris trouble, s'étendent les dunes livides de l'oued Souf où coulent les sables morts ne participant plus que de la vie capricieuse des vents. Au milieu d'un chaos de montagnes aux formes arrondies comme les dos immenses de monstres accroupis, dans une petite vallée stérile et grise, une koubba étrange s'élève, caduque et penchée.

Étroite et haute, avec son dôme pointu, elle est presque noire déjà ; elle a pris la teinte sans âge des constructions du Souf. C'est le tombeau d'un saint oublié là, dans ce pays funèbre. C'est la koubba de Rezerze-moul-Guéblaouïa.

La nuit glaciale achève de tomber sur ce site figé et un grand silence règne là.

Cependant, contre la muraille, il y a Keltoum et Oum-Zahar, la première était accroupie près d'elle, Oum-Zahar était couchée de tout son long. Keltoum ne portait plus l'enfant mystérieux dont elle n'avait révélé le secret à sa compagne.

Maintenant, Keltoum, qui semble ne pas sentir le froid glacial et le vent qui pleure dans la dune, poursuit là son rêve noir.

Depuis des mois, elles errent ainsi toutes deux à travers le désert, vivant de la charité des croyants, mais silencieuses. Dans l'âme d'Oum-Zahar, très vite, les ténèbres s'étaient faites et dans les solitudes où elles erraient, des scènes effrayantes avaient eu lieu : elles avaient eu, ensemble, des accès terribles du mal dont Keltoum avait le pouvoir redoutable de semer les germes sur son chemin… Une nuit, dans le grand désert salé du Chott Melriri, l'enfant *avait fini de mourir et* Keltoum a creusé une fosse avec ses ongles dans le sol salpêtré et mou.

Toutes ces dernières journées, une toux affreuse n'avait cessé d'agiter la poitrine desséchée d'Oum-Zahar et, à l'endroit où elle crachait, le sable se teignait en rouge…

Maintenant, elle ne toussait plus et sa respiration haletante et rauque ne s'entendait pas ; elle reposait, paisible. Keltoum, qui semblait ne pas sentir la morsure cruelle du vent, poursuivait son rêve noir.

Soudain, par une de ces pensées incomplètes sans suite, qui dirigeaient son existence à peine humaine, Keltoum se leva et appela :

– Oum-Zahar ! Oum-Zahar !

La jeune fille garda le silence. Alors la folle se pencha sur elle et la toucha : Oum-Zahar était morte.

Keltoum s'agenouilla, et comme elle l'avait fait pour son petit, sans larmes et sans paroles, elle creusa avec acharnement, comme une bête, dans le sable... Quand la fosse fut assez profonde, elle se leva, prit Oum-Zahar et l'étendit au fond. D'un geste brusque, elle ramena un pan du voile bleu sur le mince visage douloureux, sur l'or bruni des grands yeux étrangement adoucis, largement ouverts dans la nuit ; puis elle rejeta le sable, très vite, sur le corps, et, de ses pieds nus, elle le tassa.

Puis, sans même se retourner, elle s'en alla, à travers le vent et la nuit, vers l'inconnu...

PAYS OUBLIÉ

Cagliari, le 1ᵉʳ janvier 1900.

« Je suis seul, assis en face de l'immensité grise de la mer murmurante… Je suis *seul*… seul comme je l'ai toujours été partout, comme je le serai toujours à travers le grand Univers charmeur et décevant, *seul,* avec, derrière moi, tout un monde d'espérances déçues, d'illusions mortes et de souvenirs de jour en jour plus lointains, devenus presque irréels. Je suis seul, et je rêve…

« … En cet instant, je n'ai qu'un désir : revêtir le plus vite possible la personnalité aimée qui, en réalité, est la vraie, et retourner là-bas, en Afrique, reprendre cette vie-là… Je suis venu ici pour fuir les décombres d'un long passé de trois années. »

De tous les pays de l'Europe, le plus ignoré est certes la grande île sarde, oubliée entre ses voisines, la Corse et la Sicile, qui ont inspiré des pages subtiles et enthousiastes aux artistes de la plume et de la palette.

Et c'est bien grâce à cet oubli, parce que personne n'a songé à la « mettre à la mode », que la Sardaigne a gardé son aspect âpre et suranné, ses vieilles coutumes médiévales et le charme tout africain de certaines d'entre ses cités croulantes…

Il est à souhaiter que, longtemps encore, elle reste dans l'ombre et l'oubli, car les coins de recueillement et de silence sont d'autant plus précieux qu'ils se font plus rares.

Cagliari, la capitale, toute dorée sur son rocher blanc, où des coulées de terre rouge jettent comme des taches de sang, ravinée, chaotique, domine sa grande baie bleue.

Tout en haut, au sommet de la colline ardue, la vieille ville, le *Castello* féodal reste séparé des quartiers inférieurs par ses remparts à tours carrées, brûlés par le soleil à travers les siècles morts.

Pour entrer dans le *Castello* depuis le *Corso Vittorio Emanuele* on passe sous une haute voûte noire de vétusté, où gisent les chauves-souris, dans le fouillis grisâtre des toiles d'araignées. À l'entrée de la voûte, très haut, la vieille herse de fer est encore suspendue, rouillée et immobilisée pour toujours.

Les rues montent, le pavé de cailloux pointus, avec, pour les piétons, des sentiers étroits, en dalles polies par l'usure, glissantes… Mais jamais aucune voiture ne passe dans ces voies silencieuses et de l'herbe menue, étiolée, pousse entre les cailloux gris. Plus haut, ce sont des escaliers raides, passant sous des voûtes sombres jusqu'à la *Piacetta Martyri d'Italia* et la *Porta Principe Amedeo*.

Le *Castello se* compose de plusieurs petites terrasses superposées, dont l'une est transformée en une large et belle esplanade entourée, d'un parapet et plantée de pins pignons, d'où la vue s'étend, incomparable, sur la campagne cagliaritaine et sur la mer.

Vers l'est, un jardin luxuriant est disposé sur une

bande étroite de terre, entre la falaise rougeâtre qui supporte les casernes et la prison actuelle, et les quartiers maritimes, tout en bas. De là, on domine une vallée boisée où sont les faubourgs et le *Campo santo,* sorte de carrière encastrée dans le flanc d'une colline rougeâtre au sommet de laquelle est une ruine géante… à l'horizon oriental, des montagnes couvertes de pinèdes bordent la vallée.

Au nord, faisant face à la ville, sur une autre colline, le vieux *Castello San Mighele,* abandonné et croulant au milieu d'une forêt de pins.

De ce côté, la campagne vallonnée est toute semée de ruines, de petits murs en argile et de haies de figuiers de Barbarie parmi les oliviers comme un coin de la campagne âpre d'Afrique…

En passant dans les *vicoli* sombres du *Castello,* on aperçoit parfois par un entre-bâillement de porte, lourde et bardée de fer, des escaliers en faïence, des cours intérieures dallées de blanc où murmurent des fontaines enguirlandées de lierres et de vignes.

Les portes des églises sont perpétuellement béantes, dans ce pays resté catholique jusqu'au fanatisme, où tout le monde est croyant. Dans leur ombre humide, les cierges allument, des lueurs fantastiques sur le luxe lourd et barbare de châsses, des ex-voto, de toutes ces dorures éteintes.

Sous les voûtes du *Castello,* il est des antres innommables, noirs et puants, des caves profondes où se terrent une pouillerie, une truanderie affreuses, des familles entières, entassées, malingres, tremblantes d'anémie et de fièvre, comme des plantes poussées dans les souterrains. Jamais un rayon de soleil n'y glisse, dans cette obscurité délétère où tant d'êtres végètent dans la pourriture et l'infection. De là sortent des femmes en haillons, hâves, maigres, sans âge, des hommes à l'air de bandits et une tourbe d'enfants à peine vêtus, chétifs et mal venus, qui s'attachent obstinément, désespérément au pas des passants pour mendier.

Coiffes de nonnes, robes de bure et cagoules de moines errent dans ce labyrinthe comme des apparitions. Une odeur âcre d'humidité de salpêtre et d'antiquité règne là… et aussi un silence de mort, aussitôt que les *bambini* sont loin.

Décidément, la pouillerie italienne n'a pas la grandeur résignée de celle des pays d'Islam, assainie et éclairée par le grand soleil purificateur !

Là-bas, le mendiant se drape dans les loques terreuses de son burnous avec la majesté d'un prince déchu, et mendie au nom de Dieu, mais ne supplie jamais.

Ici, il est humble, avili, craintif, s'abaissant devant le riche et l'étranger, obséquieux jusqu'à perdre toute dignité humaine.

À la nuit tombante, il est certains quartiers où les gouges affreuses, sous leurs loques immondes, sortent de leurs caveaux pour attendre les matelots et les soldats en des attitudes veules et bestiales.

Cependant, le vrai type sarde est beau, surtout à la campagne, chez les paysans et les pêcheurs. Les hommes, vigoureux et bronzés, sont grands et d'air farouche. Leur type a quelque chose à la fois du Grec et de l'Arabe. Les femmes, indolentes et presque aussi cloîtrées qu'en Orient, ont conservé le type des conquérants maures : l'ovale régulier du visage et les grands yeux lourds.

Le costume du paysan sarde est resté presque maure : un bonnet rouge, retombant en serre-tête pointu sur l'épaule, une veste courte à manches fendues par-dessus le gilet, ornée de passementerie et de deux rangées de petits boutons ronds en soie. La culotte est cependant étroite relativement, jusqu'aux guêtres, mais les Sardes mettent la chemise blanche, ronde, par-dessus les chausses blanches aussi.

Chose étrange : les femmes de Cagliari n'ont pas conservé de costume national et portent la jupe et le *caraco* disgracieux des Italiennes, avec, sur leurs cheveux noirs, un mouchoir clair pour les jeunes et noir pour les vieilles.

Ici, aucune classe de femmes ne correspond au demi-monde : la courtisane appartient à la plus sordide misère, n'y arrive d'ailleurs qu'après bien des vicissitudes. Les quelques jeunes femmes un peu jolies, un peu fraîches que l'on peut voir sur la *Via Roma* ou sur le *Corso,* le soir, sont Italiennes.

La majorité des Cagliaritaines du peuple vont pieds nus. Pourtant, nulle part ailleurs, je n'ai vu autant d'échoppes de cordonniers. Pour qui travaillent donc tous ces *Calzolaï qui, eux-mêmes, souvent, n'ont point de chaussures aux pieds ?*

Ici, les lamentations éternelles des Italiens du peuple sur leur misère, la cherté de la vie, les impôts onéreux forment le fond de toutes les conversations, dans les *trattorie* ou les *botigliere.*

Des hommes vigoureux et jeunes, couchés toute la journée sur les bancs des jardins ou sur les remparts, vous disent : « Il n'y a pas de travail… D'ailleurs, ce serait *una vergogna per me,* si je me mettais à travailler. Je suis noble, c'est impossible. »

De quoi vivent tous ces nobles, tous ces *signori* et ces *cavalieri* loqueteux, Dieu seul le sait ! Mais la paresse du Sarde méridional est aussi invincible que celle du

Napolitain et, malgré leurs doléances perpétuelles, je suis convaincu qu'ils sont heureux, un peu à la façon des lézards d'émeraude qui s'étalent sur les vieux murs du *Castello,* au soleil du midi.

Ici, la vie familiale chez les nobles et les bourgeois est aussi austère et presque aussi fermée que dans les classes élevées de la société musulmane. Les femmes sortent peu, rarement seules, et sont surveillées farouchement.

Mais, à la brume, l'on peut voir presque sous tous les balcons peu nombreux, sous toutes les fenêtres, des jeunes hommes d'allures mystérieuses, rasant les murs et passant des heures, les yeux levés vers les *donne* dissimulées derrière les rideaux à peine écartés et derrière les grillages épais, et échangeant avec elles des déclarations brûlantes – *par gestes.*

C'est ce qu'on appelle là-bas *far' l'amore...* Les sérénades sont aussi dans les mœurs et, souvent, l'on voit un jeune homme, accompagné de ses amis, jouer de la mandoline ou de la guitare et chanter sous les fenêtres de sa belle invisible.

Les chants de la Sardaigne sont tristes, et les airs ont une monotonie douce, susurrante, toute arabe... De loin, les premiers temps, il m'est arrivé de me demander si ce n'étaient pas réellement des airs de la patrie africaine qui montaient vers moi, dans la nuit.

Les paysans de la montagne et les pêcheurs, comme les chameliers bédouins, improvisent en errant dans leurs sombres forêts ou sur la grève.

... La douleur et la tristesse qui s'exhalent par des chants cessent d'être lugubres. En haut, sur l'esplanade du *Castello,* un coucher de soleil.

Penchée sur le parapet de pierre d'une terrasse haute, une jeune fille semble rêver, dans l'incendie rouge du soir. Elle porte une robe légère de mousseline bleu pâle. Une mantille de dentelle blanche adoucit l'éclat de ses cheveux noirs, de ses yeux d'ombre. Elle a l'air candide et mélancolique...

En bas, appuyé contre le tronc d'un pin, un jeune carabinier *semble,* lui aussi, être venu là uniquement pour contempler la féerie du jour finissant. Très bien sous son uniforme sombre, sous le tricorne noir à pompon rouge, drapé dans son vaste manteau noir, il *semble* ne sourire qu'aux horizons lointains où flottent les lueurs roses du couchant.

Mais, à chaque instant, un geste à peine perceptible de sa main gantée envoie sa pensée vers la jeune fille, et l'éventail en plumes d'autruche blanches de celle-ci répond, frémissant.

Avec leurs airs distraits, pensifs, muets, ils *font l'amour...*

... Dans une découpure basse de la côte de San Bartholomeo, on a creusé des canaux et on a inondé des lagunes salées. Sur les chemins de ronde élevés, des sentinelles impassibles vont et viennent, baïonnette au canon. En bas, sur les chalands lourds, sur les sentiers de halage, des théories d'hommes vêtus de gris et coiffés de petites calottes rouges, au crâne et au visage rasés, peinent sous le soleil ardent, silencieux et mornes comme de tristes bêtes de somme.

Ce sont les *galeotti,* les forçats.

Pour être admis à travailler ainsi au grand air, il faut avoir tenu une conduite exemplaire pendant *sept années,* dans l'abrutissement et le silence de tombeau du *carcere duro.*

Et tous, ils ont la même expression d'indifférence bestiale sur des faces d'une sénilité prématurée, simiesques sinistrement.

L'appareil lugubre de la guillotine sanglante dans la clarté fuligineuse d'une aube mortuaire est moins inhumainement affreux, moins *injuste,* surtout, que le spectacle d'un bagne, le plus hideux qui soit.

La mort grandit, ennoblit tout ce qu'elle touche, car elle est l'absolution suprême… Mais cette géhenne où le corps seul survit, où l'âme est détruite, sciemment, férocement, cet enfer-là n'a pas de nom et pas d'excuse.

Quand les *galeotti* arrivent d'Italie, dans la cale des vaisseaux, une embarcation se détache du quai de Cagliari et va les prendre presque au large, montée par des *carabinieri* qui, sous leur uniforme noir, semblent venir là pour un enterrement… Et on les emmène, attachés le long d'une chaîne, les poignets serrés affreusement entre deux barres de fer à vis. Sous leur bras, ils portent leur maigre baluchon : quelques hardes sordides, quelques pauvres souvenirs du monde des vivants, peut-être pour se le rappeler, après, dans la *cita dolente,* pendant les années longues…

Vers l'ouest, la colline de Cagliari se termine brusquement par des fondrières profondes, par des falaises escarpées. Dans les rochers éboulés, retenus par de petites murailles frêles, des jardins s'enchevêtrent de pieds de vigne ; bien africains encore avec leurs haies de figuiers de Barbarie, leurs agaves aux hampes géantes poussées dans les rochers, leurs figuiers et le velours sombre, moucheté d'argent, des oliviers.

Plus loin, dans une plaine immense et désolée, tout un dédale de canaux et fossés relie les lagunes salées, immobiles comme les *chotts* du désert, d'une teinte plombée, où se reflète le ciel pur, donnant à l'eau morte l'apparence illusoire de profondeurs d'abîme.

Sous le soleil d'été, tout cela reluit, scintille, comme des fragments de miroir disséminés dans la plaine rougeâtre.

… Le chemin de fer sarde est encore plus désespérément lent que ceux d'Afrique : le train rapide, le *reale,* met *une journée et demie* pour traverser l'île dans sa longueur, de Cagliari à Porto-Torrès.

Depuis la capitale, après avoir longé les lagunes, la voie s'élève sensiblement jusqu'à *Macomer,* petit bourg d'aspect mélancolique, dans un décor sévère de montagnes et de pinèdes.

On traverse d'étranges contrées : des halliers enchevêtrés, des bois de pins perchés sur le flanc abrupt des montagnes déchiquetées, des ravins sauvages où coulent des ruisseaux paisibles qui se transforment tout à coup en cascades mugissantes… Çà et là, de petits villages terreux, surmontés d'un campanile frêle, portant des noms de saints : San Giovanni, Sant'Anna, Santa Maddalena…

Le pays de Macomer est semé de grosses pierres de forme cubique, qui semblent taillées de main d'homme : on dirait les décombres de quelque gigantesque cité morte.

Sassari, la rivale immémoriale de Cagliari, vieille république aux mœurs rudes et commerçantes, disputa toujours à Cagliari féodale l'hégémonie dans l'île.

Sassari est une ville plate, plus neuve et plus riante, mais sans le grand charme suranné de Cagliari.

Elle est située sur un plateau fertile et vaste légèrement incliné. Les habitants sont des artisans et des cultivateurs, âpres au gain, et non plus des rêveurs et des fainéants.

Les femmes sassaraises portent un superbe costume ancien : courte jupe rayée de rouge dans le bas, tablier brodé, larges manches bouffantes, fendues sur le côté et nouées aux coudes par des flots de rubans d'où pendent des boules d'or ou de cuivre poli... Sur leurs beaux cheveux coiffés en bandeaux, elles portent un mouchoir clair, noué ou empesé, en petit toit conique.

Elles n'ont pas la grâce timide et l'indolence des Cagliaritaines. Elles sont alertes et gaies, portant fièrement leur tête fine et expressive.

Entre Cagliaritains et Sassarais (on dit *Cagliaritano* et *Sassarese)* la haine est irréconciliable, éternelle.

– Che vole te ? Quest'huom'u e un'facchinu frustu, una bruta, bestia di Sassarese, dit le Cagliaritain. Et le Sassarais de répondre : *– E un'lazzarone che viva della carita'christiana !*

Le Méridional reproche à l'homme du Nord son manque d'usage, sa rudesse républicaine... Le marchand et le laboureur reprochent à l'homme d'indolence et de rêve sa fainéantise... Il n'est qu'une seule chose sur laquelle tous les Sardes s'entendent : c'est leur haine et leur mépris de l'Italien, du *continentale* envahisseur. Ils regrettent leur indépendance. *Continentale* est presque une injure dans la bouche du Sarde. Interrogé sur sa nationalité, il répond fièrement : *Som'Sardo !*

Le brigandage n'existe plus à l'état permanent en Sardaigne, mais les montagnes jouissent d'une réputation d'insécurité.

La mémoire des Cagliaritains est encore pleine des

exploits des écumeurs de montagnes et même de ceux des corsaires de jadis. Au fond de leur âme violente et sombre, les *marchesi* et les *conti* ruinés, qui perpétuent les vieux usages de la féodalité disparue, dans leur *palazzi* lézardés et noirs, regrettent le temps des aïeux, quand le plus audacieux, le plus hardi devenait le maître incontesté de la cité.

La conservation farouche des usages de jadis est la préoccupation constante des Sardes, surtout dans le midi, et sur la plupart des tombeaux de *Campo santo* de Cagliari, on peut lire : *Le défunt se distingua toujours par ses vertus civiques et familiales et par son attachement aux vieilles coutumes de la patrie.*

Dans la plaine, sur la route de Campo Santa, à Cagliari encore, il est une ruine, dans une vallée rougeâtre. Contre une muraille croulante et basse, trois dattiers ont poussé, dont l'un est incliné mélancoliquement.

Cet endroit, avec pour arrière-plan la cité dorée sous la patine du temps, sur ses rochers blancs et rouges, semble un coin de quelque paysage barbaresque, transporté là sous le ciel plus doux d'Italie.

Mon séjour à Cagliari fut de courte durée, en des ambiances vulgaires et inintelligentes. Il ne me fut point donné de vivre, comme je l'ai fait ailleurs, de la vie du peuple sarde, et les impressions que j'ai rapportées de là-bas sont fugitives et même un peu vagues…

J'ai quitté Cagliari au commencement du printemps, après un mois d'un hiver qui ressemblait aux étés du nord de la France… Elle m'a laissé une dernière vision d'elle auréolée d'une lumière déjà plus blonde et plus éclatante, qui avait fait éclore les bourgeons de tous les arbres, les enveloppant comme d'une brume légère, d'un vert tendre. Les amandiers jonchaient le sol de leurs pétales neigeux. Les pommiers s'étaient couverts de fleurs candides, avec, au fond de chaque calice, une goutte de sang carminé… Dans la montagne et dans la vallée, entre les tombeaux et dans les ruines, des iris violets et de blancs asphodèles se hâtaient de pousser avant les ardeurs proches de l'été.

La tiédeur enivrante des nuits parfumées multipliait les amoureux muets dans les rues obscures, sous les voûtes noires, et l'Eternel Amour, qui est de tous les pays et de tous les siècles, emplissait la vieille cité morte d'une ivresse intense et féconde, créatrice de l'indestructible Vie.

EXTRAIT DES « JOURNALIERS »

> « Le court rêve de tranquille recueillement, dans la vieille cité sarde, sous un ciel doucement pensif et clément, au sein de ce paysage tout africain est fini. Demain à pareille heure, je serai déjà très loin des rochers cagliaritains, là-bas, sur la mer grise qui, depuis des jours et des jours, gronde et déferle. Cette nuit, les échos de Cagliari retentissaient du tonnerre qui grondait… Tout est fini ici, et demain je vais partir pour recommencer la lutte sinistre… »

(Les Journaliers)

Cagliari, le 9 janvier,
Impressions 1900.
Jardin public, vers 5 heures du soir.

Paysage tourmenté, collines aux contours rudes, rougeâtres ou grises, fondrières profondes, chevauchées de pins maritimes et de figuiers de Barbarie, gris et mornes. Verdures luxuriantes, presque déconcertantes en ce milieu d'hiver. Lagunes salées, surfaces d'un gris de plomb, immobiles et mortes, comme les chotts du désert.

Puis, tout en haut, une silhouette de ville, escaladant

la colline ravinée et ardue… Vieux remparts, vieille tour carrée et crénelée, silhouettes géométriques de toits en terrasses, le tout d'un blanc roussi uniforme se profilant sur un ciel indigo.

Presque tout en haut, encore et encore de la verdure, des arbres aux immuables feuillages. Casernes en tout semblables à celles d'Algérie, longues et basses, couvertes en tuiles rouges, aux murs décrépis et lépreux, dorés eux aussi comme tout le reste.

Des murs badigeonnés en rose ardent ou en rouge sang, ou en bleu de ciel comme des maisons arabes… Vieilles églises obscures et remplies de sculptures et de mosaïques de marbre, luxueuses en ce pays de misère sordide. Passages voûtés, où les pas résonnent durement, éveillant des échos sonores. Ruelles enchevêtrées, montant, descendant, parfois coupées d'escaliers en pierre grise, et, par l'absence de roulage dans la haute ville, les petits pavés pointus sont recouverts de fines herbes étiolées, d'un vert presque jaune.

Portes ouvrant sur de grandes caves en contre-bas, où nichent des familles de miséreux, dans l'ombre et l'humidité séculaires. D'autres, sur des vestibules voûtés, sur des escaliers de faïence.

Boutiques aux petits étalages, aux criardes couleurs, échoppes orientales, étroites et enfumées, d'où sortent des voix nasillardes, traînantes…

Par-ci, par-là, un jeune homme adossé contre un mur s'entretenant par signe avec une jeune fille penchée du haut de son balcon…

Paysans coiffés de longs serre-tête retombant sur le dos, en veste noire à fripe, plissée par-dessus le pantalon de calicot blanc. Figures barbues et bronzées, yeux enfoncés profondément sous les sourcils épais, physionomies méfiantes et farouches, tenant du Grec montagnard et du Kabyle, par un étrange mélange de traits.

Les femmes, beauté arabe, grands yeux très noirs, langoureux et pensifs... Expression résignée et triste de pauvres bêtes craintives.

Mendiants au ton pleurard et obséquieux, assaillant l'étranger, le suivant, le harcelant partout où il va... Chansons infiniment tristes ou refrains devenant une sorte d'obsession étrangement angoissante, cantilènes rappelant à s'y méprendre ceux de là-bas, de cette Afrique que tout, ici, rappelle à chaque pas et fait regretter plus intensément.

L'ANARCHISTE

Le père, Tereneti Antonoff, persécuté en Russie pour ses convictions libertaires, sur le point d'être exilé, avait fui en Algérie, cherchant une terre neuve, une patrie d'élection où, sous un ciel clément, les hommes seraient moins encroûtés de routine.

Presque riche encore, il avait fondé une ferme dans un coin riant du Tell, et là, entre ses champs et ses livres, avait poursuivi son rêve d'humanité meilleure. Cependant, il avait rencontré là des colons européens le même accueil hostile et, peu à peu, il avait dû se retirer, se replier sur lui-même.

L'esprit de son fils unique, Andreï, déjà grand, avait, de cette brusque transplantation, subi une perturbation profonde. Tout le vague, tout l'attirant mystère des horizons de feu étaient entrés, grisants, en son âme prédestinée d'homme du Nord.

Vivant à l'écart, ce n'étaient point les hommes, c'était la terre d'Afrique elle-même qui l'avait troublé, profondément.

— Tu es un poète de la nature, lui disait son père avec un sourire d'indulgence, comme j'ai été celui de l'humanité… Nous nous complétons.

Mais Andreï s'accommodait difficilement de la vie cloîtrée qui suffisait à la lassitude de vivre du vieillard. La hantise de l'inconnu, la nostalgie d'un ailleurs où il se fût senti vivre harmoniquement, sans aspirations jamais assouvies, l'étreignaient.

Parfois, des mois entiers durant, il n'ouvrait plus un livre, passant ses jours à errer dans les douars bédouins, à s'asseoir avec les primitifs et les infirmes qui lui rappelaient les moujiks de son pays, ceux que son père lui avait appris à aimer et à comprendre.

Le vieux philosophe ne condamnait pas ces erreurs, cette vie nomade dont il comprenait le charme et la salutaire influence, pour les avoir ressentis jadis.

– Tu as raison, va t'en aérer ton esprit… Va manger le pain noir et participer à la misère et à l'obscurité fraternellement… Ça te fera du bien.

Et, peu à peu, Andreï se laissa prendre pour jamais par la terre âpre et par la vie bédouine. Son esprit s'alanguit, tout en restant subtil et curieux. Sa hâte de vivre se ralentit et il escompta avec dédain la vanité de tout effort violent, de toute activité dévorante.

Quant, ayant opté pour la nationalité française, il entra aux chasseurs d'Afrique, et fut envoyé dans un poste optique du Sud, son ennui et son dégoût d'être soldat firent place à la joie du voyage et de la révélation brusque, flamboyante du Sud.

Les splendeurs plus douces de la lumière tellienne lui semblèrent pâles, là-bas, au pays du silence et de l'aveuglant soleil.

Un bordj surmonté d'une haute tour carrée, sur une colline nue, au milieu d'un désert d'une aridité effrayante…

Pas une plante, pas un arbre faisant tache sur la terre ocreuse, tourmentée, calcinée… Et, tous les jours, inexorablement, le même soleil dévorateur, arrachant à la terre sa dernière humidité, lui interdisant, jaloux, de vivre en dehors de ses jeux à lui, capricieux, aux heures d'opale du matin et de pourpre dorée du soir.

Là, Andreï comprit le culte des humanités ancestrales pour les grands luminaires célestes, pour le feu tout-puissant, générateur et tueur.

Ce bordj, sur la porte duquel les Joyeux ironiques avaient inscrit le surnom de *Éden Purée,* Andreï l'aima.

Entouré de quelques camarades avides de retour et que, seule, l'absinthe consolait d'être là, Andreï s'était isolé, pour mieux goûter le processus de transformation heureuse qu'il sentait sourdre des profondeurs de son être.

L'inquiétude, la souffrance indéfinissable qui l'avaient torturé pendant les années de son adolescence faisaient peu à peu place à une mélancolie calme, douce, à un rêve continu.

Il ne lisait plus, se contentant de vivre... Il n'abandonnait pas sa résolution de devenir un jour le poète de la terre aimée, de refléter avec son âme plus sensitive de septentrional la tristesse, l'âpreté et la splendeur de l'Afrique.

Mais il se sentait incomplet encore, et voulait son œuvre parfaite... Et il regardait, avec des yeux d'amoureux, lentement, laissant les impressions s'accumuler tout naturellement, par petites couches ténues.

Et l'instinct inassouvi d'aimer voilait d'une tristesse non sans charme cette existence toute de silence et de rêverie.

Andreï avait fini son année de service et il retourna,

plein de la nostalgie du Sud, auprès de son père, juste à temps pour le voir tomber malade et mourir.

— Reste toujours sincère envers toi-même… Ne te plie pas à l'hypocrisie des conventions, continue à vivre parmi les pauvres et à les aimer.

Tel fut le testament moral que, dans une heure de lucidité que lui laissa la fièvre, lui laissa son père.

L'immense douleur de cette perte assombrit pour longtemps l'horizon souriant de la vie d'Andreï. Le vieil homme souriant et doux, le modeste savant ignoré qui lui avait appris à aimer ce qui était beau, à être pitoyable et fraternel à toute souffrance, l'éducateur qui avait veillé jalousement à ce qu'aucune souillure n'effleurât l'âme de l'enfant et de l'adolescent, qui n'avait point permis que l'hypocrisie sociale imprimât son sceau déprimant sur son cœur, Térenti n'était plus… Et Andreï se sentit tout seul et tout meurtri, au milieu des hommes qu'il sentait hostiles ou indifférents.

Mais l'obligation où il se trouva de mettre en ordre les affaires de son père fut pour lui une diversion salutaire.

Puis se posa ce problème troublant : que deviendrait-il ? Alors, Andreï se souvint de sa vie dans le Sud et il la regretta. Et il songea : « Pourquoi ne pas retourner là-bas, libre, pour toujours ? »

Il vendit la ferme, transporta les livres de son père chez une vieille amie, réfugiée polonaise exerçant l'humble profession de sage-femme à Oran, et, toutes dettes payées, il eut quelques dizaines de mille francs pour réaliser son projet.

Il retourna s'agenouiller pieusement sur la tombe sans croix du vieux philosophe, dans un petit cimetière, sur une petite colline dominant la baie de Mostaganem…

Et il partit.

Andreï songea qu'il suffisait de posséder le don précieux de tristesse pour être heureux…

Il était venu s'installer là, dans l'ombre chaude des dattiers de Tamerna Djedida, dans le lit salé de l'oued Rir' souterrain.

Il avait acheté quelques palmiers, une source salpêtrée qui vivifiait de ses ruisselets clairs le jardin et une petite maison cubique en toub rougeâtre.

Le bureau arabe dont dépend l'oasis avait bien cherché, par haine de l'élément civil, surtout indépendant, à détourner Andreï de son projet. On avait usé envers lui de tous les procédés, de la persuasion rusée, de l'intimidation. Il s'était heurté à la morgue, à la suffisance des galonnés improvisés administrateurs, mais sa calme résolution avait vaincu leur résistance.

Il savait cependant que le climat de cette région est meurtrier, que la fièvre y règne et y tue même les indigènes. Mais n'avait-il pas séjourné de longs mois dans le bas de cette vallée de l'oued Rir', près de son embouchure, dans le chott Mel'riri ? Il n'avait jamais été malade et il résisterait…

Il aimait ce pays mystérieux, hallucinant, où toute la chimie cachée de la matière s'étalait à fleur de terre, où l'eau iodée et salée dessinait de capricieuses arabesques blanches sur les herbes frêles des *séguia* murmurantes, ou teintait en rouge de rouille le bas des petits murs en toub qui faisait des jardins un vrai labyrinthe obscur.

Partout, l'eau suintait, creusait des trous, des étangs profonds, à la surface immobile et attirante, où se reflétaient les frondaisons graciles des palmiers, les feuilles charnues des figuiers et les pommes rouges des grenades…

Puis, tout à coup, sans transition, le désert s'ouvrait, plat, immense, d'une blancheur aveuglante. Le sol spongieux se recouvrait d'une mince couche de sel, avec de larges lèpres d'humidité brune.

Tout cela flambait, scintillait à l'infini, avec, très loin à l'horizon, de minces taches noires qui étaient d'autres oasis.

Et, à midi en été, le mirage se jouait là, dans la plaine morte, d'où la bénédiction de Dieu s'était retirée…

En hiver, les chotts et les sebkas s'emplissaient d'une eau claire, azurée ou laiteuse, et les aspérités du sol formaient dans ces mers perfides des archipels multicolores…

Vêtu comme les indigènes, Andreï vivait de leur vie, accepté d'eux et bientôt aimé, car il était sociable et doux, et les guérissait presque toujours quand, malades, ils venaient lui demander conseil.

– Il deviendra Musulman, disaient-ils, l'ayant entendu répéter souvent que Mohamed était un prophète, comme Jésus et comme Moïse, venus tous pour indiquer aux hommes des voies meilleures.

Les habitants de Tamerna étaient des Rouara de race noire saharienne, une peuplade taciturne, d'aspect sombre et de piété ardente, mêlée de croyances fétichistes aux amulettes et aux morts.

La magie menaçante, le silence du désert contrastant avec le mystère et le murmure vivant des jardins inondés, avaient imprimé leur sceau sur l'esprit des habitants et assombrissait chez eux la simplicité de l'Islam monothéiste.

Grands et maigres sous leurs vêtements flottants, encapuchonnés, portant au cou de longs chapelets de bois jaune, les Rouara se glissaient comme des fantômes dans l'enchevêtrement de leurs jardins.

Pour préserver leurs dattes de sortilèges, ils attachaient des os fétiches aux régimes mûrissants. Ils ornaient de grimaçantes figures les corniches et les coupoles ovoïdes de leurs *Koubba* et de leurs mosquées pétries en toub. Aux coins de leurs maisons semblables à des ruches, ils piquaient des cornes noires de gazelles ou de chèvres… La nuit du jeudi au vendredi, nuit fatidique, ils allumaient de petites lampes à huile près des tombeaux disséminés dans la campagne.

Ils subissaient la hantise de l'au-delà, des choses de la nuit et de la mort.

Andreï ouvrait largement son âme à toutes les croyances, n'en choisissait aucune, et ces superstitions naïves ne le révoltaient point car, après tout, il y discernait ce besoin de communier avec l'inconnu que lui-même ressentait.

Les femmes au teint obscur étaient belles, les métis surtout, sous le costume compliqué des Sahariennes qui leur donne l'air d'idoles anciennes. Drapées de voiles rouges ou bleus, chargées d'or et d'argent, avec une coiffure large faite de tresses relevées au long des joues, recouvrant les oreilles de lourds anneaux, elles s'enveloppaient pour sortir d'une étoffe bleue sombre qui éteignait l'éclat des bijoux.

Leur charme étrange, le mystère de leur regard attirait Andreï.

Voluptueux, mais recherchant les voluptés grisantes illuminées de la divine lueur de l'illusion d'aimer, sans brutalité d'appétits, Andreï n'avait jamais trouvé qu'une saveur très médiocre aux assouvissements dépouillés de tout nimbe de rêve. Ce qui l'en éloignait surtout, c'étaient leur banalité et la rancœur de l'inévitable et immédiat réveil.

Et il aimait à voir passer, dans l'incendie du soir, les jeunes filles porteuses d'amphores, s'en allant en longues théories au pas rythmé vers les fontaines d'eau plus douce, aux confins du désert où le soleil mourant allongeait leurs ombres sur le sol brûlé.

… La vie d'Andreï s'écoulait en une quiétude heureuse, monotone et sans ennui.

Il se levait à l'heure légère de l'aube pour goûter la vivifiante fraîcheur de la brise discrète qui feuilletait les palmes et les végétations aromatiques des jardins.

Sur son cheval qu'il aimait de sa tendresse apitoyée pour les animaux résignés et confiants, il s'en allait dans le désert, poussant parfois vers les oasis voisines, nombreuses dans la vallée, parées à cette heure première de lueurs d'or et de carmin.

Le grand espace libre le grisait, l'air vierge dilatait sa poitrine et une grande joie inconsciente rajeunissait son être, dissipant les langueurs de la nuit chaude, succédant à l'embrasement du jour.

Puis il rentrait et errait dans les jardins, regardant les fellahs bronzés remuer la boue rouge des cultures, enlever les dépôts salés obstruant les *séguia*.

C'était l'été, et les palmeraies lui apparaissaient dans toute leur splendeur. Sous le dôme puissant des palmes, les régimes de dattes pendaient, gonflés de sève, richement colorés selon les espèces… Les uns, verts encore avec une poussière argentée veloutant les fruits, les autres, jaune paille, jaune d'or, orange, rouge vif ou pourprés, en une gamme chaude de tons mats ou luisants.

Longuement, Andreï se penchait sur le ruissellement

de l'eau jaillissant des *dessous* mystérieux du fleuve invisible.

Puis il rentrait dans la fraîcheur de sa chambre fruste et s'étendait sur son lit en roseaux pour s'abandonner à la mortelle et ensorcelante langueur de la sieste.

Quand l'ombre des dattiers s'allongeait sur la terre excédée, Hadj Hafaïd, le serviteur d'Andreï, le réveillait doucement, le conviant à la volupté du bain.

Parfois, repris de la nostalgie du travail, Andreï écrivait et de temps en temps, à de longs intervalles, il rappelait son souvenir aux chercheurs de littérature subtile par des contes du pays de rêve où il mettait un peu *de son âme* et de sa vie.

Sur la route de Touggourt, non loin des grands cimetières enclôturés, deux femmes vivaient, la vieille, Mahennia, et sa fille, Saadia, que son mari avait répudiée, parce qu'on disait dans le pays qu'elle et sa mère étaient sorcières.

Elles vivaient pauvrement du gain de la vieille, sage-femme et herboriste, rebouteuse habile.

On les respectait dans le pays et on les craignait à cause des bruits qui avaient couru sur leurs sortilèges et de l'inexplicable mort du mari de Saadia peu après son divorce.

De race métis presque arabe, les deux femmes se souvenaient de leurs origines sémites et s'en faisaient gloire.

Saadia était belle et son visage ovale, d'une couleur ombrée et chaude, était tout empreint de la tristesse grave des yeux.

Elle vivait modestement, chez sa mère, et, malgré sa beauté, les Rouara superstitieux la fuyaient.

Andreï, au cours de ses promenades solitaires, la vit plusieurs fois et la vieille, inquiète du succès du Roumi comme guérisseur, tint à ne pas s'attirer son hostilité. Elle lui offrit le café de l'hospitalité, ne lui cacha pas sa fille.

Saadia fut attentive à le servir, et silencieuse.

Andreï savait les bruits mystérieux qui couraient sur ces femmes et l'étrangeté de leur existence l'avait attiré et charmé.

La beauté de Saadia et sa tristesse furent pour lui une délicieuse trouvaille et il revint désormais souvent chez la vieille.

Il désira Saadia et ne se défendit pas contre son désir.

Ne serait-ce pas un embellissement de sa vie trop solitaire que l'amour de cette fille de mystère, et une fusion plus entière de son âme avec celle de la terre élue, par l'entremise d'une créature de la race autochtone ?

Voluptueusement, Andreï s'abandonna à la brûlure enivrante de son désir. Saadia, impénétrable, ne trahissait pas sa pensée que par le regard plus lourd par lequel elle achevait d'étreindre cet homme blond, aux yeux gris, au visage de douceur et de rêve.

Toute la révolte de sa jeunesse solitaire, tout son besoin d'être aimée, de ne pas rester comme une fleur épanouie dans le désert muet, Saadia les reporta sur ce seul homme qui ne la fuyait pas.

Moins timide, bientôt, elle lui parla, lui cita les noms des herbes séchées qui pendaient en gerbes sous le toit de leur maison et leurs vertus ou leurs poisons.

– Ça, c'est le *nanâ* odorant, dont le jus guérit les douleurs du ventre, et ça c'est le *chich* gris dont la fumée arrête la toux.

Sa voix de poitrine, vibrante, parfois saccadée, avait un accent étrange pour parler cette langue arabe qu'Andreï possédait maintenant.

D'autres fois, Saadia lui nommait les bijoux qui la paraient. Un jour, pour la mieux deviner, Andreï lui demanda de quoi était mort son mari.

– Quand l'heure est venue, nul ne saurait la retarder du temps qu'il faut pour cligner de l'œil… Et celui qui commet l'iniquité encourt la colère de Dieu.

Une ombre passa dans le regard de Saadia.

Un jour, il la trouva seule au logis. Leur maison était isolée et voilée par le rempart des palmiers. Elle lui sourit et l'invita à entrer quand même.

– Viendra-t-elle bientôt, la mère ?

– Non, elle ne viendra pas… Mais viens-tu ici pour elle seule qui est vieille et dont les jours sont écoulés ?

Et Andreï, dans la douloureuse ivresse d'aimer, la regarda.

Souriante, le regard adouci, elle était debout devant lui, accueillante.

Pour la première fois, Andreï connut toute la volupté des sens qu'il avait savamment préparée, l'embellissant de tout son rêve.

Quand la lune du soir emplit la chambre, Saadia le congédia, doucement, par prudence…

– Fais un détour… Je ne sais si la vieille pardonnera. Il vaut mieux que je la sonde d'abord.

Et Andreï s'en alla.

Le désert tout rouge brûlait et une ombre bleue s'étendait comme un voile sous les palmiers dont les sommets s'allumaient d'aigrettes de feu.

Et Andreï s'arrêta, la poitrine oppressée, en un immense élan de reconnaissance envers la Terre si belle et la vie si bonne.

LE MAJOR

Tout, dans cette Algérie, avait été une révélation pour lui... une cause de trouble presque – d'angoisse. Le ciel trop doux, le soleil trop resplendissant, l'air où traînait comme un souffle de langueur, qui invitait à l'indolence et à la volupté très lente, la gravité du peuple vêtu de blanc, dont il ne pouvait pénétrer l'âme, la végétation d'un vert puissant, contrastant avec le sol pierreux, gris ou rougeâtre, d'une morne sécheresse, d'une apparence aridité... et puis quelque chose d'indéfinissable, mais de troublant et d'enivrant, qui émanait il ne savait d'où, tout cela l'avait bouleversé, avait fait jaillir en lui des sources d'émotion dont il n'eût jamais soupçonné l'existence.

En venant ici, par devoir, comme il avait étudié cette médecine qui devait faire vivre sa mère aveugle, ses deux sœurs et son petit frère frêle, comme il avait vécu et pensé jusqu'alors, il s'était soumis à la nécessité, simplement, sans entraînement, sans attirance pour ce pays qu'il ignorait.

Cependant, depuis qu'il avait été désigné, il n'avait voulu rien lire, sans savoir de ce pays où il devait transporter sa vie silencieuse et calme, et son rêve triste et restreint, sans tentatives d'expression, jamais.

Il verrait, indépendant, seul, sans subir aucune

influence.

Dès son arrivée, il avait dû écouter les avertissements de ses nouveaux camarades qui le fêtaient et qu'il devinait ironiques, protecteurs, dédaigneux de sa jeunesse inexpérimentée, soucieux surtout de leurs effets et de l'épater... Indifférent, il écouta leurs plaintes et leurs critiques : pas de société, rien à faire, un morne ennui. Un pays sans charme, les Algériens brutaux et uniquement préoccupés du gain, les indigènes répugnants, faux, sauvages, au-dessous de toute critique, ridicules...

Tout cela lui fut indifférent et il n'en acquit qu'une connaissance de ces mêmes camarades avec lesquels il devait vivre...

Puis, un jour, brusquement, enfant des Alpes boisées et verdoyantes, des horizons bornés et nets, il était entré dans la grande plaine, vague et indéfiniment semblable, sans premiers plans, presque sans rien qui retînt le regard.

Ce lui fut d'abord un malaise, une gêne. Il sentait tout l'infini, tout l'imprécis de cet horizon entrer en lui, le pénétrer, alanguir son âme et comme l'embrumer, elle aussi, de vague et d'indicible. Puis, il sentit tout à coup combien son rêve s'élargissait, s'étendait, s'adoucissait en un calme immense, comme le silence environnant. Et il vit la splendeur de ce pays, la lumière seule, triomphante, vivifiant la plaine, le sol lépreux, en détruisant à chaque instant la monotonie... La lumière, âme de cette terre âpre, était ensorcelante. Il fut près de l'adorer, car en la variété prodigieuse de ses jeux, elle lui sembla consciente.

Il connut la légèreté gaie, l'insouciance calme dans les ors et les lilas diaphanes des matins... L'inquiétude, le sortilège prenant et pesant, jusqu'à l'angoisse, des midis aveuglants, où la terre, ivre, semblait gémir sous la caresse meurtrissante de la lumière exaspérée... La tristesse indéfinissable, douce comme le renoncement définitif, des soirs d'or et de carmin, préparant au mystère menaçant des nuits obscures et pleines d'inconnu, ou claires comme une aube imprécise, noyant les choses de brume bleue.

Et il aima la plaine.

Des dunes incolores, accumulées, pressées, houleuses, changeant de teintes à toutes les heures, subissant toutes les modifications de la lumière, mais immobiles et comme endormies en un rêve éternel, enserraient le ksar incolore, dont les innombrables petites coupoles continuaient leur moutonnement innombrable.

De petites rues tortueuses, bordées de maisons de plâtre caduques, coupées de ruines, avec parfois l'ombre grêle d'un dattier cheminant sur les choses, obéissant elles aussi à la lumière, de petites places aboutissant à des voies silencieuses qui s'ouvraient brusquement, décevantes, sur l'immensité incandescente du désert... Un bordj tout blanc, isolé dans le sable et de la terrasse duquel on voyait la houle infinie des dunes, avec, dans les creux profonds, le velours noir des dattiers... Çà et là, une armature de puits primitif, une grande poutre dressée vers le ciel, inclinée, terminée par une corde, comme une ligne de pêcheur géante... Dominant tout, au sommet de la colline, une grande tour carrée, d'une blancheur tranchant sur les transparences ambiantes et qui scintillait au milieu du jour, aveuglante, gardant le soir les derniers rayons rouges du couchant : le minaret de la zaouïya de Sidi Salem.

Alentour, cachés dans les dunes, les villages esseulés, tristes et caducs, dont les noms avaient pour Jacques une musique étrange : El-Bayada, Foum-Sahheuïne, Oued-Allenda, Bir-Araïr...

La première sensation, poignante jusqu'à l'angoisse, fut pour Jacques celle de l'emprisonnement dans tout ce sable, derrière toutes ces solitudes que, pendant huit jours, il avait traversées, qu'il avait cru comprendre et qu'il avait commencé à aimer…

Voilà que, maintenant, tout cet espace qui le séparait de Biskra, où il avait quitté les derniers aspects un peu connus, un peu familiers, tout cela lui semblait prenant, tyrannique, hostile jusqu'à la désespérance presque…

Un capitaine, deux lieutenants des affaires indigènes, un officier de tirailleurs et le sous-lieutenant de spahis, vieil Arabe, momie usée sous le harnais, tels étaient ses nouveaux compagnons… Dès son arrivée auprès d'eux, un grand froid avait serré son cœur. Ils étaient courtois, ennuyés et loin de lui, si loin… Et il s'était trouvé seul, lamentablement, dans l'angoisse de ce pays qui, maintenant, l'effrayait. Silencieux, obéissant toujours dans ses rapports avec les hommes à la première impression instinctive qu'il sentait juste, il se renferma en lui-même. On le jugea maussade et insignifiant, ce pâle blond aux yeux bleus, dont le regard semblait tourné en dedans. Ce qui acheva de les séparer, ce fut que tout de suite il se sentit leur supérieur grâce à son intellectualité développée, tout en profondeur, avec son éducation soignée, délicate.

Il étudia, consciencieusement, la langue rauque et chantante dont, tout de suite, il avait aimé l'accent, dont il avait saisi l'harmonie avec les horizons de feu et de terre pétrifiée…

Comme cela, il leur parlerait, à ces hommes qui, les yeux baissés, le cœur fermé farouchement, se levaient soumis, et le saluaient au passage.

– Les indigènes, quels qu'ils soient, sont tenus de saluer tout officier, avait dit le capitaine Malet, aussi raide et aussi résorbé par le métier de dureté que Rezki le turco.

— Je vous engage à ne jamais rapprocher ces gens de vous, à les tenir à leur juste place. De la sévérité, toujours, sans défaillance… C'est le seul moyen de les dompter.

Dur, froid, soumis aveuglément aux ordres venant de ses chefs, sans jamais un mouvement spontané ni de bonté, ni de cruauté, impersonnel, le capitaine Malet vivait depuis quinze ans parmi les indigènes, ignoré d'eux et les ignorant, rouage parfait dans la grande machine à dominer. De ses aides, il exigeait la même impersonnalité, le même froid glacial…

Jacques, dès les premiers jours, s'insurgea, voulant être lui-même et agir selon sa conscience qui, méticuleuse, lui prépara des mécomptes, des désillusions et une incertitude perpétuelle.

Le capitaine haussa les épaules.

— Voilà, dit-il à son adjoint, une nouvelle source d'ennuis. L'autre (son prédécesseur) se pochardait et nous rendait ridicules… Celui-là vient faire des innovations, tout bouleverser, juger, critiquer… Je parie qu'il est imbu d'idées *humanitaires,* sociales et autres… du même genre. Heureusement qu'il n'est que médecin et qu'il n'a pas à se mêler de l'administration… Mais c'est embêtant quand même… À tout prendre, l'autre valait mieux… Moins encombrant. Aussi pourquoi nous envoie-t-on des gosses ! Si au moins c'étaient des Algériens…

Et le capitaine s'attacha dès lors à montrer franchement, froidement au docteur sa désapprobation absolue. Cela attrista Jacques. S'il ne se soumettait plus au jugement des hommes, il souffrait encore de leur haine, sinon de leur mépris.

De plus en plus ce qui, dans ses rapports avec les hommes, lui répugnait le plus, c'était leur vulgarité, leur souci d'être, de penser et d'agir comme tout le monde, de ressembler aux autres et d'imposer à chacun leur manière de voir, impersonnelle et étroite.

Cette mainmise sur la liberté d'autrui, cette ingérence dans ses pensées et ses actions l'étonnaient désagréablement... Non contents d'être inexistants eux-mêmes, les gens voulaient encore annihiler sa personnalité à lui, réglementer ses idées, enrayer l'indépendance de ses actes... Et, peu à peu, de la douceur primordiale, un peu timide et avide de tendresse de son caractère, montaient une sourde irritation, une rancœur et une révolte. Pourquoi admettait-il, lui, la différence des êtres, pourquoi eût-il voulu pouvoir prêcher la libre et féconde éclosion des individualités, en favoriser le développement intégral, pourquoi n'avait-il aucun désir de façonner les caractères à son image, d'emprisonner les énergies dans les sentiers qu'il lui plaisait de suivre et pourquoi, chez les autres, cette intolérance, ce prosélytisme tyrannique de la médiocrité ?

Très vite, l'éducation de son esprit et de son caractère se faisait, dans ce milieu si restreint où il voyait, comme en raccourci, toutes les laideurs qui, ailleurs, lui eussent échappé, éparpillées dans la foule bigarrée et mobile.

Pourtant, le grand trouble qu'avait introduit dans son âme la révélation, sans transition, de ce pays si dissemblable au sien, se calmait lentement, mais sensiblement. Là où il avait d'abord éprouvé un trouble intense, douloureux, il commençait à apercevoir des trésors de paix bienfaisante et de féconde mélancolie.

Tout d'abord, il n'avait pas voulu *visiter* le pays où,

pour dix-huit mois au moins, il était isolé. Du touriste, il n'avait ni la curiosité ni la hâte. Il préférait découvrir les détails lentement, peu à peu, au hasard de la vie et des promenades quotidiennes, sans but et sans intention. Puis, de cette accumulation progressive d'impression, l'ensemble se formerait en son esprit, surgirait tout seul, tout naturellement.

Ainsi, il avait organisé sa vie, pour moins souffrir et plus penser...

Au lendemain de son arrivée, il avait dû aller, le matin, au bureau arabe pour visiter les malades civils, les indigènes. Un jeune tirailleur, d'une beauté féminine, aux longs yeux d'ombre et de langueur, lui servait d'interprète. Un caporal infirmier, face rubiconde et réjouie, un peu goguenarde, l'assistait.

Dans une cour étroite et longue, une vingtaine d'indigènes attendaient, accroupis, en des poses patientes, sans hâte.

Quand Jacques parut, les malades se levèrent, quelques-uns péniblement, et saluèrent militairement, gauches.

Les femmes, cinq ou six, élevèrent leurs deux mains, ouvertes disgracieusement au-dessus de leur tête courbée, comme pour demander grâce.

Dans le regard de ces gens, il discerna clairement de la crainte, presque de la méfiance.

Le groupe des hommes en burnous terreux, faces brunes, aux traits énergiques, aux yeux ardents abrités de voiles sales et déchirés... Celui des femmes, plus sombre. Faces ridées, édentées de vieilles, avec un lourd édifice de tresses de cheveux blancs rougis au henné, de tresses de laine rouge, d'anneaux et de mouchoirs... Faces sensuelles et fermées de jeunes filles, aux traits un peu forts, mais nets et harmonieux, au teint obscur, yeux très grands étonnés et craintifs... Le tout, enveloppé de *mlahfa* d'un bleu sombre, presque noir, drapé à l'antique.

Attentivement, corrigeant par la douceur de son regard, par la bonhomie affectueuse et rassurante de ses manières la brusquerie que donnait à ses interrogations le tirailleur interprète, Jacques examina ses malades, pitoyable devant toute cette misère, toute cette souffrance qu'il devait adoucir. La visite fut longue... Il remarqua l'étonnement ironique du caporal... Le tirailleur était impassible.

Cependant, malgré l'attitude nouvelle pour eux de ce docteur, les indigènes ne s'ouvrirent pas, n'allèrent pas au-devant de lui. Des siècles de méfiance et d'asservissement étaient entre eux.

Et en s'en allant, Jacques sentit bien que la besogne dont il voulait être l'humble ouvrier était immense, écrasante... Mais il ne se laissa pas décourager : si tous les bras retombaient impuissants devant l'œuvre à accomplir, si personne ne donnait le bon exemple, le mal triompherait toujours, incurable. Et puis Jacques croyait en la force vive de la vérité, en la bonne vertu rédemptrice du travail.

Au quartier, à l'hôpital, il rencontra les mêmes faces fermées et dures, semblables à celle de son ordonnance, roidie, sortie de l'humanité. La pauvreté de leur vie, sans même une façade, le frappa : le service machinal, un petit nombre de mouvements et de gestes toujours les mêmes à répéter indéfiniment, par crainte d'abord, puis par habitude. En dehors de cela, de la vie réelle, personnelle, on leur avait laissé deux choses : l'abrutissement de l'alcool et la jouissance immédiate, à bon marché, à la maison publique. Là, dans ce cercle étroit, se passaient les années actives de leur vie...

... Huit créatures pâlies, fanées, assises sur des banquettes de pierre, devant une sorte de cabaret... Des vêtements clairs, tachés, déchirés, salis, mais violemment parfumés. Des chairs flasques, couturées, usées à force d'être pétries par des mains brutales, aux vermineux matelas de laine, et, pour quelques sous, une étreinte souvent lasse, subie par nécessité, sans aucun écho, sans une vibration de chair amie... Des bouteilles de liquides violents, procurant une chaleur d'emprunt, une fausse joie qu'ils ne trouvaient pas en eux, tel était le coin de vie personnelle où se réfugiaient ces hommes qui, pour la sécurité du pain et de la paillasse, vendaient leur liberté, la dernière des libertés humaines : aller où l'on veut, choisir le fossé où l'on subira les affres de la faim, la morsure du froid...

Jacques, naïvement, crut compatir à leur souffrance, leur attribuant les sensations que lui donnait, à lui, leur vie... Il crut que leurs récriminations constantes contre leur sort étaient le résultat de la conscience de leur misérable situation... Puis il fut étonné et troublé de voir qu'ils ne souffraient pas de vivre ainsi... *« Chien de métier »*, *« Vie trois fois maudite ! »* disaient-ils... *« Encore tant de jours à tirer... »* Ils comptaient les jours de misère... Puis, rendus à la liberté à la fin de leur *« congé »*, ils rengageaient, sans broncher... Si, par hasard, ils s'en allaient au bout de six mois, gênés, errant dans la vie, ils revenaient, remettaient leur nuque docile sous le joug... Et Jacques les plaignit d'être ainsi, de ne pas souffrir de leur déchéance et de leur servitude.

Jacques avait rêvé du rôle civilisateur de la France, il avait cru qu'il trouverait dans le Ksar des hommes conscients de leurs missions, préoccupés d'améliorer ceux que, si entièrement, ils administraient... Mais, au contraire, il s'aperçut vite que le système en vigueur avait pour but le maintien du *statu quo*.

Ne provoquer aucune pensée chez l'indigène, ne lui inspirer aucun désir, aucune espérance surtout d'un sort meilleur. Non seulement ne pas chercher à les rapprocher de nous, mais, au contraire, les éloigner, les maintenir dans l'ombre, tout en bas… rester leurs gardiens et non pas devenir leurs éducateurs.

Et n'était-ce pas naturel ? Puisque dans leur élément naturel, à la caserne, ces gens ne cherchaient jamais à s'élever un peu vers eux, à rapprocher d'un type un peu humain la masse d'en bas, la foule impersonnelle, puisqu'ils étaient habitués à être là pour empêcher toute manifestation d'indépendance, toute innovation, comment, appelés par un hasard qu'ils pouvaient qualifier de bienheureux, car il servait à la fois tous leurs intérêts et leur ambition, à *gouverner* des civils, doublement étrangers à leur vie, comme *pékins* d'abord, comme indigènes ensuite, comment n'eussent-ils pas été fidèles à leur critérium du devoir militaire : niveler les individualités, les réduire à la subordination la plus stricte, enrayer un développement qui les amènerait certainement à une moindre docilité ?

Et il concluait : Non, ce n'est pas leur métier de gouverner des civils… Non, ils ne seront jamais des éducateurs… Chacun d'entre eux, en s'en allant, laissera les choses dans l'état où il les avait trouvées à son arrivée, sans aucune amélioration, en mettant les choses au mieux. C'est le règne de la stagnation, et ces territoires militaires sont séparés du restant du monde, de la France vivante et vibrante, de la vraie Algérie elle-même, par une muraille de Chine que l'on entretient, que l'on voudrait exhausser encore, rendre impénétrable à jamais, fief de l'armée, fermé à tout ce qui n'est pas elle.

Et une grande tristesse l'envahissait à la pensée de cette besogne qui eût pu être si féconde et qui était gâchée.

Ce qui augmentait encore l'amertume de son mécontentement, c'était son impuissance personnelle à rien améliorer dans cet état de choses dont il voyait clairement le danger social et national.

Occupant une situation infime dans la hiérarchie qui dominait tout, qui était la base de tout, placé *à côté* de ce bureau arabe omnipotent, n'ayant aucune autorité, il devait rester dans son rôle de spectateur inactif.

Au début, il avait bien essayé de parler, à la popote, mais il s'était heurté au parti pris inébranlable, à la conviction sincère et obstinée de ces gens et aussi, ce qui le fit taire, à leur ironie.

« Vous êtes jeune, docteur, et vous ignorez tout de ce pays, de ces indigènes… Quand vous les connaîtrez, vous direz comme nous. » Le capitaine Malet avait prononcé ces paroles sur un ton de condescendance ironique qui avait glacé Jacques.

Depuis qu'il commençait à comprendre l'arabe, à savoir s'exprimer un peu, il aimait à aller s'étendre sur une natte, devant les cafés maures, à écouter ces gens, leurs chants libres comme leur désert et comme lui, insondablement tristes, leurs discours simples. Peu à peu, les Souafas commençaient à s'habituer à ce Roumi, à cet officier qui n'était pas dur, pas hautain, qui leur parlait avec un si franc sourire, qui s'asseyait parmi eux, qui, d'un geste, les arrêtait quand ils voulaient se lever à son approche pour le saluer…

Pourquoi était-il comme ça ? Ils ne le savaient pas, ne le comprenaient pas. Mais ils le voyaient secourable à toutes leurs misères, combattant patiemment, pas à pas, leur méfiance, leur ignorance. Les malades, rassurés par la réputation de bonté du docteur, affluaient au bureau arabe, s'adressaient à lui au cours de ses promenades, troublaient sa rêverie sur les nattes des cafés… Au lieu de s'impatienter, il constatait ce qu'il y avait là de progrès et se réjouissait. La difficulté de sa tâche ne le rebutait pas, ni l'ingratitude de beaucoup.

Son heure de repos délicieux, de rêve doucement mélancolique était celle du soir, au coucher du soleil. Il s'en allait dans un petit café maure, presque en face du bureau arabe, et là, étendu, il regardait la féerie chaque jour renaissante, jamais semblable, de l'heure pourpre.

En face de lui, les bâtiments laiteux du bordj se coloraient d'abord en rose, puis, peu à peu, ils devenaient tout à fait rouges, d'une teinte de braise, inouïe, aveuglante… Toutes les lignes, droites ou courbes, qui se profilaient sur là pourpre du ciel, semblaient serties d'or… Derrière, les coupoles embrasées de la ville, les grandes dunes flambaient… Puis, tout pâlissait graduellement, revenait aux teintes roses, irisées… Une brume pâle, d'une couleur de chamois argenté, glissait sur les saillies des bâtiments, sur le sommet des dunes. Des renforcements profonds, des couloirs étroits entre les dunes, les ombres violettes de la nuit rampaient, remontaient vers les sommets flamboyants, éteignaient l'incendie… Puis, tout sombrait dans une pénombre bleu marine, profonde.

Alors, du grand minaret de Sidi Salem et de petites terrasses des autres mosquées délabrées, la voix des mueddine montait, bien rauque et bien sauvage déjà, traînante. Avec cette voix de rêve, les dernières rumeurs humaines de la ville sans pavés, sans voitures, se taisaient et, tous les soirs, une petite flûte bédouine se mettait à susurrer une tristesse infinie, *définitive,* là-bas, dans les ruelles en ruines des Messaaba, dans l'ouest d'El Oued.

Jacques rêvait.

Il aimait ce pays maintenant. À son besoin jeune d'activité, sa tâche journalière suffisait... Et toute l'immense tristesse, tout le mystère qui est le charme de ce pays contentaient son besoin de rêve...

Jacques était resté, par goût d'une certaine esthétique morale, et par timidité aussi, très chaste. Mais ici, bien plus que là-bas, en France, dans l'alanguissement de cette vie monotone, dans sa solitude d'âme, il éprouvait le grand trouble des sens avides. Il n'avait pas prévu cela... Cependant, d'abord, le désir qui, chez lui, exacerbait l'intensité de toutes les sensations, lui fut doux, quoique inassouvi. Il entretenait son âme ouverte à toutes les extases, à tous les frissons.

Mais, bientôt, ses nerfs surexcités se lassèrent de cette tension anormale, épuisante, et Jacques sentit une irritation sans cause, un énervement invincible l'envahir, troubler sa douce quiétude.

Il se fâcha contre lui-même, lutta contre cette excitation dont il ne se dissimulait pas la nature, presque toute matérielle.

Puis, un soir, il errait, lentement et sans but, dans une ruelle des Achèche, dans le nord d'El Oued, où toutes les maisons étaient en ruines et semblaient inhabitées. Il aimait ce coin de silence et d'abandon. Les habitants étaient morts sans laisser d'héritiers ou étaient partis au désert, à Ghadamès, à Bar-es-Sof ou plus loin... La nuit tombait et Jacques, assis sur une pierre, rêvait.

Soudain, il aperçut dans l'une de ces ruines une petite lumière falote... Une voix monta, cadencée, accompagnée d'un cliquetis de bracelets... Une voix de femme qui, doucement, chantait... Cela semblait une incantation, tellement il y avait de mystérieuse tristesse dans le rythme de ce chant… Le vent éternel du Souf bruissait dans les décombres et, dans son souffle tiède, une senteur de benjoin glissa.

Le chant se tut et une femme parut sur le seuil d'une maison un peu moins caduque que les autres. Grande et mince sous sa *mlahfa* noire, elle s'accouda au mur, gracieuse. À la pâle lueur encore vaguement violacée, Jacques la vit. Un peu flétrie, comme lasse, elle était très belle, d'une beauté d'idole.

Elle le vit et tressaillit. Mais elle ne rentra pas… Longtemps, ils se regardèrent, et Jacques sentit un trouble indicible l'envahir.

– Arouah !… dit-elle, très bas. (Viens !)

Et il s'approcha, sans une hésitation.

Elle le prit par la main et le guida dans l'obscurité des ruines, vers la petite lumière suspendue à un crochet de fer fiché dans un mur ; une petite lampe de forme très ancienne brûlait, vacillante : une sorte de petite cassolette carrée en fer où nageait dans l'huile une mèche grossière. Sur une petite cour intérieure, deux pièces encore habitables s'ouvraient. Dans un coin, sur un feu de braise, une marmite d'eau bouillait. Un grand chat noir, frileusement roulé en boule, rêvait dans la lueur rouge du feu, avec un tout petit ronron de béatitude.

La femme avait fait asseoir Jacques sur le seuil de la chambre et restait debout devant lui, silencieuse. Jacques lui prit les mains. Les siennes tremblaient et il sentait sa tête tourner, délicieusement. De sa poitrine oppressée une douce chaleur remontait à sa gorge, presque étouffante… Jamais il n'avait éprouvé une ivresse de volupté aussi aiguë et il eût voulu prolonger indéfiniment cette délicieuse torture. Mais, sans savoir, il balbutia :

– Mais… qui es-tu donc ? Et comment es-tu ici ?

Elle s'appelait Embarka, *la Bénie*. Son mari, pauvre cultivateur de la tribu des Achèche, était mort... Elle, orpheline, n'avait plus qu'un frère, porteur d'eau dans les grandes villes du Tell, elle ne savait plus au juste où. Elle, restée seule, s'était laissée aller avec des tirailleurs et des spahis : elle était sortie et avait bu avec eux. Alors, comme personne ne voulait plus d'elle pour épouse, elle s'était réfugiée là, dans la vieille maison de son frère et y vivait avec sa tante aveugle. Pour leur nourriture, elle se prostituait. Maintenant, elle craignait le Bureau arabe... Ça dépendait de lui, le *toubib*, et elle le supplia de ne pas la faire entrer à la maison publique, de garder son secret. Jacques la rassura... Embarka parlait peu. Son récit avait été simple et bref... Elle semblait inquiète.

Elle quitta Jacques pour aller boucher l'entrée avec des planches et des pierres : parfois, les soldats venaient, la nuit...

Puis, elle revint, et transporta la petite lampe dans la chambre vide et nue : sur la table, une natte et quelques chiffons composaient tout le mobilier. Là, tout à coup, le bonheur, presque celui dont il avait rêvé... Et la vie lui semblait, très simple et très bonne.

Embarka, dans l'intimité, était restée silencieuse, discrète, d'une soumission absolue, sans s'ouvrir pourtant. Et cette ombre de mystère dont elle s'enveloppait inconsciemment, loin d'inquiéter Jacques, le charmait. Quand elle le voyait rêver, elle gardait le silence, accroupie dans la petite cour ou vaquant aux travaux de son ménage. Ou bien, elle chantait, et cette voix lente, lente, douce et un peu nasillarde était comme la cadence de son rêve, à lui.

Il venait là, tous les soirs, désertant l'ennuyeuse popote, et la demeure de cette prostituée arabe était devenue son foyer. Lui était-elle fidèle ? Il n'en doutait pas.

Dès le premier jour, elle avait accepté ce nouveau genre de vie, sans une surprise, sans une hésitation. Elle ne manquait de rien. Le soir, les soldats ivres ne venaient plus acheter son amour et le droit de la battre, de la faire souffrir pour quelques sous. Embarka était heureuse.

Au quartier et au bureau arabe, Jacques constatait beaucoup de progrès. Plus de sombre méfiance dans les regards, plus de crainte mêlée de haine farouche. Et il croyait sincèrement avoir gagné tous ces hommes.

Il y avait bien un peu de négligence, chez eux, à son égard. Ils étaient moins empressés à le servir, moins dociles, désobéissant souvent à ses ordres, et l'avouant sans peur, car il ne voulait pas user du droit de punir.

Jacques était trop clairvoyant pour ne pas distinguer tout cela. Mais n'était-ce pas naturel ? Si ces hommes étaient soumis à ses camarades, jusqu'à l'abdication complète de toute volonté humaine, c'était la peur qui les y contraignait. On était plus empressé à le servir qu'à lui obéir, à lui… Mais on le faisait aussi à contrecœur. Tandis qu'envers lui, même les services de Rezki, si raide, si figé, ressemblaient à des *prévenances*. Même dans la lutte constante qu'il avait à soutenir contre la mauvaise volonté des indigènes qui ne voulaient pas suivre ses prescriptions, ni surtout améliorer leur hygiène, Jacques avait remporté quelques victoires. Il avait acquis l'amitié des plus intelligents d'entre eux, les marabouts et les *taleb*. Par son respect de leur foi, par son visible désir de les connaître, de pénétrer leur manière de voir et de penser, il avait gagné leur estime qui lui ouvrit beaucoup d'autres cœurs, plus simples et plus obscurs.

Pourquoi régner par la terreur ? Pourquoi inspirer de la crainte qui n'est qu'une forme de la répugnance, de l'horreur. Pourquoi tenir absolument à l'obéissance aveugle, passive ? Jacques se posait ces questions et, sincèrement, tout ce système d'écrasement le révoltait. Il ne voulut pas l'adopter.

Un jour, le capitaine fit appeler le docteur dans son bureau.

– Écoutez, mon cher docteur ! Vous êtes très jeune, tout nouveau dans le métier... Vous avez besoin d'être conseillé... Eh bien ! je regrette beaucoup d'avoir à vous le dire, mais vous ne savez pas encore très bien vous orienter ici. Vous êtes d'une indulgence excessive avec les hommes... Vous comprenez, comme commandant d'armes, je dois veiller au maintien de la discipline...

« Mais c'est encore moins grave que votre attitude vis-à-vis des indigènes civils. Vous êtes beaucoup trop familier avec eux ; vous n'avez pas le souci constant et nécessaire d'affirmer votre supériorité, votre autorité sur eux. Croyez-moi, ils sont tous les mêmes, ils ont besoin d'être dirigés par une main de fer. Votre attitude pourra avoir dans la suite les plus fâcheuses conséquences... Elle pourrait même jeter le trouble dans ces âmes sauvages et fanatiques. Vous croyez à leurs protestations de dévouement, à la prétendue amitié de leurs chefs religieux... Mais tout cela n'est que fourberie... Méfiez-vous... Méfiez-vous ! Moi, c'est d'abord dans votre intérêt que je vous dis cela. Ensuite, je dois prévoir les conséquences de votre attitude... Vous comprenez, j'ai ici toute la responsabilité !

Blessé profondément, ennuyé surtout, Jacques eut un mouvement de colère et il exprima au capitaine, ahuri d'abord, assombri ensuite, ses idées, tout ce qui résultait de ses observations.

Le capitaine Malet fronça les sourcils.

— Docteur, avec ces idées, il vous est impossible de faire votre service ici. Abandonnez-les, je vous en prie. Tout cela, c'est de la littérature, de la pure littérature. Ici, avec de pareilles idées, on aurait tôt fait de provoquer une insurrection !

Devant cette morne incompréhension, Jacques se sentit pris de rage et de désespoir.

— Pensez ce que vous voudrez, docteur, mais je vous en prie, ne mettez pas en pratique ici de pareilles doctrines. Je ne puis le tolérer, d'ailleurs. Nous sommes ici si peu de Français, il semble qu'au lieu de provoquer de telles dissensions parmi nous, nous devrions nous entendre…

— Oui, pour une action utile, humaine et française ! s'écria Jacques.

Hautain, le capitaine répliqua :

— Nous sommes ici pour maintenir haut et ferme le drapeau français. Et je crois que nous le faisons loyalement, ce devoir de soldats et de patriotes… On ne peut pas faire autrement sans manquer à son devoir. Nous sommes des soldats, rien que des soldats. Enfin, j'ai tenu à vous prévenir…

Jacques, troublé dans son heureuse quiétude, ennuyé et agacé, quitta le capitaine. Ils se séparèrent froidement.

Mais, fort de sa conscience, Jacques ne modifia en rien son attitude.

De jour en jour, il sentait croître l'hostilité de ses camarades. Ses rapports avec eux restaient courtois, mais ils se réduisaient au strict nécessaire. Il était de trop, il gênait.

Alors Jacques se replia encore plus sur lui-même et la petite maison en ruines lui devint plus chère. Là, il se reposait, dans ce décor qu'il aimait ; là, il était loin de tout ce qui, au bordj, lui rendait désormais la vie intolérable. Embarka ne le questionnait pas sur les causes de sa tristesse, mais, assise à ses pieds, elle lui chantait ses complaintes favorites ou lui souriait...

L'aimait-elle ? Jacques n'eût pu le définir. Mais il ne souffrait pas de cette incertitude, parce que, d'elle, ce qui l'attirait et le charmait le plus, c'était le mystère qui planait sur tout son être. Elle était pour lui un peu l'incarnation de son pays et de sa race, avec sa tristesse, son silence, son absolue inaptitude à la gaieté et au rire... Car Embarka ne riait jamais.

Dans son sourire, Jacques découvrait des trésors de tristesse et de volupté. D'ailleurs, il l'aimait ainsi inexpliquée, inconnue, car il avait ainsi l'enivrante possibilité d'aimer en elle son propre rêve...

Dans d'autres conditions, avec une plus grande habitude du pays et de la race arabe, et surtout si leur étrange amour avait commencé plus simplement, Jacques eût peut-être vu Embarka sous un tout autre jour...

Peu à peu, Jacques redevint calme et vaillant, oubliant l'avertissement du capitaine, dont il n'avait pas même soupçonné la menace.

Et, voluptueusement, il se laissa vivre.

Il y avait cinq mois déjà qu'il était là. Il savait maintenant parler la langue du désert, il connaissait ces hommes qui, au début, lui avaient semblé si mystérieux et qui, après tout, n'étaient que des hommes comme tous les autres, ni pires, ni meilleurs, *autres* seulement. Et justement, ce qui faisait que Jacques les aimait, c'était qu'ils étaient *autres,* qu'ils n'avaient pas la forme de vulgarité lourde qu'il avait tant détestée en Europe.

Et l'horizon de sable gris enserrant la ville grise n'angoissait plus Jacques ; son âme communiait avec l'infini.

À l'aube claire et gaie, dans la délicieuse fraîcheur du vent léger, Jacques quittait les ruines. Une joie infinie dilatait sa poitrine. Il marchait allègrement, ivre de vie et de jeunesse, dans les rues qui s'éveillaient. Ce pays qu'il aimait lui sembla tout nouveau, comme si un voile, qui l'eût recouvert jusqu'ici, eût été brusquement retiré. El Oued, dans son cadre immuable de dunes, apparut à Jacques d'une splendeur insoupçonnée encore.

Oh ! rester là, toujours, ne plus s'en aller jamais ! accomplir la bonne besogne pénible à la fois et captivante de son apostolat ; puis, à d'autres heures, s'abandonner à toutes les délicates douceurs de la contemplation. Enfin, dans la tiédeur des nuits, se donner tout entier à la superbe emprise de cet amour qu'il n'avait pas cherché… Jacques n'eût pu dire ce qu'il pensait de cette aventure, de cette femme, de ce qui résulterait de tout ce rêve à peine ébauché ; il ne voulait pas analyser ses sensations. Quand, par hasard, il songeait à mettre un peu d'ordre dans ces impressions nouvelles, ses idées se pressaient, touffues, rapides jusqu'à l'incohérence, et il préférait se laisser vivre de sa tristesse, de son grand calme que rien ne venait troubler jamais…

Il lui semblait que, dans ce pays, les jours et les mois s'écoulaient plus doucement, plus harmonieusement qu'ailleurs. Sa nervosité s'était calmée et son âme s'exhalait dans le silence des choses, toute en douceur, sans souffrance. Il voyait bien qu'il devenait peu à peu, insensiblement, enclin à une moindre activité, mais il s'abandonnait voluptueusement...

Il avait résolu de demander à rester là, toujours, car il n'éprouvait plus aucun désir de revoir des villes, des hommes d'Europe, ni même de la terre ferme et humide et de la verdure.

Il aimait son Souf ardent et mélancolique et eût voulu finir là sa vie, toute en douceur, toute en beauté calme.

Jacques éprouva une singulière appréhension quand, vers le milieu de janvier, le capitaine lui demanda de nouveau à s'entretenir avec lui. Le chef d'annexe fut, cette fois, froid et cassant.

— Je vous ai déjà averti plusieurs fois, docteur, que votre attitude n'est pas celle qui convient à votre rang et à vos fonctions. Non seulement que, dans vos rapports avec les hommes et avec votre clientèle indigène, vous n'avez tenu aucun compte de mes conseils, mais encore vous avez contracté une liaison avec une femme indigène de très mauvaise réputation. Vous en avez fait votre maîtresse, vous vivez chez elle. Actuellement, vous affichez votre liaison au point de vous promener, le soir, avec elle. Vous avouerez qu'une telle conduite est impossible. Je vous prie donc de rompre cette liaison aussi ridicule que préjudiciable à votre prestige, au nôtre à tous... Je vous en prie, rompez là. C'est un enfantillage, et il faut que cela finisse au plus vite, sinon, nous serions profondément ridicules. Vous concevez facilement combien il m'est désagréable de devoir vous parler ainsi... Mais excusez ma rudesse. Je ne puis tolérer un état de choses pareil... Songez donc ! Vous vous installez au café maure, à côté des pouilleux que vous avez déjà déshabitués de vous saluer... Vous avez des amitiés compromettantes avec des marabouts... Et cette liaison, cette malheureuse liaison !

Jacques protesta. Il n'était donc même plus le maître de sa vie privée, de ses actes en dehors du service ! Pourquoi d'autres officiers avaient-ils *chez eux,* dans le bordj, des négresses, cadeaux de chefs indigènes... Pourquoi d'autres amenaient-ils là des Européennes, d'affreuses garces sorties des mauvais lieux d'Alger ou de Constantine, qui trônaient insolemment à la popote, au cercle, même au bureau arabe, et qui exigeaient que les indigènes les plus respectables les saluassent et que les hommes de troupe leur obéissent !

— Tout cela n'entache en rien l'honorabilité de ces officiers... Les négresses, ce ne sont que des servantes, des ménagères, voilà tout. Il ne faut pas prendre les choses au tragique. Quant aux Européennes, une liaison avec l'une d'elles n'a rien de répréhensible, et il est tout naturel que les indigènes, civils ou militaires, soient astreints vis-à-vis de Françaises au plus grand respect. Vous devez voir vous-même la différence qu'il y a entre les liaisons anodines de ces officiers et la vôtre, si excentrique, si préjudiciable à votre prestige.

— La mienne est assurément plus morale et plus humaine, mon capitaine.

— Enfin, je renonce à cette pénible discussion et, puisque vous voulez m'y forcer, je dois vous prévenir que, si vous ne modifiez pas entièrement votre manière de vivre et d'agir, si vous ne vous conformez pas aux usages dictés par la raison et par les besoins de l'occupation, je me verrai dans l'obligation, très désagréable pour moi, de demander à mes chefs que vous soyez relevé du poste.

Jacques connaissait le caractère sec et dur du capitaine, mais il n'eût jamais songé à cette éventualité, si terrible maintenant. Il rentra dans sa chambre et resta longtemps immobile, atterré. Changer de vie, devenir comme les autres, abdiquer sa personnalité, ses convictions, devenir un automate, renoncer à la bonne œuvre commencée... chasser Embarka de sa vie... Enfin s'annihiler... Alors, à quoi bon, après, rester ici, dans cette ville qui deviendrait une prison.

Et la nécessité, cruelle comme un arrachement d'une partie de son âme et de sa chair, de s'en aller lui apparut.

Non, il ne se soumettrait pas. Il resterait lui-même...

Un morne ennui envahit son cœur. Mais, courageusement, il ne changea rien à son genre de vie.

Une nouvelle douleur l'attendait. Il remarqua que ses amis les marabouts et les chefs indigènes étaient gênés en sa présence, qu'ils ne se réjouissaient plus comme avant de ses visites, qu'ils ne cherchaient plus à le retenir, à l'attirer vers eux. Ils étaient redevenus froids et respectueux. Au café, malgré ses protestations, on se levait, on le saluait et les groupes se dispersaient à son approche.

Le charme de sa vie était rompu... De nouveau, il était un étranger... Quelque chose d'occulte et de méchant avait réveillé toutes les méfiances, toutes les craintes. Son œuvre croulait, lamentablement, encore inachevée, jetée à terre, brusquement, cruellement...

Les infirmiers étaient devenus nettement ironiques et, dans leur attitude, au lieu de la bonhomie ragaillardie qu'il avait su leur laisser prendre, il y eut parfois de l'insolence, presque du mépris.

Ses amis et ses compagnons de promenades lointaines, les spahis du bureau arabe, s'étaient de nouveau retranchés dans un mutisme lourd, dans la soumission froide des premiers jours.

Restait Embarka.

Mais la certitude que tout ce rêve dont il s'était grisé depuis une demi-année prenait fin, que tout s'éboulait, que c'était l'agonie de son bonheur, avait troublé pour lui le calme de sa demeure en ruines et charmante...

Jacques y passa des heures très amères à songer à ces jours heureux, à jamais abolis, et aux causes de sa défaite.

Il comprenait qu'il avait suffi au capitaine et à ses adjoints de dire devant les chefs indigènes combien ils condamnaient l'attitude du docteur et combien sa fréquentation était peu désirable pour ses chefs pour qu'ils fussent obligés, dans leur subordination absolue, de l'abandonner...

Et une tristesse infinie serrait le cœur de Jacques. Un événement fortuit hâta l'écroulement définitif de tout ce qu'il avait édifié pour y vivre et pour y penser.

Embarka allait parfois rendre visite à une amie, mariée dans les Messaaba. Par insouciance de déclassée, elle ne se couvrait pas le visage.

Un soir qu'elle revenait de ce quartier éloigné du sien, elle fut insultée par Amor-Ben-Dif-Allah, le tenancier de la maison publique... Violente et point craintive, Embarka répondit... Les femmes de la maison se mêlèrent de la querelle et l'agent de police emmena Embarka en prison...

Convaincue de prostitution clandestine, elle fut emprisonnée pour quinze jours et inscrite sur le registre… Violemment, Jacques protesta, navré de voir son rêve finir ainsi dans la boue.

— Ah ! sapristi, c'était votre maîtresse ? Je n'ai pas su que c'était celle-là… Oh ! que c'est ennuyeux ! s'écria le capitaine. Mais vous voyez combien j'avais raison de vous avertir ! Quel scandale… À présent, tout le monde parlera de la maîtresse du docteur. Que faire en de pareilles circonstances ?

« Je ne puis vous la rendre car, après une telle histoire, si vous vous remettiez avec elle, ce serait un scandale épouvantable. Ah ! que ne m'aviez-vous écouté !…

Jacques, tremblant d'émotion et de colère, répondit :

— Alors, vous allez la laisser en prison… jusqu'à quand ?

— Vous savez que la prostitution est très sévèrement réglementée… Cette femme ne peut sortir de prison que pour entrer à la maison de tolérance…

— Ce n'était plus une prostituée puisqu'elle vivait maritalement avec moi !

— On l'a trouvée près de la maison publique, le visage découvert, en train de causer du scandale… Elle a été arrêtée… Les renseignements que nous avons sur elle nous prouvent qu'elle n'a jamais cessé de faire son vilain métier… entendez-vous, docteur. Cette femme ne peut vous être rendue, dans votre propre intérêt… Je vois que vous êtes excessivement romanesque… Que puis-je faire, voyons !

Le capitaine s'énervait, mais voulait garder un ton courtois et conciliant.

Tout à coup, Jacques, à qui cette discussion, était pénible affreusement, prit une résolution, la seule qui lui restât.

— Alors, mon capitaine, je vais demander aujourd'hui même, par dépêche, mon changement… pour cause de santé…

Une lueur de joie passa dans le regard impénétrable du capitaine.

— Vous avez peut-être raison. Je comprends combien le séjour d'El Oued vous est pénible avec vos idées qui, je n'en doute pas, se modifieront avant peu… Nous vous regretterons certainement beaucoup, mais, pour vous, il vaut mieux vous en aller.

— Oui, enfin, je pars avec la conviction très nette et désormais inébranlable de la fausseté absolue et du danger croissant que fait courir à la cause française votre système d'administration.

Le capitaine haussa les épaules :

— Chacun a ses idées, docteur… *Après tout,* vous êtes libre.

— Oui, je veux être libre !

Et Jacques partit.

Il attendit maintenant avec impatience l'ordre de quitter ce pays qu'il aimait tant, où il eût voulu rester toujours.

Et, chose étrange, depuis qu'il savait qu'il allait partir, il semblait à Jacques qu'il avait déjà quitté le Souf, que cette ville et ce pays qui s'étendaient là, autour de lui, étaient une ville et un pays quelconques, n'importe lesquels, mais certes pas son Souf resplendissant et morne… Il regardait ce paysage familier avec la même sensation d'indifférence songeuse que l'on éprouve en regardant un port inconnu, où on n'est jamais allé, où on n'ira jamais, du pont d'un navire, lors d'une courte escale.

Au moyen d'un cadeau au chaouch, il put pénétrer pour un instant dans la cellule d'Embarka… Ce lui fut une nouvelle désillusion, une nouvelle rancœur : elle l'accueillit par un torrent de reproches amers, de larmes et de sanglots. Il ne l'aimait pas, lui, un officier qui pouvait tout, il l'avait laissé emprisonner, inscrire sur le registre… Et elle l'injuria, fermée, hostile, elle aussi, pour toujours.

Jacques la quitta.

Tout était bien fini…

Il voulut revoir au moins la petite maison en ruines où il avait été si heureux.

Comme il était seul, maintenant, et comme tout ce qu'il avait cru si solide, si durable ressemblait maintenant à ces ruines confuses inutiles et grises !

Jacques souffrait. Résigné, il s'en allait, car il se sentait bien incapable de recommencer ici une autre vie, banale et vide de sens.

Sous le grand ciel du printemps, limpide encore et lumineux, sous l'accablement lourd de l'été, les dunes du Souf s'étendaient, moutonnantes, azurées dans les lointains vagues… Jacques avait voulu quitter le pays aimé à l'heure aimée, au coucher du soleil. Et, pour la dernière fois, il regardait tout ce décor qu'il ne reverrait jamais et son cœur se serrait.

Pour la dernière fois, sous ses yeux nostalgiques, se déroulait la grande féerie des soirs clairs…

Quand il eut dépassé la grande dune de Si Omar et qu'El Oued eut disparu derrière la haute muraille de sable pourpré, Jacques sentit une grande résignation triste apaiser son cœur… Il était calme maintenant et il regarda défiler devant lui les petits hameaux tristes, les petites *zeribas* en branches de palmiers, les maisons à coupoles, s'allonger démesurément les ombres violacées de leurs chevaux à ses deux spahis tout rouges dans la lumière rouge du soir.

Et l'idée lui vint tout à coup que, sans doute, il était ainsi fait, que toutes ses entreprises avorteraient comme celle-là, que tous ses rêves finiraient ainsi, qu'il s'en irait exilé, presque chassé de tous les coins de la terre où il irait vivre et aimer.

En effet, il ne ressemblait pas aux *autres,* et ne voulait pas courber la tête sous le joug de leur tyrannique médiocrité.

LE DJICH[1]

Dessin d'Isabelle Eberhardt

Fraction des Amourias dissidents, les Oueld Daoud n'étaient plus qu'une dizaine. Ils tenaient la montagne depuis des mois, affamés, guettant quelques maigres troupeaux à razzier.

Leurs loques avaient pris la teinte rougeâtre du sol. Des barbes incultes embroussaillaient leurs visages osseux brûlés par le soleil et le vent. Sur leurs abégas

---

[1] Source : René-Louis Doyon nous indique que ce texte a été copié à Alger par Mme Eugène Contencin d'un original d'Isabelle Eberhardt, qu'elle avait signé et daté.

effrangés, sur les burnous fauves, de vieilles cartouchières en filali rouge serraient leurs ventres creux. Ils étaient misérables et farouches, méfiants comme les bêtes du désert, chassés par la faim et traqués.

Après l'affaire de Taghit, la route du Sud était devenue trop dangereuse pour eux et ils étaient remontés vers le Nord, rôdant autour des douars et des campements, surgissant partout où il y avait de la poudre.

Ils avaient horriblement souffert de la faim, serrés dans les gorges arides et dans les taillis de Beni-Smi.

Un jour, la chance était revenue et ils avaient enlevé quelques moutons et des chameaux près d'Ich. Alors ils étaient redescendus vers Figuig. À la nuit tombante, ils suivaient du côté de la vallée déserte les hautes murailles en toub fauves du Ksar d'Andarh'ir. Leurs yeux noirs s'ouvraient avides sur les jardins féconds, sur les grandes maisons en terre, closes et muettes, et une joie ravivait leurs prunelles de vautours.

Hautes et rondes, percées de petites meurtrières, les tours de garde en terre qui flanquent les murailles se dessinaient en or terne sur le rouge du soir finissant parmi les frondaisons immobiles des dattiers noirs. Au pied des remparts, en une vingtaine de tentes basses et grisâtres, était tapi le camp des Amourias, lieu de pouillure sauvage et de prostitution. De petits brasiers fumeux jetant des reflets d'incendie sur les tentes et sur les murailles montrant parfois dans l'ombre croissante des silhouettes noires de femmes drapées de loques sombres.

Le Djich famélique, tel un vol d'oiseaux de proie, vint s'abattre près des tentes, échangeant des salams joyeux avec les filles de leur race et les quelques maigres nomades étendus près des feux.

Des djerids secs jetés sur les cendres allumèrent

brusquement une grande flamme très haute et très claire, toute droite dans l'air tranquille. Géantes, les ombres déformées des hommes et des choses dansèrent sur le fond terne de la poussière. Des voix et des cris de joie s'élevaient dans la joie du retour, de la sécurité provisoire de l'heure.

Les femmes maigres aux visages tatoués allaient et venaient, souhaitant la bienvenue aux rôdeurs, les reconnaissant, leur demandant des nouvelles de leurs compagnons. Et comme la plupart étaient morts, semant leurs ossements sans sépulture dans la montagne, les femmes appelaient sur les défunts la miséricorde divine.

Les Amourias se repurent avidement de couscous poivré où le sable croquait sous la dent, et de viandes maigres. Puis, gravement, ils préparèrent eux-mêmes le thé, besogne réservée aux hommes.

Leurs corps las se groupèrent sur de vieux tapis en des attitudes de bien-être. Pourtant, tous gardaient leurs fusils près d'eux par habitude et aussi parce que le Makhzen du Pacha d'Oudark'ir, ami des chrétiens, était proche.

La flamme des brasiers promenait des reflets sanglants sur leurs visages desséchés aux profils de gerfaut ; d'un grand nègre Khartami, qui s'était glissé parmi eux, on ne voyait que les globes blancs de ses yeux et l'éclat mat de ses dents.

On échangea les nouvelles du bled, répétant les histoires de pillages, exaltant la valeur des uns, maudissant la défection des autres. Dans tous ces discours, un nom revenait souvement, pieusement, évoquant le souvenir du maître, du cheik vénéré : Bou Amama. Chaque fois qu'on le nommait, toutes les dextres se portaient aux fronts et aux lèvres en signe de soumission et de respect. Et ce nom de Bou Amama revenait à chaque instant. Il y avait des Ouled Daoud et même de tout petits Amourias bronzés qui s'appelaient Bou Amama.

On but beaucoup de thé ce soir-là dans le camp des femmes. Puis un chant s'éleva, cadencé, monotone. La voix, à intervalle régulier, montait invraisemblablement en sonorités limpides de hautbois…, puis lentement elle s'éteignait en une plainte désolée.

Les coupeurs de route disaient : « *Hier, tout le jour, j'ai pleuré, j'ai gémi ; aujourd'hui le soleil s'est levé et j'ai souri. Notre pays est le pays de la poudre et nos tombeaux sont marqués dans le sable.* » Et les petits Djouak en roseaux accompagnaient en sourdine de leur susurrement l'immatérielle tristesse, le chant de mort des détrousseurs.

Les heures muettes de la nuit s'avançaient ; les feux baissaient. Alors, lentement, avec des étirements de félins de leurs corps musclés, les Amourias se levèrent, suivant les femmes dans l'ombre chaude des tentes pour les étreintes ardentes après la longue chasteté de la guerre. Des bijoux d'argent cliquetèrent pendant un instant. Un vague murmure discret et voluptueux plana au-dessus des tentes sur le sort sauvage des nomades. Quelques bêlements plaintifs de brebis réveillées, quelques aboiements rauques des chiens inquiets au voisinage de tous ces étrangers.

Puis tous ces bruits se turent et un grand silence régna sur le camp des prostituées, sur Figuig endormie dans l'ombre humide de ses palmeraies où sommeillent les grands étangs bleuâtres.

Le jour se leva rose et lilas sur la vallée aux lignes harmonieuses. Le sommet dentelé des hautes montagnes abruptes s'alluma de lueurs rouges et des reflets métalliques glissèrent sur le velours bleu des jardins.

Les Ksours fauves flambèrent tout en or dans la joie du matin.

Des hommes au visage singulier et grave, vêtus de djellabas en drap bleu marine et armés de fusils sortirent des murs d'Oudarh'ir. À leur tête marchait un grand Marocain mince, en djellaba blanche, coiffé d'une chéchia rouge pliée par le milieu sur d'étranges boucles de cheveux grisonnants. Son visage pâle était laid et son regard fuyant.

Les Amourias bondirent, prenant leurs fusils : L'officier du Makhzen du Pacha s'avança : « La paix soit avec vous ! Qui êtes-vous et pourquoi êtes-vous ici ? – Nous sommes des Amourias et nous venons du Nord pour demander l'amam et l'hospitalité aux gens de Figuig. »

Le Pacha s'était engagé à ne pas recevoir de dissidents et de pillards : « Allez-vous-en ! »

La tête courbée, le regard farouche, les Amourias écoutaient ; ils n'étaient que dix ; si la poudre partait, c'était la mort.

Alors, sans un mot, ils ramassèrent leurs loques terreuses et ils s'en allèrent dans la vallée, vers l'ouest, pour d'autres pillages.

Les femmes et les Mokhazen du Pacha les suivirent des yeux comme ils s'éloignaient dans la clarté rose du jour qui se levait tranquille et souriant.

Beni-Ounif, novembre 1903.

DANS LA DUNE[1]

Dessin d'Isabelle Eberhardt

C'était sur la fin de l'automne 1900, presque en hiver déjà. Je campais alors, avec quelques bergers de la tribu des Rebaïa, dans une région déserte entre toutes, au sud de Taïbeth-Guéblia, sur la route d'El-Oued à Ouargla.

Nous avions un troupeau de chèvres assez nombreux, et quelques malheureux chameaux, maigres et épuisés, – épaves de l'expédition d'In-Salah, qui a dépeuplé de chameaux le Sahara pour des années, car la plupart ne sont pas revenus des convois lointains d'El-Goléa et d'Igli.

Nous étions alors huit, en nous comptant, mon

---

[1] Cette nouvelle ne figure pas dans l'édition faite par René-Louis Doyon. Elle est tirée de « Dans l'ombre chaude de l'Islam », Paris, Fasquelle, 1906. Isabelle Eberhardt, s'y met elle-même en scène. En fait elle avait été financée par la marquise de Morès (1500 Fr.) pour retrouver des indices sur la mort du marquis dans cette région, financement bienvenu qui, en plus de son intérêt et de sa curiosité, lui permettait de se retrouver dans le sud constantinois. (note des éd. de la BNR)

serviteur Aly et moi. Nous vivions sous une grande tente basse en poil de chèvre, que nous avions dressée dans une petite vallée entre les dunes. Après les premières petites pluies de novembre, l'étrange végétation saharienne commençait à renaître. Nous passions nos journées à chasser les innombrables lièvres sahariens, et surtout à rêver, en face des horizons moutonnants.

Le calme et la monotonie, jamais ennuyeuse cependant, de cette existence au grand air provoquaient en moi une sorte d'assoupissement intellectuel et moral très doux, un apaisement bienfaisant.

Mes compagnons étaient des hommes simples et rudes, sans grossièreté pourtant, qui respectaient mon rêve et mes silences – très silencieux eux-mêmes d'ailleurs.

Les jours s'écoulaient, paisibles, en une grande quiétude, sans aventures et sans accidents…

Cependant, une nuit que nous dormions sous notre tente, roulés dans nos *burnous,* un vent du Sud violent s'éleva et souffla bientôt en tempête, soulevant des nuages de sable.

Le troupeau bêlant et rusé réussit à se tasser si près de la tente que nous entendions la respiration des chèvres. Il y en eut même quelques-unes qui pénétrèrent dans notre logis et qui s'y installèrent malgré nous, avec l'effronterie drôle propre à leur espèce.

La nuit était froide, et je dus accueillir, sans trop de mécontentement, un petit chevreau qui s'obstinait à se glisser sous mon *burnous* et se couchait contre ma poitrine, répondant par des bourrades de son front têtu à toutes mes tentatives d'expulsion.

Fatigués d'avoir beaucoup erré dans la journée, nous nous endormîmes bientôt, malgré les hurlements lugubres du vent dans le dédale des dunes et le petit bruit continu, marin, du sable qui pleuvait sur notre tente.

Tout à coup, nous fûmes à nouveau réveillés en sursaut, sans pouvoir, au premier moment, nous rendre compte de ce qui arrivait, mais écrasés, étouffés, sous un poids très lourd : une rafale plus violente avait chaviré notre tente, nous ensevelissant sous ses ruines. Il fallut sortir, ramper à plat ventre, péniblement, dans la nuit noire où le vent froid faisait fureur, sous un ciel d'encre.

Impossible ni de remonter la tente dans l'obscurité, ni d'allumer notre petite lanterne. Il pouvait être trois heures déjà, et nous préférâmes nous coucher, maussades, à la belle étoile, en attendant le jour. Aly dut encore extraire à grand-peine quelques couvertures et quelques *burnous* de dessous la tente, et il fallut aussi sauver les chèvres qui gémissaient et se débattaient furieusement.

Étouffant dans mon *burnous* sur lequel le sable continuait de tomber en pluie, tenue éveillée par les hennissements de frayeur et les ruades de mon pauvre cheval attaché à un piquet et bousculé par les chèvres inquiètes, je ne parvins plus à me rendormir.

Le vent avait cessé presque tout à fait. Aly était occupé à allumer un grand feu de broussailles. Nous nous assîmes tous autour du bienfaisant brasier, transis et courbaturés. Seul Aly conservait sa bonne humeur habituelle, nous plaisantant sur nos airs de déterrés.

Le jour se leva, limpide et calme, sur le désert où la tourmente de la nuit avait laissé une infinité de petits sillons gris, comme les rides d'une tempête sur le sable.

L'idée me vint d'aller faire un temps de galop dans la plaine qui s'étendait au-delà de la ceinture de dunes fermant notre vallée.

Aly resta pour reconstruire la tente et mettre en

ordre notre petit ménage ensablé et dispersé durant la nuit. Il me recommanda cependant de ne pas trop m'éloigner du camp.

Mais bah ! dès que je fus dans la plaine, je lâchai la bride à mon fidèle « Souf » qui partit à toute vitesse, énervé, lui aussi, par la mauvaise nuit qu'il avait passée.

Longtemps nous courûmes ainsi, à une vitesse vertigineuse, ivres d'espace, dans le calme serein du jour naissant.

Enfin, mettant à grand-peine mon cheval au pas, je me retournai et je vis que j'étais très loin déjà des dunes…

Sans aucune hâte de rentrer au campement, l'idée me vint de passer par les collines qui ferment la plaine. Je m'engageai donc dans un dédale de monticules de plus en plus élevés, en prenant le chemin de l'Ouest.

Il y avait là des vallées semblables à la nôtre et, pour ne pas perdre trop de temps, je laissais trotter « Souf » dans ces endroits plus plats.

Peu à peu, le ciel s'était de nouveau couvert de nuages, et le vent commençait à tomber. Sans la bourrasque de la nuit qui avait séché et déplacé toute la couche superficielle du sable, un vent aussi faible n'eût pu provoquer aucun mouvement à la surface du sol. Mais la terre était réduite à l'état de poussière presque impalpable, et le sable continuait doucement à couler des dunes escarpées. Je remarquai bientôt que mes traces disparaissaient très vite.

Après une heure je commençais à être étonnée de ne pas encore être arrivée au camp. Il était déjà assez tard, et la chaleur devenait lourde. Pourtant, je remontais bien vers l'ouest ?…

Enfin, je finis par m'arrêter, comprenant que j'avais fait fausse route et que j'avais dû dépasser le campement.

Mais je demeurais perplexe... Où fallait-il me diriger ? En effet, je ne pouvais pas savoir si je me trouvais au-dessus ou au-dessous de la route, c'est-à-dire si j'avais passé au nord ou au sud du camp. Je risquais donc de m'égarer définitivement. Cependant, je me décidai à prendre résolument la direction du nord, la moins dangereuse dans tous les cas.

Mais, là encore, je n'aboutis à rien, après avoir marché pendant une heure ; alors, je redescendis vers le sud.

Il était trois heures après midi, déjà, et ma mésaventure ne m'amusait plus : je n'avais qu'un pain arabe dans le capuchon de mon *burnous* et une bouteille de café froid. Je commençais à me demander ce que j'allais devenir, si je ne retrouvais pas mon chemin avant la nuit.

Laissant mon « Souf » dans une vallée, je grimpai sur la dune la plus élevée de la région ; autour de moi, de tous côtés, je ne vis que la houle grise des monticules de sable, et je ne parvenais pas à comprendre comment j'avais pu, en si peu de temps, m'égarer à ce point.

Enfin, ne voulant plus continuer à errer sans but, craignant d'être prise par la nuit dans un endroit stérile où mon cheval, déjà privé d'eau, ne trouverait même pas d'herbe, je me mis à la recherche d'une vallée commode pour passer la nuit.

– Demain, dès l'aube, je me mettrai en route vers le nord, pensai-je, et je gagnerai la route de Taïbeth...

Je découvris un vallon profond et allongé, où une végétation plus touffue avait poussé, étonnamment verte. Je débarrassai « Souf » de son harnachement, et je le lâchai, allant moi-même explorer mon « île de Robinson ».

Au milieu d'un espace découvert, je trouvai un tas de cendres à peine mêlées de sable, et quelques os de lièvre : des chasseurs avaient dû passer la nuit là. Peut-être reviendraient-ils ?

Ces chasseurs du Sahara sont des hommes rudes et primitifs, vivant à ciel ouvert, sans résidence fixe. Quelques-uns laissent leurs familles très loin, dans les *ksour,* d'autres sont de véritables enfants des sables, errant avec femmes et enfants – mais ceux-là sont rares. Leur vie à tous est aussi libre et aussi peu compliquée que celle des gazelles du désert.

Parmi ces chasseurs, il y a bien quelques « irréguliers » fuyant dans les solitudes la justice des hommes. Cependant, dans ces régions encore assez voisines des villes et des villages, les dissidents, comme on les appelle en langage administratif, sont rares, et je souhaitais de voir apparaître les chasseurs dont j'avais retrouvé les traces, afin de sortir au plus vite de la situation ridicule où je m'étais mise. Dans quelles transes devaient être mes compagnons, surtout le fidèle Aly ?

Un hennissement joyeux me tira de ces réflexions : mon cheval s'était approché d'un fourré très épais et très vert et, la tête enfoncée dans les branches, semblait flairer quelque chose d'insolite.

… Entre les buissons, il y avait un de ces *hassi* nombreux du Sahara, perdus souvent en dehors de toutes les routes, puits, étroits et profonds, que seuls les guides connaissent.

La végétation presque luxuriante de la vallée s'expliquait par la présence de cette eau à une faible profondeur.

Je me mis en devoir de puiser, au moyen de ma bouteille attachée au bout de ma ceinture.

Soudain j'entendis une voix qui disait, tout près derrière moi :

— Que fais-tu là, toi ?

Je me retournai : devant moi se tenaient trois hommes bronzés, presque noirs, en loques, portant leur maigre bagage dans des sacs de toile et armés de longs fusils à pierre.

— J'ai soif.

— Tu t'es égaré ?

— Je campe non loin d'ici avec des Rebaïa, des Souafa, des bergers…

— Tu es musulman ?

— Oui, grâce à Dieu !

Celui qui m'avait adressé la parole était presque un vieillard. Il étendit la main et toucha mon chapelet.

— Tu es de Sidi Abd-el-Kader Djilani… Alors, nous sommes frères… Nous aussi nous sommes Kadriya[1].

— Dieu soit loué ! dis-je.

J'éprouvai une joie intense à trouver en ces nomades des confrères : entre adeptes de la même confrérie l'aide mutuelle et la solidarité sont de règle. Eux aussi portaient en effet le chapelet des Kadriya.

— Attends, nous avons une corde et un bidon ; nous ferons boire ton cheval et tu passeras la nuit avec nous ;

---

[1] Confrérie religieuse à laquelle Isabelle Eberhardt avait été initiée.

demain matin, nous te ramènerons à ton camp. Tu t'es beaucoup éloigné vers le sud, tu as passé le camp des Rebaïa et, maintenant, en prenant par les raccourcis, il faut au moins trois heures pour y arriver.

Le plus jeune d'entre eux se mit encore à rire :

– Tu es dégourdi, toi !

– De quelles tribus êtes-vous ?

– Moi et mon frère, nous sommes des Ouled-Seïh de Taïbeth-Guéblia et celui-là, Ahmed Bou-Djema, est Chaambi des environs de Berressof. Son père avait un jardin à El Oued, dans la colonie des Chaamba qui est au village d'Elakbab. Il s'est sauvé, le pauvre…

– Pourquoi ?

– À cause des impôts. Il est parti à In-Salah avec notre *cheikh,* Sidi Mohammed Taïeb ; quand il est revenu, il a trouvé sa femme morte, emportée par l'épidémie de typhus, et son jardin privé de toute culture ; alors, il a gagné le désert – à cause des impôts.

Le jeune Seïhi qui parlait ainsi avait attiré mon attention par la primitivité de ses traits et l'éclat sournois de ses grands yeux fauves. Il eût pu servir de type accompli de la race nomade, fortement métissée d'Arabe asiatique, qui est la plus caractéristique du Sahara.

Ahmed Bou-Djema, maigre et souple, semblait être son aîné, autant qu'on en put juger, car la moitié de sa face était voilée de noir, à la façon des Touareg.

Quant au plus âgé, il avait une belle tête de vieux coupeur de routes, aquiline et sombre.

Ahmed Bou-Djema portait, pendus à sa ceinture, deux superbes lièvres. Il s'écarta un peu du puits et, après avoir dit « Bismillah ! » il se mit à vider son gibier.

Le soleil avait disparu derrière les dunes, et les derniers rayons roses du jour glissaient au ras du sol, entre les buissons aux feuilles pointues et les jujubiers. Les touffes de *drinn* semblaient d'or, dans la grande lueur rouge du soir.

Sélem, l'aîné des deux frères, s'écarta de notre groupe et, étendant son *burnous* loqueteux sur le sable, il commença à prier, grave et comme grandi.

— Vous n'avez point de famille ? demandai-je à Hama Srir, pendant que nous creusions un trou dans le sable pour la cuisson des lièvres.

— Sélem a sa femme et ses enfants **à** Taïbeth. Moi, ma femme est dans les jardins de Remirma, dans *l'oued* Rir, chez sa tante.

— Ne t'ennuies-tu pas, loin de ta famille ?

— Le sort est le sort de Dieu. Bientôt j'irai chercher ma femme. Quand les enfants de Sélem seront grands ils chasseront comme leur père.

— *In châ Allah !*

— *Amine.*

Tout me charmait et m'attirait, dans la vie libre et sans souci de ces enfants du grand Sahara splendide et morne.

Après avoir lié en boule les lièvres, nous les mîmes, avec leur fourrure, au fond du trou, sous une mince couche de sable. Puis nous allumâmes par-dessus un grand feu de broussailles.

— Alors, tu t'es marié chez les Rouara ?

Hama Srir fit un geste vague :

— C'est toute une histoire ! Tu sais que nous autres, Arabes du désert, nous ne nous marions guère en dehors de notre tribu…

Le roman de Hama Srir piquait ma curiosité. Voudrait-il seulement me le conter ? Cette histoire devait être simple, mais empreinte du grand charme mélancolique de tout ce qui touche au désert.

Après le souper, Sélem et Bou-Djema s'endormirent bientôt. Hama Srir, à demi couché près de moi, tira son *matoui* (petit sac en filali pour le kif) et sa petite pipe. Je portais, moi aussi, dans la poche de ma *gandoura*, ces insignes du véritable Soufi. Nous commençâmes à fumer.

— Hama, raconte-moi ton histoire ?

— Pourquoi ? Pourquoi t'intéresses-tu à ce qu'ont fait des gens que tu ne connais pas ?

— Je t'adopte pour frère, au nom d'Abd-el-Kader Djilani.

— Moi aussi.

Et il me serra la main.

— Comment t'appelles-tu ?

— Mahmoud ben Abdallah Saâdi.

— Écoute, Mahmoud, si je ne t'adoptais pas, moi aussi, pour frère, si nous ne l'étions pas déjà par notre *cheikh* et notre chapelet, et si je ne voyais pas que tu es un *taleb,* je me serais mis fort en colère au sujet de ta demande, car il n'est pas d'usage, tu le sais, de parler de sa famille. Mais écoute, et tu verras que le *mektoub* de Dieu est tout-puissant, que rien ne saurait le détourner.

Deux années auparavant, Hama Srir chassait avec Sélem dans les environs du *bordj* de Stah-el-Hamraïa, dans la région des grands *chotts* sur la route de Biskra à

El-Oued.

C'était en été. Un matin, Hama Srir fut piqué par une *lefaâ* (vipère à corne) et courut au *bordj :* la vieille belle-mère du gardien, une Riria (originaire de *l'oued* Rir) savait guérir toutes les maladies – celles du moins que Dieu permet de guérir.

Le gardien était parti pour El-Oued avec son fils, et le *bordj* était resté à la garde de la vieille Mansoura et de sa belle-fille déjà âgée, Tébberr. Vers le soir, Hama Srir ne souffrait presque plus et il quitta le *bordj*, pour aller rejoindre son frère dans le *chott* Bou-Djeloud. Mais il avait un peu de fièvre et il voulut boire. Il descendit à la fontaine, située au bas de la colline rougeâtre et dénudée de Stah-el-Hamraïa.

Là, il trouva l'aînée des filles du gardien, Saâdia, qui avait treize ans et qui, femme, déjà, était belle sous ses haillons bleus. Et Saâdia sourit au nomade, et longuement ses grands yeux roux le fixèrent.

– Dans quinze jours, je reviendrai te demander à ton père, dit-il.

Elle hocha la tête.

– Il ne voudra jamais. Tu es trop pauvre, tu es un chasseur.

– Je t'aurai quand même, si Dieu en a décidé ainsi. Maintenant remonte au *bordj,* et garde-toi pour Hamra Srir, pour celui que Dieu t'a promis.

– *Amine !*

Et lentement, courbée sous sa lourde *guerba* en peau de bouc pleine d'eau, elle reprit le chemin escarpé de son *bordj* solitaire.

Hama Srir ne parla point à Sélem de cette rencontre

mais il devint songeur.

— Il ne faut jamais dire ses projets d'amour, cela porte malheur, précisa-t-il.

Tous les soirs, quand le soleil embrasait le désert ensanglanté et déclinait vers *l'oued* Rir salé, Saâdia descendait à la fontaine pour attendre « celui que Dieu lui avait promis ».

Un jour qu'elle était sortie à l'heure ardente de midi, pour abriter son troupeau de chèvres, elle crut défaillir : un homme, vêtu d'une longue *gandoura* et d'un *burnous* blancs, armé d'un long fusil à pierre, montait vers le *bordj*.

En hâte elle se retira dans un coin de la cour où était leur humble logis et là, tremblante, elle invoqua tout bas Djilani « l'Émir des Saints » car, elle aussi, était de ses enfants[1].

L'homme entra dans la cour et appela le vieux gardien :

— Abdallah ben Hadj Saâd, dit-il, mon père était chasseur, il appartenait à la tribu des Chorfa Ouled-Seïh, de la ville de Taïbeth-Gueblia. Je suis un homme sans tare et dont la conscience est pure – Dieu le sait. Je viens te demander d'entrer dans ta maison, je viens te demander ta fille.

Le vieillard fronça les sourcils.

— Où l'as-tu vue ?

— Je ne l'ai pas vue. Des vieilles femmes d'El-Oued m'en ont parlé… Telle est la destinée.

---

[1] Fondateur de la confrérie des Qadriya

— Par la vérité du Coran auguste, tant que je vivrai jamais un vagabond n'aura ma fille !

Longuement Hama Srir regarda le vieillard.

— Ne jure pas les choses que tu ignores… Ne joue pas avec le faucon : il vole dans les nuages et regarde en face le soleil. Évite les larmes à tes yeux que Dieu fermera bientôt !

— J'ai juré.

— *Chouf Rabbi !* (Dieu verra) dit Hama Srir.

Et sans ajouter un mot, il partit.

Si Abdallah, indigné, entra dans sa maison et, s'adressant à Saâdia et à Embarka, il dit :

— Laquelle de vous deux, chiennes, a laissé voir son visage au vagabond ?

Les deux jeunes filles gardèrent le silence.

— Si Abdallah, répondit pour elles l'aïeule vénérée, le vagabond est venu le mois dernier se faire panser pour une morsure de *lefaâ*. Ma fille Tébberr, qui est âgée, m'a aidée… Le vagabond n'a vu aucune des filles de Tébberr. Nous sommes vieilles, le temps du *hedjeb* (retraite des femmes arabes) est passé pour nous. Nous avons soigné le vagabond dans le sentier de Dieu.

— Garde-les, et qu'elles ne sortent plus.

Saâdia, l'âme en deuil, continua pourtant à attendre, obstinément, le retour de Hama Srir, car elle savait que, si vraiment Dieu le lui avait destiné, personne ne pouvait les empêcher de s'unir.

Elle aimait Hama Srir, et elle avait confiance.

Près d'un mois s'était écoulé depuis que le chasseur était monté au *bordj* pour demander Saâdia, et il ne reparaissait pas. Il était bien près, cependant, attardé dans la région des *chotts,* et, chaque nuit, les chiens féroces de Stah-el-Hamraïa aboyaient…

Lui aussi, il avait juré.

Un soir, se relâchant un peu de sa surveillance farouche, comme Tébberr était malade, Si Abdallah ordonna à Saâdia de descendre à la fontaine, sans s'attarder.

Il était déjà tard, et la jeune fille descendit, le cœur palpitant.

La pleine lune se levait au-dessus du désert, baigné d'une transparence aussi bleue que peut l'être la nuit. Dans le silence absolu, les chiens avaient des rauquements furieux.

Pendant qu'elle remplissait sa *guerba,* les bras dans l'eau du bassin, Saâdia vit passer une ombre entre les figuiers du jardin.

– Saâdia !

– Louange à Dieu !

Hama Srir l'avait saisie par le poignet et l'entraînait.

– J'ai peur ! J'ai peur !

Elle posa sa main tremblante dans la main forte du nomade et ils se mirent à courir à travers le *chott* Bou-Djeloud, dans la direction de *l'oued* Rir… et quand elle disait « J'ai peur, arrête-toi ! » il la soulevait irrésistiblement dans ses bras, car il savait que cette heure lui appartenait et que toute la vie était contre lui.

Ils fuyaient, et déjà les aboiements des chiens s'étaient lassés.

Le vieillard, surpris et irrité du retard de sa fille, sortit du *bordj* et l'appela à plusieurs reprises. Mais sa voix, sans réponse, se perdit dans le silence lourd de la nuit. Un frisson glaça les membres du vieillard. En hâte, il alla chercher son fusil et descendit.

La gamelle flottait sur l'eau et la *guerba* vide traînait à terre.

— Chienne ! elle s'est enfuie avec le vagabond. La malédiction de Dieu soit sur eux !

Et il rentra, le cœur irrité, sans une larme, sans une plainte.

— Celui qui engendre une fille devrait l'étrangler aussitôt après sa naissance, pour que la honte ne forçât pas un jour la porte de sa maison, dit-il en rentrant chez lui. « Femme, tu n'as plus qu'une seule fille… et celle-ci est même de trop !… Tu n'as pas su garder ta fille. »

Les deux vieilles et Embarka commencèrent à pleurer et à se lamenter comme sur le cadavre d'une morte, mais Si Abdallah leur imposa silence.

… Cependant, les deux amants avaient fui longtemps à travers la plaine stérile.

— Arrête-toi, supplia Saâdia, mon cœur est fort mais mes jambes sont brisées… Mon père est vieux et il est fier. Il ne nous poursuivra pas.

Ils s'assirent sur la terre salée et Hama Srir se mit à réfléchir. Il avait tenu parole, Saâdia était à lui, mais pour combien de temps ?

Il résolut enfin, pour échapper aux poursuites, de la mener à Taïbeth, et, là, de l'épouser devant la *djemaâ* de sa tribu, sans acte de mariage.

Saâdia, lasse et apeurée s'était couchée près de son maître. Il se pencha sur elle et calma d'un baiser son cœur encore bondissant…

Quatre nuits durant ils marchèrent, mangeant les dattes et la *mella* de Hama Srir. Pendant la journée, par crainte des *deïra* et des spahis d'El-Oued, ils se tenaient cachés dans les dunes.

Enfin, vers l'aube du cinquième jour, ils virent se profiler au loin les murailles grises et les coupoles basses de Taïbeth-Guéblia.

Hama Srir mena Saâdia dans la maison de ses parents et leur dit : « Celle-ci est ma femme. Gardez-la et aimez-la à l'égal de Fathma Zohra votre fille. »

Quand ils furent devant l'assemblée de la tribu, Hama Srir dit à Saâdia :

– Pour que Dieu bénisse notre mariage, il faut que ton père nous pardonne. Sans cela, lui, ta mère et ton aïeule qui m'a été secourable, pourraient mourir avec le cœur fermé sur nous. Je te mènerai dans ton pays, chez ta tante Oum-el-Aâz. Quant à moi, je sais ce que j'ai à faire.

Le lendemain, dès l'aube, il fit monter Saâdia, strictement voilée, sur la mule de la maison, et ils descendirent vers l'*oued* Rir.

Ils passèrent par Mezgarine Kedina pour éviter Touggourt, et furent bientôt rendus dans les jardins humides de Remirma.

Oum-el-Aâz était vieille. Elle exerçait la profession de sage-femme et de guérisseuse. On la vénérait et même certains hommes parmi les Rouara superstitieux la craignaient.

C'était une Riria bronzée avec un visage de momie dans le scintillement de ses bijoux d'or, maigre et de haute taille, sous ses longs voiles d'un rouge sombre, ses yeux noirs, où le *khôl* jetait une ombre inquiétante, avaient conservé leur regard. Sévère et silencieuse, elle écouta Hama Srir et lui ordonna d'écrire en son nom une lettre au père de Saâdia.

— Si Abdallah pardonnera, dit-elle avec une assurance étrange. D'ailleurs, il ne durera plus longtemps.

Hama Srir entra dans l'oasis et découvrit un *taleb* qui, pour quelques sous, écrivit la lettre.

— Louange à Dieu seul — Le salut et la paix soient sur l'Élu de Dieu !

« Au vénérable, à celui qui suit le sentier droit et fait le bien dans la voie de Dieu, le très pieux, le très sûr, le père et l'ami, Si Abdallah bel Hadj Saad, au *bordj* de Stah-el-Hamraïa, dans le Souf, le salut soit sur toi, et la miséricorde de Dieu, et sa bénédiction pour toujours ! Ensuite, sache que ta fille Saâdia est vivante, et en bonne santé, Dieu soit loué ! — et qu'elle n'a d'autre désir que celui de se trouver avec toi et sa mère et son aïeule et sa sœur et son frère Si Mohammed en une heure proche et bénie. Sache encore que je t'écris ces lignes sur l'ordre de ta belle-sœur, lella Oum-el-Aâz bent Makoub Rir'i, et que c'est dans la maison de celle-ci qu'habite ta fille. Apprends que j'ai épousé, selon la loi de Dieu, ta fille Saâdia et que je viens te demander ta bénédiction, car tout ce qui arrive, arrive par la volonté de Dieu. Après cela, il n'y a que la réponse prompte et propice et le souhait de tout le bien. Et le salut soit sur toi et ta famille de la part de celui qui a écrit cette lettre, ton fils et le pauvre serviteur de Dieu :

« HAMA SRIR BEN ABDERRAHMAN CHERIF. »

Quand cette lettre parvint au vieil Abdallah, illettré, il se rendit à Guémar, à la *zaouïya* de Sidi Abd-el-Kader. Un mokaddem lui lut la lettre, puis, le voyant fort perplexe, lui dit :

— Celui qui est près d'une fontaine ne s'en va pas sans boire. Tu es près de notre *cheikh* et tu ne sais que faire : va-t'en lui demander conseil.

Abdallah consulta donc le *cheikh* qui lui dit :

— Tu es vieux. D'un jour à l'autre Dieu peut te rappeler à lui, car nul ne connaît l'heure de son destin. Il vaut mieux laisser comme héritage un jardin prospère qu'un monceau de ruines.

Alors, obéissant au descendant de Djilani et son représentant sur la terre, Si Abdallah ploya sous sa doctrine et pria le *mokaddem* de composer une lettre de pardon pour le ravisseur.

« … Et nous t'informons par la présente que nous avons pardonné notre fille Saâdia ! Dieu lui accorde la raison, et que nous appelons la bénédiction du Seigneur sur elle, pour toujours. Amin ! Et le salut soit sur toi de la part du pauvre, du faible serviteur de Dieu :

« ABDALLAH BEL HADJ. »

La lettre partit.

Oum-el-Aâz, silencieuse et sévère, parlait peu à

Saâdia. Elle passait son temps à composer des breuvages et à deviner le sort par des moyens étranges, se servant d'omoplates de moutons tués à la fête du printemps, de marc de café, de petites pierres et des entrailles des bêtes fraîchement saignées.

– Abdallah pardonne, avait-elle dit à Hama Srir, après avoir consulté ses petites pierres, mais il ne durera plus longtemps… son heure est proche.

Saâdia était devenue songeuse. Un jour, elle dit à son époux :

– Mène-moi dans le Souf. Je dois revoir mon père avant qu'il meure.

– Attends sa réponse.

La réponse arriva. Hama Srir fit de nouveau monter Saâdia sur la mule de la maison, et ils prirent la route du nord-est, traversant le *chott* Mérouan desséché.

Au *bordj* de Stah-el-Hamraïa, la *diffa* fut servie et l'on fit grande fête, et il ne fut parlé de rien puisque l'heure des explications était passée.

Le cinquième jour, Hama Srir ramena sa femme à Remirma…

Le mois suivant, en redjeb, une lettre de Stah-el-Hamraïa annonçait à la vieille Oum-el-Aâz que son beau-frère venait d'entrer dans la miséricorde de Dieu.

– Tous les mois je descends à Remirma, pour voir ma femme, me dit Hama Srir en terminant son récit. Dieu ne nous a pas donné d'enfants.

Un instant, très pensif, il garda le silence, puis il ajouta plus bas, avec un peu de crainte :

– Peut-être est-ce parce que nous avons commencé dans le *haram* (le péché, l'illicite). Oum-el-Aâz le dit…

Elle sait.

… Il était très tard déjà, et les constellations d'automne avaient décliné sur l'horizon. Un grand silence solennel régnait au désert. Nous nous étions roulés dans nos *burnous,* près du feu éteint, et nous rêvions – lui, le nomade dont l'âme ardente et vague était partagée entre la jouissance de sa passion triomphante et la crainte des sorts, la peur des ténèbres, et moi, la solitaire, que son idylle avait bercée.

– Et je songeais au tout-puissant amour qui domine toutes les âmes, à travers le mystère des destinées !

FIN

عين الصفراء[1]

---

[1] *Aïn Sefra, là où est enterrée Isabelle Eberhardt (NdE).*